素盞嗚尊の平和思想

出口王仁三郎

スの拇印を押される出口王仁三郎聖師

綾部の「山水荘」から事件解決奉告祭式場の「彰徳殿」に向かう出口聖師（昭和 20 年 12 月 8 日）

出口王仁三郎聖師御夫妻

神徳光照

天下布道

真善美愛

まえがき

大宇宙を創造し給うた主の大神は、無限絶対無始無終至仁至愛《しじんしあい》の神格をもって現界、幽界、神界を造り出された。この世に人間が生れてから数百万年、今日ほど繁栄した社会はない。また何処まで発展するのか想像もつかない。しかし、一方では精神的心の世界、神仏の心から遠ざかり生存競争は増々激しくなってきた。それ故、大神は民衆を救うため、釈迦、キリスト、マホメット、孔子孟子その他の聖人を世に下して慈悲慈愛を説き救いの手を差しのべて来たのだが、それにもかかわらず世界は、戦争の歴史が繰返されその度毎に精鋭なる兵器が開発され、ついに原水爆という悲惨な兵器を現出するに至った。

出口王仁三郎聖師（幼名・上田喜三郎）は明治31（１８９８）年高熊山の修業で宇宙の過去・現在・未来にわたり現・幽・神三界の有様を見聞した後綾部に出かけ出口家の養子となり「道法礼節、苦集滅道」を説く『霊界物語』はじめ数々の機関誌、新聞、書籍を出版し、また短歌等の芸術活動、神儒仏耶の諸教同根（「万教同根」）、「世界同胞」、「人類愛善」の思想、世界共通語「エスペラント」の普及に、明治大正昭和の初めにかけて全身全霊大々的に有言実践する。

しかし、昭和10（1935）年12月8日当局から綾部亀岡の両本部はじめ全国津々浦々の地方組織、海外までも悉く大弾圧を受け活動は途中で停止することになる。しかし事件より10年後の昭和20（1945）年9月8日待望の「無罪」となる。

本書は、『霊界物語』の中から神素盞嗚大神（主神・天帝・阿弥陀仏……）が、わだかまる世界の垣根を取外し、地上天国を建設する「人類愛善平和思想」、「無抵抗主義」の真諦を提示する。

世界には国と国、民族と民族、人種、言語、宗教、政治、経済など有形と無形の障壁が存在し、有形の最大なる障壁は軍備の増強にあり、無形の障壁には宗教上の対立等がある。これらの障壁を取除くためには、まず無形の宗教間の障壁を取除き心から融和しそして軍備を撤廃し、愛善の世界を築く必要があるという。

終戦後は世界の戦勝国も敗戦国も大混乱期に遭遇する。そのような時代、出口聖師は大弾圧に耐えぬいた筋金入りの「新生・愛善苑」を組織し逸早く各宗団宗派に世界の平和と救済を呼びかける。

日本は「主権在民」、絶対二度と戦争は起こさぬという強い「戦争放棄」を称えた「新憲法」（＝昭和21（１９４６）年11月３日公布、22年５月３日施行）が発布され、「人類愛善運動」（＝仏教では「みろく運動」、キリスト教では「友愛運動」に相応する）が起り、その時各宗教家が如何なる善言美詞の発言をなし、行動を行ってきたのか、世界恒久平和の建設を目的とした諸教の関わりある最初の資料をここに提示する。そして「平和憲法」の中に残してきたという「画竜点睛《がりょうてんせい》」の重要な「睛《ひとみ》」を考察する。

宗教の目的は、民衆を救済し平安を与えるため、時代と場所とその位置関係により誕生してきた。故に、宗教は長所（共通点）もあれば短所をも抱えている。しかし、神仏の心を心とするなら、みな「諸教同根」である。それ故、各宗各派は互いに理解仕合い、新しい時代には新しい平和な思想を強調する。ただこの精神的平和世界建設には、「唯物主義」という大きな壁が立ち塞がっている。それを打破するには、人類愛善精神を本体とする、宗教者の強い寛容と忍耐、信仰信念が必須とされる。

◯

本書は明治36（1903）年から出口聖師晩年の昭和22（1947）年にかけて執筆された書籍の中から『筆のしづく』、『本教創世記』、『道の栞』、『霊界物語』、そして第二次皇道大本弾圧後に無罪を勝ち得た「新生・愛善苑」を、つまりキリストは愛、仏教では善を説かれるが、世界が「愛善《あいぜん》の苑《その》」になりますようにと祈りを込めた機関誌『愛善苑・創刊号』等に掲載の、究極の平和に関する資料を蒐集して編集しております。

出口聖師は、「吾は時代の宗教を説く」、「死神死仏をほうむりて、最後の光は墓をけり、甦らすはみろく神」と云われる。神仏を甦らせる『霊界物語』や諸文献から、神素盞嗚大神が、世界に八重垣をなす垣根を取り外し、心の中に愛善の魂、慈悲慈愛の魂、友愛の心の大殿堂を建設することの重要性を力説します。

現在中東方面では宗教がらみの戦争が拡大し、ゲリラや代理戦争による、難民の悲痛な叫び、また極超高性能の天の鳥船、巨大な艦船の建造が報道されています。物語には、テルブソンの刃、黄泉比良坂《よもつひらさか》の戦い、脅喝、悪慾、虚偽、天災、人災等の場面が沢山登場しますが、これらの文献等から人々の切なる平和の願いを受け止め、神の福音となることを確信いたします。

平成29（２０１７）年３月３日

みいづ舎編集

もくじ

第十編　新しい時代を迎えて「新生愛善苑」へ

第一編　王仁開教の発端と霊界物語

一、『本教創世記』（明治三十七年一月十一、十二日筆録より）

明治31年旧2月9日、高熊山での修業を命じられた出口王仁三郎聖師（明治4年旧7月12日生れ、28歳）は、霊界探検で全大宇宙の過去現在未来を見聞し、この世を救う「救世主」であることを、天帝の神使「異霊彦命《ことたまひこのみこと》」よりその使命を教えられる。『本教創世記』によると、

余《よ》はこの山《やま》の岩穴《がんくつ》に静座瞑目《せいざめいもく》、一心《しん》に神示《しんじ》を祈《いの》りていると、きわめて爽快《そうかい》なる心《こころ》持ちがしてそのまま神人感合《しんじんかんごう》の域《いき》に達《たつ》したのである。神界《しんかい》では八百万《やほよろず》の神々《かみがみ》が厳粛《げんしゅく》に整列《せいれつ》して余《よ》を熟視《じゅくし》しておられたが、その中《なか》より白髪《はくはつ》の老神異霊彦命《ろうしんことたまひこのみこと》は静《しず》かに余《よ》を金殿《きんでん》に招《まね》きて、左《さ》の御教《みおしえ》を授《さず》けたのである。

神使「汝《なんじ》よろしく吾言葉《わがことば》を聞《き》くべし。そもそも現《うつ》し世《よ》の状態《じょうたい》は如何《いかが》と思《おも》うぞ。真理《しんり》は深《ふか》く

包《つつ》まれて一点《てん》の光《ひかり》もなく、徳義《とくぎ》は破《やぶ》れて人心《じんしん》は腐敗《ふはい》し、自由競争《じゆうきょうそう》の悪習《あくしゅう》は最早《もはや》頂点《ちょうてん》に達《たっ》したり。このままに放任《ほうにん》しおかんか、世界《せかい》の滅亡《めつぼう》を招《まね》くに至《いた》るべし。依《よ》りて神界《しんかい》より汝《なんじ》を卑《いや》しき農夫《のうふ》の家《いえ》に降《か》して、善《よ》く世《よ》の辛酸《しんさん》を嘗《な》めしめ千辛万苦《せんしんばんく》を与《あた》えて、世《よ》の救主《すくいぬし》と為《な》さんとの神慮《しんりょ》なり。汝《なんじ》は今《いま》まで成《な》し来《きた》りしことは皆天《みなてん》の為《な》さしめたまうところなり」

と教《おし》えたまいければ、余《よ》は驚《おどろ》きと喜《よろこ》びとに打《う》たれて、暫時無言《しばしむごん》のままに神《かみ》の方《ほう》を視守《みまも》りいたりけり。

○

神使「汝《なんじ》は吾教《わがおし》えを怪《あや》しめり。されど神《かみ》の言詞《ことば》は虚構《きょこう》なし。心《こころ》を安《やす》く持《も》ちて吾述《われの》ぶるところを聞《き》くべし」

とて、世界《せかい》の末期《まつご》に際《さい》せる所以《ゆえん》の理《り》を説《と》きたまいけり。

神使「今《いま》や世界《せかい》の文明《ぶんめい》は日《ひ》に月《つき》に進歩《しんぽ》する一方《いっぽう》にある。いわゆる物質的文明《ぶっしつてきぶんめい》の壮年時代《そうねんじだい》である。理化学上《りかがくじょう》の新発明《しんはつめい》は、神秘《しんぴ》の鍵《かぎ》をもって神門《しんもん》を開《ひら》きたるがごとくに疑《うたが》わるるまで進捗《しんちょく》し、種々《しゅじゅ》の方面《ほうめん》に大競争《だいきょうそう》の状態《じょうたい》を現出《げんしゅつ》し、偏窟《へんくつ》なる道徳者哲学者《どうとくしゃてつがくしゃ》や倫理上《りんりじょう》の学説《がくせつ》は、社会《しゃかい》の各方面《かくほうめん》より奇抜《きばつ》なる声《こえ》を放《はな》ち来《きた》りて、世人《せじん》を迷《まよ》わせて、偽予言者偽救世主《にせよげんしゃにせきゅうせいしゅ》は各所《かくしょ》に現《あら》われて、数多《あまた》の人類《じんるい》を欺瞞《ぎまん》して、世人《よびと》はその拠《よ》るところを知《し》らず。文明利器《ぶんめいりき》の交通機関《こうつうきかん》は益々完全《ますますかんぜん》に備《そな》わりゆきて、地球上《ちきゅうじょう》の上皮《うわかわ》は追々狭隘《おいおいきょうあい》となり接近《せっきん》し、衣食住《いしょくじゅう》は益々贅沢《ますますぜいたく》に流《なが》れ、世界《せかい》の各政府《かくせいふ》は学術《がくじゅつ》を貴重《きちょう》して科学的智育《かがくてきちいく》の普及《ふきゅう》をはかり、名義《めいぎ》のみの博士《はかせ》を始《はじ》め理論《りろん》に生活《せいかつ》するところの者《もの》は雲霞《うんか》のごとくに発生《はっせい》し、空論空議《くうろんくうぎ》の盛《さか》んなるは、今日《こんにち》より甚《はなは》だしきはなし。盲目千人《めくらせんにん》の譬《たとえ》に漏《も》れぬ世人《よびと》は、皆《みな》この物質的文明《ぶっしつてきぶんめい》の進歩《しんぽ》を謳歌《おうか》しておる。これ向後惨憺《こうごさんたん》たる世界《せかい》の滅亡《めつぼう》をきたすべき大原因《だいげんいん》なるべし。すべて精神的神教的文明《せいしんてきしんきょうてきぶんめい》の相伴《あいともな》わざる物質的文明《ぶっしつてきぶんめい》は、最《もっと》も恐怖戦慄《きょうふせんりつ》すべきものにして、決《けっ》して謳歌《おうか》すべきものにあらず。精神的文明《せいしんてきぶんめい》の伴《ともな》わざる物質的文明《ぶっしつてきぶんめい》と、人類《じんるい》の徳義信仰《とくぎしんこう》とは両立《りょうりつ》すべきものに在《あ》らず。人類《じんるい》は不完全《ふかんぜん》なる病的智能《びょうてきちのう》のみ発達《はったつ》するに従《したが》いて、人類《じんるい》の徳義《とくぎ》と信仰《しんこう》とは追々《おいおい》浮薄《ふはく》となり、徳義《とくぎ》と信仰《しんこう》なきものが段々《だんだん》悪《わる》く利口《りこう》になるほど、国家《こっか》のため社会《しゃかい》のために恐《おそ》るべきことをなし、故《ゆえ》に今《いま》にあたって精神的文明《せいしんてきぶんめい》すなわち「惟神《かむながら》の大道《だいどう》」を鼓吹《こすい》して、全世界《ぜんせかい》を覚醒《かくせい》するに非《あら》ずんば、国家《こっか》も社会《しゃかい》も維持《いじ》すること難《かた》く、終《つい》に世界《せかい》の滅亡《めつぼう》を招《まね》かんこと火《ひ》を見《み》るよりも明《あきら》かならん」。

王仁《おに》は現社会《げんしゃかい》の大勢《たいせい》、人情《にんじょう》の浮薄《ふはく》にして皇道《こうどう》の埋没《まいぼつ》せしことを憂慮《ゆうりょ》して日夜安眠《にちやあんみん》すること能《あた》わず。小智浅学《しょうちせんがく》をも顧《かえり》みず、ここに社会人道《しゃかいじんどう》のため、大本教《おおもときょう》を創立《そうりつ》することの大事業《だいじぎょう》に当れり。

神使「因《よ》ってこの世界《せかい》を救済《きゅうさい》せしめんために、この大命《たいめい》を天《てん》より汝《なんじ》に降《くだ》し賜《たま》うなり」と詔《の》りたまいたり。

王仁「わが神畏《かみかし》こし、されど小智浅才《しょうちせんさい》なる身《み》をもって斯《か》かる大命《たいめい》は分《ぶん》に過《す》ぎたり。されど神命《しんめい》を果《はた》し難《がた》きを患《わずら》うゆえに、この使命《しめい》は他《ほか》に仰《おお》せたまえ」

と請《こ》いたりしに、神《かみ》はただちに吾言《わがげん》をさえぎりたまい、

神使「汝案《なんじあん》ずるに及《およ》ばず。われ終始汝《しゅうしなんじ》を守《まも》りてこの使命《しめい》を達《たっ》せしめん。されど事《こと》は重大《じゅうだい》なり。一朝一夕《いっちょういっせき》にして大成《たいせい》すべからず。汝向後十年間《なんじこうごねんかん》は研究《けんきゅう》の時期《じき》なり。その間《かん》種々《しゅじゅ》の辛酸《しんさん》を忍耐《にんたい》すべきなり。諸神《しょしん》の試《こころ》みに逢《あ》うことあらん、邪神界《じゃしんかい》に引《ひ》き入《い》れらるる事《こと》もあらん。されど汝恐《なんじおそ》るることなく「惟神《かむながら》の大道《だいどう》」に向《むか》って撓《たゆ》まず屈《くつ》せず研究《けんきゅう》せよ。治国平天下《ちこくへいてんか》の大義《たいぎ》を了得《りょうとく》してこの大命《たいめい》を達《たっ》することを得《う》べし」

と懇《ねんご》ろに教《おし》え諭《さと》したまえり。余《よ》は只管恐《ひたすらおそ》れ入《い》りて神諭《しんゆ》のほどを拝聴《はいちょう》しいたるに、神《かみ》また重《かさ》ねて教《おし》えたまわく。

神使「汝固《なんじかた》く心《こころ》に銘《めい》じて吾教《わがおしえ》を忘《わす》るるなかれ。いかなる前途《ぜんと》において風波《かざなみ》に遭遇《そうぐう》することありとも、神意《しんい》と心得《こころえ》よ。ある失敗《しっぱい》や挫折《ざせつ》のために所信《しょしん》を枉《ま》げて哲学的退引者《てつがくてきたいいんしゃ》となるなかれ。あくまでも済世《さいせい》の心《こころ》を抱《いだ》き経綸《けいりん》の志《こころざし》を持《じ》すべし。第一《だい》に精神的宗教的《せいしんてきしゅうきょうてき》の人《ひと》となり、また現世的《げんせてき》、社会的《しゃかいてき》、政治的《せいじてき》、倫理的《りんりてき》の人《ひと》となりて、「惟神《かむながら》の大道《だいどう》」を

宇内《うだい》に発揮《はっき》せんことを勉《つと》めよ」と教《おし》えたもうや、余《よ》が無形《むけい》の感合法《かんごうほう》は俄然《がぜん》醒《さ》めて、元《もと》の茂頴《しげかい》（＝王仁三郎）が身《み》は高熊山《たかくまやま》の岩《いわ》穴《あな》に安座《あんざ》しいたりけり。

（明治三十七年一月十二日誌）

二、神素盞鳴大神の経綸と霊界物語

出口聖師の教は、弥勒の世を地上に建設するために過去・現在・未来、現界・幽界・神界に亘る壮大な神の経綸（準備）が『霊界物語』に明示される。

この『霊界物語』を最後の審判書、善悪の標準書、弥勒胎蔵経、宇宙真理の一部を発表したもの、出口聖師の肉身であり霊魂であり表現である、宇宙創造から主神の神格、神々の地位因縁活動、神の世界的経綸、神と人の関係、霊界の真相、世界観、人生観、哲学、宗教、政治、経済、思想、教育、芸術等を霊界を主に、現界が従に口述せしもの、三千世界の救いの御船、過去現在未來の三界を通じて大生命を保つ宇宙の宝典、神幽現三界の歴史、人間の頭脳の栄養物、信徒の羅針盤、修身斉家の基本的訓書、治国平天下の規範たるべき神の書、古事記の真解書、開祖出口直の筆先の解説書、確言書等々と示される。

そして人生の本義を世人に覚悟せしめ、三五教《あなないきょう》（＝みろくの教団。神素盞嗚大神の御教）の真相を天下に紹介し、時代の悪弊を祓い清め、地上天国を建て、人間の死後直ちに天国に復活し、人生の本分を尽くさしめ、神の御目的にカナワしめんとするもの、との神のご意志がある。

この『霊界物語《れいかいものがたり》』は、天地剖判《てんちぼうはん》の初《はじ》めより天《あま》の岩戸開《いわとびら》き後《ご》、神素盞嗚命《かむすさのをのみこと》が地球上《ちきゅうじょう》に跋《ばっ》扈《こ》跳梁《ちょうりょう》せる八岐大蛇《やまたおろち》（＝体主霊従主義）を寸断《すんだん》し、ついに叢雲宝剣《むらくものほうけん》をえて天祖《てんそ》（＝主神）に奉《たてまつ》り、至誠《しせい》を天地《てんち》に表《あら》わし五六七神政《みろくしんせい》（＝主神・神素盞嗚大神を中心とした神政。慈愛・慈悲、友愛・愛善の世界）の成就《じょうじゅ》、松《まつ》の世《よ》を建設《けんせつ》し、国祖《こくそ》を地上霊界《ちじょうれいかい》の主宰神《しゅさいしん》たらしめたまいし太古《たいこ》の神代《かみよ》の物語《ものがたり》および霊界探検《れいかいたんけん》の大要《たいよう》を略述《りゃくじゅつ》し、「苦《く》・集《しゅう》・滅《めつ》・道《どう》」を説《と》き、「道《どう》・法《ほう》・礼《れい》・節《せつ》」を開示《かいじ》せしものにして、決《けっ》して現界《げんかい》の事象《じしょう》にたいし、偶意的《ぐういてき》に編述《へんじゅつ》せしものにあらず。

されど神界幽界《しんかいゆうかい》の出来事《できごと》は、古今東西《ここんとうざい》の区別《くべつ》なく、現界《げんかい》に現《あら》われ来《きた》ることも、あながち否《いな》み難《がた》きは事実《じじつ》にして、単《たん》に神幽両界《しんゆうりょうかい》（＝天国と地獄）の事《こと》のみと解《かい》し等閑《とうかん》（＝なおざり。何の対応もしない）に付《ふ》せず、これにより心魂《しんこん》を清《きよ》め言行《げんこう》を改《あらた》め、霊主体従《れいしゅたいじゅう》の本旨《ほんし》を実行《じっこう》されむことを希望《きぼう》す」

（『霊界物語』第一巻「序」）

三、永遠の世界　松葉の塵

「天主一霊四魂を以て心を造りこれを活物に賦与する。地主三元八力を以て体を造りこれを万有に賦与する。その霊を守るものはその体、その体を守るものはその霊、他神有てこれを守るに非ず」と聖言に示される。

神は人間に分霊なる一霊四魂、これを心、精霊、本守護神とも言う。それに剛《ごう》（鉱物の本質）・柔《じゅう》（植物の本質）・流《りゅう》（動物の本質）の三元と動静解凝引弛合分《どうせいかいぎょういんちごうぶん》の八力により身体が造られると、産《むすび》により「霊体合一」して体に心という魂が宿り、人間としての活動力が生れる。それ故、人間は神と同じ心、神と同じ体を持った神の子神の生宮として、創造主の神業に奉仕する。現界は、物質世界で善悪が混淆し喜怒哀楽が同居する。そんな社会の中で生きながら、神から与えられたこの身魂《みたま》（霊体）を汚《けが》さず大切にしてより豊かに成長する。やがて人間は「生老病死」の関門を経て肉体をこの世に残して、精霊即ち心は永遠の霊界に赴くことになる。

宇宙《うちゅう》には現界《げんかい》、幽界《ゆうかい》、神界《しんかい》の三大区別《だいくべつ》が画《くかく》されてあって、その中《なか》でも、神界《しんかい》はもっとも至貴《しき》、至尊《しそん》、至厳《しげん》の世界《せかい》であって、正神《せいしん》の集《あつ》まり活動《かつどう》さるる神国《しんこく》であり、幽界《ゆうかい》は邪神界《じゃしんかい》と称《しょう》してもはばかりなきほどの世界《せかい》である。要《よう》するに神界《しんかい》は「生成化育《せいせいかいく》」の神業《しんぎょう》を専《もっぱ》ら守《しゅ》護《ご》したまい、万事積極的《ばんじせっきょくてき》の活動《かつどう》を営《いとな》みたまい、死有《しう》、中有《ちゅうう》、生有《しょうう》、本有《ほんう》の四境《しきょう》を通《つう》じて、吾人《ごじん》の霊魂《れいこん》を支配《しはい》したもう清浄潔白《せいじょうけっぱく》なる神霊界《しんれいかい》である。

また幽界《ゆうかい》は神界《しんかい》の変態的幽境《へんたいてきゆうきょう》にして、消極的神業《しょうきょくてきしんぎょう》を執行《しっこう》する大禍津日神《おほまがつひのかみ》、および八《や》十禍津日神《そまがつひのかみ》が、罪《つみ》の御魂《みたま》を成敗《せいばい》（制配《せいばい》）する至醜至穢《ししゅうしえ》の地下《ちか》の世界《せかい》である。また時《とき》ありて、地上《ちじょう》にも幽界《ゆうかい》の顕現《けんげん》することもある。

神界《しんかい》は正神界《せいしんかい》の神々《かみがみ》の集《あつ》まりたもう神国《しんこく》にして、幽界《ゆうかい》は邪神《じゃしん》の落《お》ちゆく境地《きょうち》である。正《せい》神界《しんかい》は高天原《たかあまはら》といい、天国《てんごく》と称《しょう》し、霊国《れいごく》と称《しょう》し、浄土《じょうど》といい、極楽《ごくらく》といい、楽園《らくえん》と称《しょう》し、邪神界《じゃしんかい》は根《ね》の国《くに》（＝悪欲世界）、底《そこ》の国《くに》（＝虚偽世界）または地獄《じごく》という。

神界《しんかい》には至善至美《しぜんしび》の神人《しんじん》をはじめ、各階級《かくかいきゅう》の諸多《しょた》の神霊《しんれい》あり、かつ現界《げんかい》における正《ただ》しき人々《ひとびと》の本霊《ほんれい》ここに住《じゅう》して、現界人《げんかいじん》を守護《しゅご》す、これを本守護神《ほんしゅごじん》という。故《ゆえ》に吾人《ごじん》の霊魂《れいこん》、正《せい》神界《しんかい》に籍《せき》を置《お》くときは、現世《げんせ》において行《おこな》うところの事業《じぎょう》ことごとく完成《かんせい》し美果《びか》を結《むす》び、慨《がい》して神《かみ》に仕《つか》え公共《こうきょう》に奉仕《ほうし》し、至誠一貫《しせいいっかん》よく天地《てんち》の経綸《けいりん》を全《まっと》うするものである。これに反《はん》して、吾人《ごじん》の霊魂《れいこん》、邪神界《じゃしんかい》（幽界《ゆうかい》）に籍《せき》を置《お》くときは、その精神《せいしん》、不知不識《しらずしらず》に混濁《こんだく》し、邪《じゃ》曲《きょく》をおこない、天下《てんか》に害毒《がいどく》を流布《るふ》し、かつ何事《なにごと》をなすにも事半途《ことはんと》にして破《やぶ》れ、かならず良果《りょうか》を来《きた》すことは不可能《ふかのう》なるものなり。

現界《げんかい》において、吾人《ごじん》が日夜活動《にちやかつどう》するにあたりても、その霊魂《れいこん》は神界《しんかい》または幽界《ゆうかい》に往来《おうらい》しつつあるものなり。故《ゆえ》に吾人《ごじん》は造次《ぞうじ》（＝わずかな時間）にも顛沛《てんぱい》（＝とっさの場合）にも神《かみ》（＝主神）を信《しん》じ神《かみ》を敬《うやま》い、神界《しんかい》と連絡《れんらく》を保《たも》つべく信仰《しんこう》を励《ばげ》まざるべからざるなり。……。

（『霊界物語』第六巻「松葉の塵」）

四、霊界の存在

霊界《れいかい》は想念《そうねん》の世界《せかい》であって、無限《むげん》に広大《こうだい》な精霊世界《せいれいせかい》である。現実世界《げんじつせかい》はすべて神霊世界《しんれいせかい》の移写《いしゃ》であり、また縮図《しゅくず》である。霊界《れいかい》の真象《しんしょう》を写《うつ》したのが、現界《げんかい》、即《すなわ》ち自然界《しぜんかい》である。例《たと》えば一万三千尺《まんぜんしゃく》の大富士山《だいふじさん》を僅《わず》か二寸《すん》四方《ほう》ぐらいの写真《しゃしん》に写《うつ》したようなもので、その写《しゃ》真《しん》がいわゆる現界即《げんかいすなわ》ちウツシ世《よ》である。

写真《しゃしん》の不二山《ふじさん》は極《きわ》めて小《ちい》さいものだが、その実物《じつぶつ》は駿《すん》・甲《こう》・相《そう》三国《ごく》にまたがった大高山《だいこうざん》である如《ごと》く、神霊界《しんれいかい》は到底現界人《とうていげんかいじん》の夢想《むそう》だになし得《え》ざる広大《こうだい》なものである。すべて霊界《れいかい》は情動想念《じょうどうそうねん》の世界《せかい》なるが故《ゆえ》に、自由自在《じゆうじざい》に想念《そうねん》の延長《えんちょう》をなし得《う》るが故《ゆえ》である。

すべて世界《せかい》は霊界《れいかい》が主《しゅ》で現界即《げんかいすなわ》ち形体界《けいたいかい》が従《じゅう》である。一切万事《いっさいばんじ》が霊主体従的《れいしゅたいじゅうてき》に組織《そしき》されてあるのが、宇宙《うちゅう》の真相《しんそう》で大神《おほかみ》の御経綸《ごけいりん》である。現実界《げんじつかい》より外《ほか》に神霊界《しんれいかい》の厳然《げんぜん》として存在《そんざい》することを知《し》らない人《ひと》がこんな説《せつ》を聞《き》いたならば定《さだ》めて一笑《いっしょう》に附《ふ》して顧《かえり》みないであろう。無限絶対無始無終《むげんぜったいむしむしゅう》の霊界《れいかい》の事象《じしょう》は、極限《きょくげん》された現界《げんかい》に住《す》む人間《にんげん》の智力《ちりょく》では、到底会得《とうていえとく》することは出来《でき》ないであろう。

○

霊界《れいかい》には神界《しんかい》、中界《ちゅうかい》、幽界《ゆうかい》の三大境域《だいきょういき》がある。

中界《ちゅうかい》は、神道家《しんどうか》の唱《とな》える天《あめ》の八衢《やちまた》であり、仏者《ぶっしゃ》のいう六道《ろくどう》の辻《つじ》であり、キリストのいう精霊界《せいれいかい》である。

幽界《ゆうかい》は、神道家《しんどうか》の唱《とな》える根《ね》の国底《くにそこ》の国《くに》であり、仏者《ぶっしゃ》のいう八万地獄《まんじごく》であり、またキリストのいう地獄《じごく》である。

故《ゆえ》に天《あめ》の八衢《やちまた》は高天原《たかあまはら》にもあらず、また根《ね》の国《くに》にもあらず、両界《りょうかい》の中間《ちゅうかん》に介在《かいざい》する中程《なかほど》の地位《ちい》にして即《すなわ》ち状態《じょうたい》である。人《ひと》の死後《しご》直《ただ》ちに到《いた》るべき境域《きょういき》にして所謂中有《いわゆるちゅうう》である。中有《ちゅうう》にあること稍久《ややひさ》しき後《のち》、現界《げんかい》にありし時《とき》の行為《こうい》の正邪《せいじゃ》により、或《ある》いは高天原《たかあまはら》に上《のぼ》り、或《ある》いは根底《ねそこ》の国《くに》へ落《お》ち行《ゆ》くものである。

人霊中有《じんれいちゅうう》の状態《じょうたい》（天《あめ》の八衢《やちまた》）に居《お》る時《とき》は天界《てんかい》にもあらず、また地獄《じごく》にもあらず、仏者《ぶっしゃ》の所謂六道《いわゆるろくどう》の辻《つじ》または三途《さんず》の川辺《かわべ》に立《た》ちて居《お》るものである。

人間《にんげん》に於《お》ける高天原《たかあまはら》の状態《じょうたい》とは、真《しん》と善《ぜん》と美《び》の相和合《あいわごう》せし時《とき》であり、根底《ねそこ》の国《くに》の状態《じょうたい》とは、邪悪《じゃあく》と虚偽《きょぎ》とが人間《にんげん》にありて合致《がっち》せる時《とき》をいうのである。

人《ひと》の霊魂中《れいこんちゅう》に在《あ》るところの真《しん》と善《ぜん》と美《び》と和合《わごう》する時《とき》は、その人《ひと》は直《ただ》ちに天国《てんごく》に昇《のぼ》り、人《ひと》の霊魂中《れいこんちゅう》に在《あ》る邪霊《じゃれい》と虚偽《きょぎ》と合致《がっち》したる時《とき》は、その人《ひと》は忽《たちま》ち地獄《じごく》に落《お》ちるものである。この如《ごと》きは天《あめ》の八衢《やちまた》に在《あ》る時《とき》に行《おこな》われるものである。

○

科学的《かがくてき》の交霊論者《こうれいろんしゃ》は人霊《じんれい》の憑依《ひょうい》せし状況《じょうきょう》や死後《しご》の世界《せかい》に就《つ》いて種々《しゅじゅ》と論弁《ろんべん》を試《こころ》みて居《お》るのは全然無用《ぜんぜんむよう》の業《わざ》でもない。然《しか》しながら彼等《かれら》は最初《さいしょ》と最後《さいご》のこの二つの謎《なぞ》の間《あいだ》に板挟《いたばさ》みの姿《すがた》で、その言《い》うところを知《し》らない有様《ありさま》である。彼等《かれら》はホンの少時間《しょうじかん》、一時期《いちじき》というものを最早数《もはやかぞ》えることの出来《でき》ぬ世界《せかい》へホン一足《ひとあし》ばかり死者《ししゃ》の跡《あと》をつけて行《ゆ》くだけであって、暗黒《あんこく》の中《なか》でそのまま茫然《ぼうぜん》としてその行動《こうどう》を失《うしな》ってしまっている。彼等《かれら》に対《たい》して宇宙《うちゅう》の秘密《ひみつ》や真相《しんそう》を開明《かいめい》せよと言《い》ったところで、到底《とうてい》ダメである。

宇宙《うちゅう》の秘密《ひみつ》や真相《しんそう》は到底二言《とうていふたこと》や三言《みこと》で現代人《げんだいじん》の脳裏《のうり》に入《はい》るものではない。また本当《ほんとう》にこれを物語《ものがた》ったところで到底人間《とうていにんげん》の頭脳《のうり》に入《はい》り切《き》れるものではない。人間《にんげん》としては如何《いか》なる聖人《せいじん》も賢哲《けんてつ》も、決《けっ》して天国《てんごく》や霊界《れいかい》の秘密《ひみつ》や真相《しんそう》を完全《かんぜん》に握《にぎ》ることは不可能《ふかのう》だと信《しん》じて居《お》る。何《なん》となればこの秘密《ひみつ》や真相《しんそう》は宇宙《うちゅう》それ自身《じしん》の如《ごと》く、無限絶対《むげんぜったい》で不可測《ふかそく》で窮極《きゅうきょく》するところの無《な》いものだからである。

○

死者《ししゃ》がやはり霊界《れいかい》に生《い》きているならば、彼等《かれら》は何等《なんら》かの方法《ほうほう》を用《もち》いてなりと吾々《われわれ》に教《おし》えてくれそうなものだという人《ひと》がある。然《しか》しながら死者《ししゃ》が吾々《われわれ》と話《はなし》をすることが出来《でき》る時分《じぶん》には、死者《ししゃ》の方《ほう》に於《お》いて何《なに》も吾々《われわれ》に報告《ほうこく》すべき材料《ざいりょう》をもっていないし、また何《なに》か話《はな》すべきほどの事柄《ことがら》を知《し》り得《え》た時分《じぶん》には死者《ししゃ》はもはや我々《われわれ》と交通《こうつう》の出来《でき》ない天国《てんごく》へ上《あが》って永久《えいきゅう》に吾々人間《われわれにんげん》と懸《か》け離《はな》れてしまっているからである。

すべて人間《にんげん》の神霊《しんれい》は肉体《にくたい》の亡《ほろ》びたる後《あと》といえども、人間《にんげん》の本体《ほんたい》なる自己《じこ》の感覚《かんかく》や、意念《いねん》は引《ひ》き続《つづ》き生存《せいぞん》するからである。故《ゆえ》に天上《てんじょう》に復活《ふっかつ》したる人《ひと》の霊身《れいしん》は、恰《あたか》も肉体《にくたい》を去《さ》った当時《とうじ》と同《おな》じ精神状態《せいしんじょうたい》で、霊界《れいかい》の生活《せいかつ》を営《いとな》むものである。一旦天国《いったんてんごく》へ上《のぼ》り、天人《てんにん》の群《む》れに入《はい》って、天国《てんごく》の住民《じゅうみん》となったものに、容易《ようい》に現界《げんかい》へ帰《かえ》って来《き》て、肉体《にくたい》を具《そな》えた友人《ともだち》や親戚《しんせき》や知己達《ちきたち》と、交通《こうつう》することはむずかしい。

しかしながら一種《いっしゅ》の霊力《れいりょく》を具《そな》えて、精霊《せいれい》の発達《はったつ》したる霊媒者《れいばいしゃ》があれば、その霊媒《れいばい》の仲介《ちゅうかい》を経《へ》て交通《こうつう》することが出来《でき》るものである。その霊媒者《れいばいしゃ》は概《がい》して女子《じょし》が適《てき》している。女子《じょし》は男子《だんし》に比《ひ》して感覚《かんかく》が強《つよ》く神経鋭敏《しんけいえいびん》で知覚《ちかく》や感情《かんじょう》が微細《びさい》だからである。

また霊媒力《れいばいりょく》の発達《はったつ》した人《ひと》の居《お》る審神場《さにわば》では霊身《れいしん》は時《とき》に現界人《げんかいじん》の目《め》に入《はい》るような形体《けいたい》を現《あらわ》し、その姿《すがた》が何人《なんびと》にも見《み》えるのである。その霊身《れいしん》に対《たい》して現界人《げんかいじん》が接触《せっしょく》すれば、感覚《かんかく》があり、動《うご》いたり、談話《だんわ》を交《まじ》ゆることが出来《でき》るのである。されど天国《てんごく》に入《はい》って天人《てんにん》と生《うま》れ代《か》わりたる霊身《れいしん》は、自分《じぶん》の方《ほう》から望《のぞ》んで、現界人《げんかいじん》と交通《こうつう》を保《たも》たんと希望《きぼう》するものはない。現界人《げんかいじん》の切《せつ》なる願《ねが》いによって、霊媒《れいばい》の仲介《ちゅうかい》をもって交通《こうつう》をなすまでである。

さりながら中有界《ちゅううかい》にある霊身《れいしん》は、時《とき》によって現界《げんかい》に生存《せいぞん》せる親戚《しんせき》や朋友等《ほうゆうら》と交通《こうつう》を保《たも》たんと欲《ほっ》し相当《そうとう》の霊媒《れいばい》の現《あら》わるることを、希望《きぼう》するものである。

霊界《れいかい》の消息《しょうそく》、死後《しご》の生涯《しょうがい》を述《の》べるをもって、荒唐無稽《こうとうむけい》として死後《しご》の生涯《しょうがい》を否定《ひてい》する人々《ひとびと》はもはや懐疑者《かいぎしゃ》ではなく寧《むし》ろ無知識《むちしき》の甚《はなは》だしきものである。斯《かく》の如《ごと》き人々《ひとびと》に対《たい》して霊界《れいかい》の真相《しんそう》を伝《つた》え、神智《しんち》を開発《かいはつ》せしむるということは到底絶望《とうていぜつぼう》である。

○

人間《にんげん》の肉体《にくたい》の死《し》なるものは決《けっ》して滅亡《めつぼう》でも死去《しきょ》でもない。ただ人間《にんげん》が永遠《えいえん》にわたる進歩《しんぽ》の一段階《いちだんかい》に過《す》ぎないのである。ただ人間《にんげん》の所在《しょざい》と立脚地《りっきゃくち》とを変更《へんこう》したまでである。意念《いねん》も愛情《あいじょう》も、記憶《きおく》も皆個性《みなこせい》の各部分《かくぶぶん》であって、不変不動《ふへんふどう》のままに残《のこ》るものである。死後《しご》に於《お》ける生活状態《せいかつじょうたい》は現界《げんかい》に在《あ》りし時《とき》より引続《ひきつづ》いて秩序的《ちつじょてき》に、各人《かくじん》がそれ相応《そうおう》の地位《ちい》の天国《てんごく》の国体《こくたい》の生活《せいかつ》を営《いとな》むものである。

また卑賤無智《ひせんむち》にして世道人情《せどうにんじょう》を辨《わきまえ》なかった悪人《あくにん》は、光明《こうみょう》と愛《あい》と自由《じゆう》の無《な》い地獄《じごく》に落《お》ちて苦《くる》しむものである。生前既《せいぜんすで》に不和欠陥《ふわけっかん》、暗黒苦痛《あんこくくつう》の地獄《じごく》に陥《おちい》った人間《にんげん》は、現界《げんかい》に在《あ》る間《あいだ》に悔《く》い改《あらた》め、神《かみ》を信《しん》じ、神《かみ》を愛《あい》し、利己心《りこしん》を去《さ》り、神《かみ》に対《たい》しての無智《むち》と頑迷《がんめい》を除《のぞ》き去《さ》らなければ、決《けっ》して死後安全《しごあんぜん》の生活《せいかつ》は出来《でき》ない。現世《げんせ》よりすでに暗黒《あんこく》なる地獄《じごく》の団体《だんたい》に加《か》入《にゅう》して居《お》るものは、現界《げんかい》に於《お》いても常《つね》に不安無明《ふあんむみょう》の生活《せいかつ》を続《つづ》けて苦《くる》しんでいるものである。一時《いちじ》も早《はや》く神《かみ》の光明《こうみょう》に頑迷《がんめい》なる心《こころ》の眼《め》を開《ひら》き、天国《てんごく》の団体《だんたい》に籍替《せきかえ》をなすことに努《つと》めなければならぬのである。（『愛善苑』「霊界の存在」第七号　昭和二十一年十一月十一日）

世の中に最も不幸なるもの

世人《せじん》あるいは言《い》う。不幸《ふこう》は鰥寡《かんか》（＝妻を失った男と、夫を失った妻）、孤独《こどく》、または貧者《ひんじゃ》、重病人《じゅうびょうにん》なりと。併《しか》しながら以上《いじょう》の人達《ひとたち》よりも尚々《なおなお》不幸《ふこう》なるものがある。如何《いか》に巨万《きょまん》の富《とみ》を積《つ》むと雖《いえど》も、貴人《きじん》の列《れつ》に加《くわ》わるとも、人間《にんげん》死後《しご》の生活《せいかつ》をしらぬ程大《ほどだい》なる不幸《ふこう》のものはない。如何《いか》なる貧人《ひんじん》と雖《いえど》も、鰥寡《かんか》、孤独《こどく》と雖《いえど》も死後《しご》永遠《えいえん》の生命《せいめい》を感得《かんとく》したものは、胸中《きょうちゅう》自《おの》ずから閑《かん》日月《じつげつ》あり。非時心《ときじくこころ》に爛漫《らんまん》たる花咲《はなさ》きみち、芳香薫《ほうこうくん》じ云《い》うにいわれぬ歓楽《かんらく》に浸《ひた》り、永遠《えいえん》の生命《せいめい》を楽《たの》しむ事《こと》が出来《でき》る。故《ゆえ》に如何《いか》なる智者《ちしゃ》、学者《がくしゃ》、貴人《きじん》、富者《ふうしゃ》と雖《いえど》も、明日《あす》をも知《し》れぬ人生《じんせい》を保《たも》ち、戦々恐々《せんせんきょうきょう》としてその日《ひ》〱を送《おく》るくらい不幸《ふこう》なものはない。（『水鏡』）

第二編

草創期の預言と警告
戦争はなぜ起るのか

一、『筆のしづく』

（明治三十六年～三十七年の第一～一七八の中から抜粋）

◇出口聖師は、高熊山での修業で「救世主」であることを神使から教えられてより、生れ穴太《あなお》で「上田牧場」（明治29年1月「精乳館」を設立、乳牛20頭を飼育、牛乳販売を営業。（＝『霊界物語』37巻・第2章「葱節」）を社員に譲り、綾部で出口家の養子となる。

幕藩体制が崩壊し「王政復古」（後に「神政復古」と呼称）の大日本帝国が誕生して間もない、明治27～8年に日清戦争、37～8年に日露戦争と大きな外敵に直面する。スラブ（ロシヤ）が極東の国々を目指して侵攻し、またヨーロッパ各国がアフリカ、そして中東からインド、支那へと侵略併合植民地化と野蛮行為を繰返し、未曾有の国難が近づいている。

大本では明治25年旧正月に開祖・出口直《でぐちなお》が帰神《きしん》し「世の立替立直し」を叫んでより10年後の明治36年、出口聖師は『筆のしずく』、37年には『本教創世記』・『道の栞』を執筆し、社会的改革から現界・幽界・神界に亘るとてつもない行動を開始する。

（一）「露国《ロシア》から始《はじ》まりてもう一戦《ひといくさ》があるぞよ。それで世《よ》を替《か》えて艮《うしとら》の金神《こんじん》の世《よ》と致《いた》すぞよ」との御告《おつげ》が、明治《めいじ》二十八年《ねん》の御筆先《おふでさき》に現《あら》われてあるが、露西亜《ロシア》の国《くに》は誠《まこと》に強欲《ごうよく》な国《くに》で、人《ひと》の国《くに》を奪《と》ることばかりを国《くに》の方針《ほうしん》にして居《お》る畜生同然《ちくしょうどうぜん》の国泥棒《くにどろぼう》で、人《ひと》の国《くに》を一呑《ひとのみ》にしては太《ふと》りて来《き》て、露西亜《ロシア》は強欲天使《きょうよくてんし》のピートル大帝《たいてい》からの目論見《もくろみ》で、またこの頃新《ころさら》つに国《くに》を奪《と》ろうと思《おも》うて、波斯《ペルシャ》（トルコ）・満州《まんしゅう》・朝鮮《ちょうせん》・西蔵《チベット》・伊犂《イリ》（＝中央アジア。中国新疆ウイグル自治区の北西部、イリ・カザフ自治州の中にある。天山山脈を源とし西流するイリ川の流域）・新疆《しんきょう》・ノルウエーも露国《ロシア》に合《あわ》せてしまう欲心《よくしん》を起《おこ》して、軍備《ぐんび》に大金《たいきん》を抛《なげう》ってまだ飽《あ》き足《た》らないで、バルカン、セルビヤ国《こく》までめがけて居《お》る熊鷹根性《くまたかこんじょう》（＝帝政ロシアを侵略的として熊鷹に例えた）の国《くに》の餓鬼《がき》、その上《うえ》にこの尊《とうと》き日《ひ》の本《もと》まで行々《ゆくゆく》は我物《わがもの》にしてしまうつもりでその用意《ようい》ばかりにかかって居《お》る鬼《おに》の国《くに》を、今度《こんど》艮《うしとら》の金神変性男子《こんじんへんじょうなんし》のみたまが現《あら》われて往生《おうじょう》させなさりて、何時《いつ》までも日本《にほん》へ手出《てだ》しを能《よ》う致《いた》さぬ様《よう》にお構《かま》い遊《あそ》ばす。

この尊《とうと》き神《かみ》を敬《うやま》い奉《まつ》りて国《くに》の為《ため》に尽《つ》くせよと、十二年《ねん》の間《あいだ》一日《にち》も欠《か》かさず、口《くち》で知《し》らし筆先《ふでさき》に書《か》いて見《み》せなされても、暗《くら》がりの世《よ》の中《なか》であるから出口《でぐち》の神《かみ》の教《おしえ》を耳《みみ》へ入《い》れる人民《じんみん》がないので、神《かみ》さんがお独《ひと》り御苦労遊《ごくろうあそ》ばすのである。何《いず》れ日本《にほん》と露西亜《ロシア》とは、どうしても大戦《おおたたか》いをやらねば世界《せかい》の悶着《もんちゃく》が絶《た》えぬゆえに、戦《たたか》いがあるから、日本《にほん》の人民《じんみん》の心《こころ》を一つに固《かた》めて、軍人《ぐんじん》の愛国心《あいこくしん》が一等《いっとう》。

日清戦争《にっしんせんそう》にもろうた勲章《くんしょう》で一代飼殺《いちだいかいごろ》しにして貰《もら》うのを喜《よろこ》んで、妻子《さいし》に未練《みれん》を残《のこ》して愚図愚図《ぐずぐず》して居《お》る様《よう》な軍人《ぐんじん》でありたら、今度日本《こんどにほん》の国《くに》も何《なに》も彼《か》も奪《うば》われてしまう、心《こころ》一つ。

（三）　貪欲飽《どんよくあ》くなき露国《ロシア》は、五十年程前《ねんほどまえ》から日本《にほん》・支那《しな》・朝鮮《ちょうせん》一つに丸《まる》めて、印度《インド》までも露国《ロシア》の土地《とち》にする仕組《しくみ》で、金《かね》の要《い》るのは底知《そこし》れず、今迄《いままで》は思惑通《おもわくどお》りに人《ひと》の国《くに》を呑《の》んで来《き》たが、その代《か》わり国債《こくさい》が七十億留《おくルーブル》もかさんで、内国《ないこく》でも外国《がいこく》でも、金《かね》を借《か》り入《い》れる余地《よち》がなくなりても頓着《とんちゃく》せず、年々《ねんねん》四、五千万円《せんまんえん》も損《そん》の行《ゆ》くシベリア鉄道《てつどう》に東清《とうしん》鉄道《てつどう》（＝大連。日清戦争後、ロシアが中国東北部に敷設した鉄道。日本では東支鉄道・北満州鉄道と呼んだ。満州事変後、満州国へ譲渡・売却。日本の敗戦で再びソ連に移管。一九五二年ソ連から中国に返還され、旧南満州鉄道と共に中国長春鉄路と改称）、旅順《りょじゅん》、ダルニー（＝大連）なぞの大層《たいそう》な仕組《しくみ》をして、日本《にほん》を奪《と》る足場《あしば》を拵《こしら》えて居《お》るのであるが、日本《にほん》の番頭《ばんとう》・丁稚《でっち》どん、チト確《しっか》りして腰《こし》を据《す》えてかからんと、世界中《せかいじゅう》へよい恥《はじ》を曝《さ》らさんならぬ様《よう》になる。

日本初《にほんはじ》まりてから無《な》き事《こと》が出来《でき》るとのお筆先《ふでさき》が出《で》て来《き》て、毛色《けいろ》の変《か》わりたイギリスの大国《たいこく》と手《て》を握《にぎ》り合《お》うて、「日英同盟《にちえいどうめい》」（＝明治35年～大正10年。日本が第一次世界大戦に参戦したのはこの同盟による）じゃというて大《おお》きな顔《かお》して爵位勲章《しゃくいくんしょう》を貪《むさぼ》り、何時《いつ》までも変《か》わらぬ同盟《どうめい》じゃと思《おも》うて、余程力《よほどちから》になる様《よう》に思《おも》うて油断《ゆだん》して、先《さき》の見《み》えんも余《あま》り、今《いま》に燕返《つばめがえ》しにかえられて、アフンとして尻餅《しりもち》を搗《つ》いて頭《あたま》の上《あが》らんことが出《で》て来《く》るが、それが判《わか》らん様《よう》な事《こと》では神国世話《しんこくせわ》はして貰《もら》えんぞ。高《たか》い給金《きゅうきん》ばかり取《と》りて、黒塗《くろぬ》りの馬車《ばしゃ》に乗《の》って、大道往来《だいどうおうらい》の場塞《ばふさ》ぎばかりをするのは能《のう》ではあるまい。

（三）艮《うしとら》の金神様《こんじんさま》のお構《かま》いなさる松《まつ》の世《よ》の行《や》り方《かた》は、兵士《へいし》も要《い》らぬ軍《いくさ》もなき様《よう》に、天下《てんか》泰平《たいへい》に治《おさ》まる様《よう》になる。軍備《ぐんび》や戦争《せんそう》は、今《いま》の政府《せいふ》が地主《じぬし》や資本家《しほんか》を守《まも》る為《ため》の力《ちから》にするので、世界《せかい》数多《あまた》の人民《じんみん》は、地主《じぬし》と資本家《しほんか》の為《ため》に、兵《へい》にも採《と》られて大事《だいじ》な命《いのち》まで投《な》げ出《だ》して、その上《うえ》に多《おお》くの税《ぜい》を取《と》り上《あ》げられねばならぬ。高見《たかみ》へ土持《つちも》ち（＝家屋建築に要する土砂を運ぶこと。また、その人。）で、こんなつまらん事《こと》はないから、この世《よ》の立替《たてかえ》があるのでござる。

今《いま》や世界《せかい》の国々《くにぐに》は軍備《ぐんび》のために実《じつ》に二百《ひゃく》五十億《おく》ドルの国債《こくさい》を起《おこ》して、その利息《りそく》だけでも毎日《まいにち》三百万人以上《ひゃくまんにんいじょう》の者《もの》が働《はたら》かねばならぬ様《よう》になり、それぱかりか幾百万《いくひゃくまん》の達《たっ》者盛《しゃざか》りの若者《わかもの》は、絶《た》えず兵《へい》に出《で》て人殺《ひとごろ》しの業《わざ》を習《なら》って、要《い》らぬ無益《むえき》の艱難苦労《かんなんくろう》を嘗《な》めねばならず、何処《どこ》の国《くに》も達者《たっしゃ》なものは皆選《みなえ》り抜《ぬ》いて兵《へい》に徴集《ちょうしゅう》して、田畑《たはた》に耕作《こうさく》するものは、皆白髪混《みなしらがま》ぜりの老人《ろうじん》やら、不遇者《ふぐうしゃ》……女子《じょし》ばかりであるが、実《じつ》に憐《あわ》れ至極《しごく》な世《よ》の中《なか》ではないか。その上《うえ》、万一戦争《まんいちせんそう》でも始《はじ》まりた日《ひ》には、幾億《いくおく》という金《かね》を使《つか》い幾万《いくまん》の生命《いのち》を放《ほ》かして、人民《じんみん》は痛《いた》い上《うえ》にも痛《いた》い目《め》に会《お》うて、国《くに》は半潰《はんつぶ》れになり、何時《いつ》まで も撚《よ》りが戻《もど》らず、残《のこ》るものは少《すこ》しばかりの軍人《ぐんじん》の功名《こうみょう》と山子師《やまし》の銭儲《ぜにもう》け位《くらい》である。アヽ世界《せかい》に是《こ》れ位重《くらいおも》い罪《つみ》があろうか。これ位《くらい》な禍《わざわい》があろうか。これがさっぱり畜生《ちくしょう》の世《よ》で、強《つよ》い者勝《ものか》ちの悪魔《あくま》の世界《せかい》ではないか。こんな世《よ》を何時《いつ》までも此《こ》の儘《まま》にして置《お》いたら、もうこの先《さき》は共食《ともぐ》いをするより仕様《しよう》がなくなるから、天《てん》からの命令《めいれい》で今度《こんど》二度目《どめ》の世《よ》の立替《たてかえ》であるから、なかなか大謨《たいもう》なことの仕組《しくみ》でござる。

（一九）人民《じんみん》は、神様《かみさま》の直々《じきじき》の結構《けっこう》なみたまを戴《いただ》いておるので、人《ひと》は神《かみ》に次《つ》いでの尊《とうと》きものでござるが、また人民《じんみん》の肉体程果敢《にくたいほどはか》ない脆《もろ》きものはござらぬ。露《つゆ》の命《いのち》を繋《つな》いでいる一筋《ひとすじ》の細糸《ほそいと》が切《き》れたが最後《さいご》、金銀《きんぎん》・財宝《ざいほう》・家倉《いえくら》・妻子《さいし》・兄弟《きょうだい》に離《はな》れ、土《つち》の中《なか》で白骨《はっこつ》になるか焼《や》かれて煙《けむり》に変《へん》ずるか、譬《たと》えの通《とお》り晨《あした》の紅顔《こうがん》（＝婦人の麗しい容貌。また、年若い頃の血色のつやつやした顔）夕《ゆう》べの白骨《はっこつ》、誠《まこと》に情《なさ》けなきは人民《じんみん》の行末《ゆくすえ》なれど、肝腎《かんじん》のみたまは、神《かみ》の御側《おそば》で限《かぎ》りなき永《なが》き命《いのち》と楽《たの》しみをうけて、結構《けっこう》な神国《しんこく》に進《すす》む事《こと》の出来《でき》るものであるから、みたまの曇《くも》りを洗《あろ》うて水晶《すいしょう》にして、後《のち》の楽《たの》しみの種《たね》を蒔《ま》くが肝要《かんよう》でござる。出口《でぐち》の神《かみ》は、「お陰《かげ》は心《こころ》にあるから心次第《こころしだい》でどうでもなる」と教《おし》え給《たも》うのでござるから、改心《かいしん》が何《なに》より結《けっ》構《こう》でござる。

（二八）昔《むかし》の神代《かみよ》は、人民《じんみん》の血類《けつるい》が集《あつま》りて互《たがい》に助《たす》け合《あ》いをして、一村々々《いっそんいっそん》で一つの世帯《せたい》で、何《なに》も彼《か》も一人《ひとり》の物《もの》というてはなく、世界総持《せかいそうも》ちであったので、着類《きるい》や食物《しょくもつ》に不自由《ふじゆう》はなかったので、皆《みな》が勇《いさ》んで、この世程結構《よほどけっこう》なところはないと云《い》うて喜《よろこ》んだのである。今《いま》の世《よ》はさっぱり逆様《さかさま》で、着類食物《きるいしょくもつ》は昔《むかし》より沢山出来《たくさんでき》て、皆金持《みなかねも》ち、地主《じぬし》の倉《くら》の中《なか》で虫《むし》に喰《く》われて、肝腎《かんじん》の拵《こしら》えた人民《じんみん》は、裸体《はだか》で寒《かん》の中《なか》に凍《こご》えたり餓《かつ》えたりするものが、一日《にち》増《ま》しに殖《ふ》えて来《く》るばかりである。これというも、この世《よ》の守護神《しゅごじん》が悪魔《あくま》ばかりであるから、この世《よ》を構《かま》う肉体《にくたい》の人民《じんみん》が、皆《みな》その悪魔《あくま》と同《おな》じ身魂《みたま》であるから、上下運否《じょうげうんぷ》を拵《こしら》えてこんな結構《けっこう》な世《よ》はないと申《もう》して居《お》るなれど、下《した》の人民《じんみん》は一日《にち》増《ま》しに生活《せいかつ》が悪《わる》くなるばかり、目《め》を開《あ》けて心《こころ》ある者《もの》はじっとして見《み》ておれん。

この世《よ》に人民《じんみん》ができてから殆《ほとん》ど十万年《まんねん》、その九万《まん》五千年《せんねん》は誠《まこと》に結構《けっこう》な神代《かみよ》で、運否《うんぷ》のない持《も》ちつもたれつの助《たす》け合《あ》いの美《うる》わしい世《よ》でありたのが、追々《おいおい》と開《ひら》け進《すす》むに連《つ》れて人《ひと》の心《こころ》が段々悪《だんだんわる》くなりて来《き》て、到頭《とうとう》こんな極悪《ごくあく》の殺《ころ》し合《あ》いの虎狼《ころう》の上《うえ》を越《こ》す大化物《おおばけもの》ばかりの泥水世界《でいすいせかい》に堕落《だらく》してしもうたのである。これというも、この世《よ》を構《かま》う守護神《しゅごじん》が、世《よ》の持《も》ち方《かた》が逆様《さかさま》でありたから、知《し》らず識《し》らずの間《あいだ》に世《よ》が詰《つ》まりてしもうたのである。今度《こんど》は時節《じせつ》で、艮《うしとら》の鬼門《きもん》の金神様《こんじんさま》が竜宮殿《りゅうぐうでん》に現《あら》われなされて、是迄《これまで》世《よ》に落《お》ちておられた神様《かみさま》・仏事《ぶつじ》を世《よ》に上《あ》げて、人民《じんみん》を助《たす》け、水晶《すいしょう》の世《よ》にして、天《てん》も地《ち》も世界中《せかいじゅう》桝掛《ますか》け引《ひ》いて勇《いさ》んで暮《くら》す世《よ》になさるから、仰《あお》ぎ敬《うやま》え四方《よも》の人々《ひとびと》。

（三一）人《ひと》は飲《の》み食《く》いばかりで生《い》きているものでない。天帝《てんてい》の分霊《わけみたま》という尊《とうと》き霊魂《れいこん》を銘々《めいめい》に授《さず》けられておるので、その霊魂《れいこん》にも餌《かい》ばを与《あた》えねばならぬ。また、霊魂《れいこん》の狂《くる》うた時《とき》は、霊魂《れいこん》を救《すく》う所《ところ》の薬《くすり》を与《あた》えねばならぬ。その霊魂《れいこん》の餌《え》ばというは、善《ぜん》の教《おしえ》である。その薬《くすり》というは、信仰《しんこう》その物《もの》である。肉体《にくたい》の病《や》み煩《わずら》いも、また霊魂《れいこん》の曇《くも》りから起《おこ》るのが七、八分《ぶ》を占《し》めておるので、外側《そとがわ》の肉体《にくたい》ばかりの病《やみ》は、詮《せん》じつめるとほん少《すこ》しよりないものである。肉体《にくたい》の煩《わずら》いは、大抵《たいてい》自然《しぜん》の良能《りょうのう》（＝生れながらにそなわっている才能）で直《なお》るのもあり、薬師《くすし》の助《たす》けで直《なお》るのもあるが、今《いま》の筍《たけのこ》（＝未熟な医者）が匙《さじ》を投《な》げたり、ドクトル・オブ・

メヂチーネ（＝医学博士）という立派《りっぱ》な医者《いしゃ》どんがあかんと諦《あきら》めた病人《びょうにん》が、信仰《しんこう》の力《ちから》で夢《ゆめ》の如《ごと》くに楽々《らくらく》と全快《ぜんかい》するのは、霊魂《れいこん》に信仰《しんこう》という霊薬《れいやく》（＝不思議な効験のある薬）を与《あた》えたしるしである。

艮《うしとら》の金神出口《こんじんでぐち》の神《かみ》は、「心次第《こころしだい》で信仰《しんこう》一つで利益《りやく》はある。お陰《かげ》は我心《わがこころ》にある」と仰《おお》せられたる如《ごと》く、信仰《しんこう》の力《ちから》は霊魂《れいこん》を水晶《すいしょう》にする力《ちから》がある。霊魂《れいこん》が水晶《すいしょう》になれば病神《やまいがみ》は宿《やど》らぬ。兎《と》に角人民《かくじんみん》は神《かみ》の分霊《ぶんれい》で、神《かみ》さんの大切《たいせつ》の御子《みこ》であるから、この大切《たいせつ》の身体《からだ》に病《やまい》なぞを引《ひ》き出《だ》しては、神様《かみさま》に対《たい》して此上《このうえ》ない罪《つみ》であるし、また肉体《にくたい》は父母《ふぼ》の直々《じきじき》の譲《ゆず》り物《もの》で、約《つま》り父母《ふぼ》の分身《ぶんしん》であるから、大切《たいせつ》に致《いた》さねば、若《も》しも過《あやま》ちが出来《でき》て怪我《けが》でもしたり煩《わずら》いでもしたら、父母《ふぼ》に心配《しんぱい》をさせて限《かぎ》りのなき不幸《ふこう》の罪《つみ》になるのである。

また我《われ》の二代目《だいめ》は我子《わがこ》で、三代目《だいめ》は孫《まご》であるから、十分罪科《じゅうぶんめぐり》を取《と》りて身体《からだ》を壮健《そうけん》にして、子孫《しそん》に余毒《よどく》（＝後々まで残る害毒）を残《のこ》さぬ様《よう》にせねばならぬ。却々人《なかなかひと》の肉体《にくたい》というものは再《ふたた》び生《い》きるものでないから、この世《よ》へ来《く》れば一日《にち》でも長生《ながいき》をして、みたまの洗濯《せんたく》をして、高天《たかま》の原《はら》へまかる準備《じゅんび》が肝腎《かんじん》である。

肉体《にくたい》の命《いのち》はほんの夢《ゆめ》の間《あいだ》であるが、この夢《ゆめ》の間《あいだ》に、末《すえ》の末《すえ》まで限《かぎ》りのない永《なが》き世《よ》の仕度《したく》をしておかねばならぬのに、今《いま》の人民《じんみん》は近欲《ちかよく》に呆《ほう》けて先《さき》の事《こと》の分《わか》らん憐《あわれ》なものであるが、皆《みな》この世《よ》の悪神《あくがみ》に支配《しはい》されて、世界《せかい》の人民《じんみん》が健忘《けんぼう》の様《よう》になりて呆《ほう》けてしもうて居《お》るから、何程結構《なにほどけっこう》な事《こと》を云《い》うて聞《き》かしても書《か》いて見《み》せても、馬《うま》の耳《みみ》に風同然《かぜどうぜん》、余《あま》り云《い》うてやると逆《ぎゃく》にとりて敵《てき》にするものばかり、縦《たて》からも横《よこ》からも言《い》い聞《き》かす隙《すき》がないので気《き》の毒《どく》。……これでも人間《にんげん》の形《かたち》を変《か》えぬのが不思議《ふしぎ》。

二、『道の栞』（抜粋）

=第一巻=

（五一）神道家《しんどうか》のなかには、まま偏屈人《へんくつにん》があって言《い》う、日本《にほん》は神国神《しんこくかみ》の在《あ》る国《くに》、外国《がいこく》は獣《け》類《もの》の国神《くにかみ》の無《な》き国《くに》である。かかる言葉《ことば》は神道家《しんどうか》たるものの唱《とな》うべき言葉《ことば》にあらず。世《せ》界中神《かいじゅうかみ》の無《な》き国《くに》はなし。太陽《たいよう》の光《ひかり》の届《とど》く限《かぎ》りは神《かみ》あらざるはなし。また日本人《にほんじん》と西《せい》洋人《ようじん》とは毛色《けいろ》こそ変《かわ》れ、表面《うわべ》の色《いろ》こそ異《こと》なれ、同《おな》じ天帝《てんてい》の分霊《ぶんれい》である。同《おな》じ高天原《たかあまはら》の支配《しはい》を受《う》くる神子《しんし》である。それにもかかわらず、日本人《にほんじん》は神《かみ》の直系《じきじき》の分霊《ぶんれい》、外国人《がいこくじん》は獣物《けもの》と同《おな》じ霊《みたま》などと唱《とな》える神道家《しんどうか》は、真理《しんり》に暗《くら》き野蛮人《やばんじん》である。

（五二）天帝《てんてい》が人種《ひとだね》を世界《せかい》に降《くだ》したもうや、黄色《きいろ》い人種《じんしゅ》もあり、白《しろ》き人種《じんしゅ》もあり、黒《くろ》き人《じん》種《しゅ》もあり、赤銅色《あかがねいろ》の人種《じんしゅ》もあれども、天帝《てんてい》の慈《いつくしみ》を垂《た》れたもう事《こと》においては、別《わ》け隔《へだ》てなし。みな同《おな》じ神《かみ》の子《こ》であるから、どの人種《じんしゅ》は可愛《かわい》い、どの人種《じんしゅ》は憎《にく》いとの差別《さべつ》を為《な》したもう道理《どうり》なし。

（五三）しかるにその天帝《てんてい》の御心《みこころ》をもわきまえずに、自惚心《うぬぼれごころ》を起《おこ》して、日本人《にほんじん》のみ神《かみ》の直《じき》系《じき》の尊《とうと》いものなどいうは、主神《しゅしん》に対《たい》し奉《まつ》りて仇《あだ》となるのであるから、神《かみ》の道《みち》にあるものは、最《もっと》も慎《つつし》まねばならぬ。

（五九）国《くに》と国《くに》との戦《たたか》いが起《おこ》るのも、人《ひと》と人《ひと》との争《あらそ》いが起《おこ》るのも、みな欲《よく》からである。神《かみ》心《ごころ》にならずして世界《せかい》のためを思《おも》わずして、我国《わがくに》さえよければ人《ひと》の国《くに》はどうでもよい、我身《わがみ》さえよければ人《ひと》の身《み》はどうなってもよいという自己愛《じこあい》から、戦《たたか》いや争《あらそ》いが起《おこ》るのである。これはみな悪《あく》の行為《こうい》である。

（六〇）神《かみ》に習《なら》う事《こと》を忘《わす》れて我《が》を出《だ》して貧《むさぼ》らんとするから得《え》られぬのである。人《ひと》を殺《ころ》してまでも人《ひと》の国《くに》を奪《うば》い、人《ひと》を倒《たお》してでも人《ひと》の物《もの》を奪《うば》い取《と》ろうとするから、却《かえ》ってすこたんを喰《く》うのである。某々《ぼうぼう》（＝だれだれ。なにがし）両国《りょうこく》の今度《こんど》の行方《やりかた》が世界《せかい》の悪《あく》の鏡《かがみ》である。

（六二）世界万物《せかいばんぶつ》を造《つく》りて我等《われら》に、体《たい》と力《ちから》と霊《れい》とを授《さず》けたまえる神《かみ》に近《ちか》づかずして、却《かえ》りて道無《みちな》きの親《おや》に仕《つか》うる者《もの》は神《かみ》に仇《あだ》するものである。神《かみ》に仇《あだ》せしものは必《かなら》ず亡《ほろ》び行《ゆ》く。

（七八）ヤマトスラブの戦《たたか》いは、この世始《よはじ》まりてからまだ無《な》きような激《はげ》しき大戦《おおたたか》いであるが、天帝《てんてい》は何方《どちら》へ勝《かち》を与《あた》えたもうぞ。天帝《てんてい》は誠《まこと》の強《つよ》き国《くに》へ必《かなら》ず勝《かち》を与《あた》えたもうべし。

（七九）今度《こんど》の戦《たたか》いの起《おこ》りは、その本《もと》は自愛《じあい》の欲《よく》からであるが双方《そうほう》ともに善《ぜん》ならず。世界《せかい》を一目《ひとめ》に見《み》たもう神《かみ》は必《かなら》ず少《すこ》しにても正《ただ》しき方《ほう》へ勝利《しょうり》を得《え》させたもうこと必定《ひつじょう》である。

（八〇）日本《にほん》は神国《しんこく》、神《かみ》ある国《くに》であるから、日本《にほん》を必《かなら》ず勝《か》たせたまわんというものがあれど、日本《にほん》の勝《か》つのは正義《せいぎ》がロシアよりも優《まさ》っているからである。いくら神国《しんこく》なりとも悪《あく》が勝《か》ちなば、公平無私《こうへいむし》なる天帝《てんてい》は必《かなら》ずロシアに勝《かち》を与《あた》えたもうべし。

（八一）今度《こんど》の戦《たたか》いは天《あま》の岩戸《いわとびら》開きの導火線《どうかせん》となるのである。善《ぜん》と悪《あく》とが立《た》て別《わ》けられる発端《ほったん》である。

（八八）天《あめ》が下《した》の穏《おだや》かに治《おさ》まる道《みち》は、兵《へい》が強《つよ》きがためではない。国民《こくみん》が天道《てんどう》を信《しん》じて誠《まこと》の道《みち》を守《まも》るによるのである。

（八九）世界中《せかいじゅう》、兵《へい》あるがあるために、欲《よく》も起《おこ》り戦《たたか》いもあるのである。世界《せかい》の戦《たたか》いは運不《うんふ》運《うん》を嫌《きら》いたもう天帝《てんてい》の大御心《おおみこころ》にかなわぬ事《こと》である。雨降《あめふ》って地固《じかた》まる、世界《せかい》おだやかのためには戦《いくさ》も止《や》むを得《え》ぬ次第《しだい》なれど、戦《たたか》いぐらい世界《せかい》に無残《むご》きものはない。

（九〇）国《くに》の強《つよ》きと弱《よわ》きとはその国民《こくみん》の行《おこな》いの善悪《ぜんあく》によるのである。国民《こくみん》の行《おこな》い正《ただ》しき時《とき》その風俗《ふうぞく》も美《うる》わしく、風俗美《ふうぞくうる》わしき時《とき》、すなわち一国和合《こくわごう》を来《きた》すものである。和合《わごう》して国民《こくみん》が一致《いっち》したほど、世界《せかい》に強《つよ》きものはないのである。

（九一）風俗美《ふうぞくうる》わしからず、国民《こくみん》の心一致《こころいっち》せぬ時《とき》は幾千万《いくせんまん》の兵《へ》ありとて、すぐに破《やぶ》れ亡《ほろ》ぶものである。ゆえに兵士《へいし》や戦《いく》さ道具《どうぐ》では国《くに》は治《おさ》まらぬ。国民《こくみん》の神《かみ》を厚《あつ》く信《しん》ずる心《こころ》と、その品行《ひんこう》の美《うる》わしきによるものである。……。

（九二）神《かみ》の畏《おそ》るべきを知《し》り誠《まこと》の心《こころ》を持《も》って善《ぜん》を行《おこな》う。一人《ひとり》かくのごとく、一家内《かない》またかくの如《ごと》く一国《こく》またかくの如《ごと》く、天《あめ》が下《した》またかくの如《ごと》くするにおいては、穏《おだや》かなる風《かぜ》、慈《いつくしみ》の雨降《あめふ》りそそぎ、喜《よろこ》びの雲《くも》、清涼《せいりょう》の空気天地四方《くうきてんちしほう》に充《み》ちて、目出度《めでた》き事《こと》のみ世界《せかい》に起《おこ》るべし。かくなる時《とき》は砲台《ほうだい》も軍艦《いくさぶね》も大砲《おおづつ》も、兵士《もののふ》も要《い》らず、天下《てんか》は泰平《たいへい》に治《おさ》まるのである。天《てん》に二つの日《ひ》なきが如《ごと》く、地《ち》にも一つの王者《おうじゃ》でなければ治《おさ》まらぬ。粟散《ぞくさん》王《おう》（＝小国の王）の世界《せかい》は、小言《こごと》が絶《た》えぬ。

（九四）神《かみ》より見《み》れば一人《ひとり》の生命《せいめい》も大地《だいち》より重《おも》しとなしたもう。その重《おも》きところの生命《せいめい》を奪《と》り合《あ》う戦《たたか》いこそ悪《あく》の骨頂《こっちょう》である。

（九五）天帝《てんてい》の御心《みこころ》に違《たが》いて、大切《たいせつ》なる生命《せいめい》を奪《うば》う行為《こうい》は、人《ひと》を生《う》み給《たま》いし大御心《おおみこころ》に背《そむ》きまつる深《ふか》き罪《つみ》である。今度《こんど》の戦《たたか》いを起《おこ》した国人《くにびと》は、天帝《てんてい》に対《たい》して大罪人《だいざいにん》たり世界《せかい》に対《たい》して平和《へいわ》の仇《あだ》たり。天帝誠《てんていまこと》の大小《だいしょう》を衡《はか》りてこの度《たび》の戦《たたか》いに勝《かち》を得《え》させたもうべし、今度《こんど》の戦《たたか》いには、生神《いきがみ》の助太刀《すけだち》あり。その生神《いきがみ》とは高津神《たかつかみ》のことである。高津神《たかつかみ》とは天《てん》と地《ち》との間《あいだ》を守《まも》る精霊《せいれい》にして俗《ぞく》に金神《こんじん》と唱《とな》う。

（九六）この戦《たたか》いには、高津神《たかつかみ》の働《はたら》き最《もっと》も著《いちじる》しきものあるべし。高津神《たかつかみ》のすべての頭《かしら》は、艮《うしとら》の鬼門《きもん》の金神《こんじん》という荒神《あらがみ》にして、この戦《いくさ》に勝《かち》を与《あた》えたもう生《い》ける神《かみ》なり。

（九七）神《かみ》の教盛《おしえさかん》になり、人々《ひとびと》は礼儀《れいぎ》を重《おも》んずるに至《いた》らば、天《あめ》が下《した》に戦《たたか》いや争《あらそ》いの起《おこ》るべき道理《どうり》なし。かくならねば天下《てんか》は泰平《たいへい》にはならぬ。豊葦原《とよあしはら》の瑞穂《みづほ》の国《くに》は、誠《まこと》の神国《しんこく》にはならぬ。

（明治三十七年旧四月十五日神示）

＝第二巻＝

（二〇）瑞《みづ》の霊《みたま》は天津神《あまつかみ》の誠《まこと》の使《つか》いである。天上《てんじょう》なる神《かみ》の御国《みくに》に達《たっ》せんとの願《ねが》いは、天《てん》の使《つかい》に頼《たの》むべし天《てん》の誠《まこと》の伝達使《みつかい》は後《あと》にも前《さき》にもただ一人《ひとり》のみ。そのほかに直々《じきじき》の使《つか》いと唱《とな》えておるものみな偽《いつわ》りの使《つか》いである。偽《いつわ》りの使《つか》いに頼《たの》むとも、どうして天津神《あまつかみ》の御許《みもと》に救《すく》われることが出来《でき》ようか。

（二二）瑞《みづ》の御霊《みたま》に、救《すく》われんことを祈《いの》るものは、直《ただ》ちに救《すく》わるべし。また瑞《みづ》の御霊《みたま》を疑《うたが》いて背《そむ》くものは、自《みずか》ら亡《ほろ》びを招《まね》くものぞ。

（二三）天帝《てんてい》は瑞《みづ》の御霊《みたま》に万物《ばんぶつ》の救《すく》いを委《まか》せたまえり。高天原《たかあまはら》に現《あ》れまして、天《あめ》の安《やす》の河《か》原《わら》を中《なか》におきて誓《ちか》いたまえる、天照大御神《あまてらすおほみかみ》は厳《いづ》の御霊《みたま》である。その時共《ときとも》に誓《ちか》いたまえる速素盞鳴尊《はやすさのをのみこと》は瑞《みづ》の御霊《みたま》である。

瑞《みづ》の御霊《みたま》は下津国《したつくに》の国人《くにびと》の許々多久《ここたく》の罪穢《つみけがれ》を、その御涙《おんなみだ》にて贖《あがな》いたまいて国人《くにびと》の罪《つみ》の身代《みがわ》りとなり給《たま》える救主《すくいぬし》である。また幽界《ゆうかい》にては、もろもろの精霊《せいれい》の許々多久《ここたく》の罪穢《つみけがれ》をその御血潮《おんちしお》をもって贖《あがな》いたまい、その罪《つみ》に代《かわ》りたまいて、もろもろの精霊《せいれい》の救主《すくいぬし》となり給《たま》える。すべて世界《せかい》の罪人《つみびと》の罪《つみ》を贖《あがな》いて、救《すく》いの門《もん》を開《ひら》かれしは瑞《みづ》の御《み》霊《たま》にして、罪《つみ》を許《ゆる》したもう神《かみ》は厳《いづ》の御霊《みたま》である。しかし太陽系天体《たいようけいてんたい》に属《ぞく》する世界《せかい》のみである。その上《うえ》には天帝《てんてい》がありて最後《さいご》の審判《さばき》をなしたもうのである。

(四八) 救主《すくいぬし》なるものは、いきなりに、天津御空《あまつみそら》より降《くだ》り来《く》るものにあらず。天帝《てんてい》の御心《みこころ》によりて、いとも低《ひく》き土《つち》の中《なか》より現《あら》わるるものぞ。この世《よ》の救主《すくいぬし》は、いとも低《ひく》きところにあり。高《たか》きところにあるものは、みな誠《まこと》の救主《すくいぬし》にあらざるなり。

(五四) 世界中《せかいじゅう》の生民《せいみん》二十億《おく》、みな天帝《てんてい》の御子《みこ》なり。善人《ぜんにん》も神《かみ》の御子《みこ》なり、悪人《あくにん》も神《かみ》の御《み》子《こ》なり。数限《かずかぎ》りなき三千世界《ぜんせかい》の霊魂《れいこん》もまた神《かみ》の分霊《ぶんれい》にして、いわゆる神《かみ》の御子《みこ》なり。

(七三) 神《かみ》の道《みち》をよく知《し》らずして取次《とりつぎ》することなかれ、これ神《かみ》を欺《あざむ》きて道《みち》を汚《けが》し、自己《おのれ》の心《こころ》をあざむき、遂《つい》には人《ひと》を地獄《じごく》へ落《おと》し、自己《おのれ》もまた地獄《じごく》の火《ひ》に焼《や》かれて限《かぎ》りなき苦《くる》しみを受《う》けん。最《もっと》も謹《つつし》むべし。

＝第三巻＝

(四二) 軍備《ぐんび》なり戦《たたか》いは、みな地主《じぬし》と資本家《しほんか》とのためにこそあるべけれ。貧《まず》しきものには限《かぎ》りなき苦《くる》しみの基《もとい》となるものなり。

(四三) 軍備《ぐんび》や戦争《せんそう》のために、数多《あまた》の人《ひと》は徴兵《ちょうへい》の義務《ぎむ》を負《お》わざるべからず。一つより無《な》き肉体《にくたい》を捨《す》てて、血《ち》の河《かわ》、骨《ほね》の山《やま》をつくらねばならざるなり。多《おお》くの税金《ぜいきん》を政府《せいふ》に払《はら》わざるべからず。

(四四) 世《よ》の中《なか》に戦争《せんそう》ぐらい悪《あ》しきものはなく、軍備《ぐんび》ぐらいつまらぬものはなし。今《いま》や世《せ》界《かい》の国々《くにぐに》軍備《ぐんび》のために三百億《びゃくおく》ドルの国債《こくさい》を起《おこ》しておれり。その金《かね》の利息《りそく》の支払《しはら》いのみにても、日々《にちにち》三百《びゃく》五十万人以上《まんにんいじょう》の人《ひと》の働《はたら》きを当《あ》てはめざるべからず。

(四五) 世界幾千万人《せかいいくせんまんにん》の若《わか》き者《もの》は、たえず兵役《へいえき》に服《ふく》し、人殺《ひとごろ》しの業《わざ》ばかり稽古《けいこ》をなさざるべからず。人殺《ひとごろ》し大悪《だいあく》の稽古《けいこ》にかかりて、多《おお》くの者《もの》は常《つね》に艱難苦労《かんなんくろう》をなさざるべからず。四方《よも》の国《くに》、軍備《ぐんび》ほどつまらぬものはあらざるべし。

（四六）世界中《せかいじゅう》いずれの国《くに》も、みな壮健《すこやけん》なる身体《からだ》の者《もの》を選《え》りぬいて兵士《へいし》に徴集《ちょうしゅう》せざるべからず。田《た》や畑《はた》や山河海《やまかわうみ》などに働《はたら》く者《もの》は、白髪《しらが》まじりの苦労人《くろう》や、〇〇、女《おんな》や子供《こども》ばかりなり。今《いま》の世《よ》ほどつまらぬ世《よ》の中《なか》は後先《あとさき》になかるべし。

（四七）この世《よ》をこのままに捨《す》ておけば、人民《じんみん》は残《のこ》らず共倒《ともだお》れとなり、修羅《しゅら》の巷《ちまた》とたちまち変《へん》ずべし。

（四八）この悪《あ》しき世《よ》を、松《まつ》の世《よ》、神世《かみよ》となさんために、天《てん》より瑞《みづ》の御霊《みたま》を降《くだ》したまえり。

（明治三十七年旧六月一日神示）

愛善の道（一）

天《あめ》が下《した》人群《じんるい》万類《ばんるい》おちもなく　まことを生《い》かす愛善《あいぜん》の道《みち》

愛善《あいぜん》の道《みち》をあゆむは主《す》の神《かみ》の　教《をしへ》にしたがふまごころなりけり

世間愛《せけんあい》または自然《しぜん》の愛《あい》をすて　まことの神《かみ》の愛善《あいぜん》に生《い》くる

愛善《あいぜん》のみちは宇宙《うちう》にみちみちて　神《かみ》の心《こころ》をあかしゐるかも

愛善《あいぜん》の苑《その》にあつまる人々《ひとびと》の　心《こころ》はすでに天国《てんごく》にあり

天国《てんごく》を地上《ちぢやう》にうつせし愛善《あいぜん》の　み苑《その》につどふ神《かみ》のみ子《こ》たち

天国《てんごく》の光《ひかり》まばゆき神苑《しんゑん》は　地上《ちぢやう》ながらの天津神国《あまつかみくに》

愛善《あいぜん》の徳信真《とくしんしん》の光《ひかり》あれば　地上《ちぢやう》ながらの天人《てんにん》なりけり

（『愛善苑』第二号　昭和二十一年六月一日）

第三編　天災と人災

一、罔象神《みづはのかみ》

国祖・国常立尊の御隠退後、神業を引継がれた伊邪那岐伊邪那美の大神は、修理固成のため祓戸四柱大神はじめ神生み国生みの御神業から、天照大神・月読命が生れ、最後にこれら八百万の神々を統一する素盞鳴尊をお生みになる。豊葦原の瑞穂の国の青人草は、生存競争が激しくなり物を奪い合う大気津比売《おほげつひめ》（＝衣・食・住の神。贅沢の神。身のほどをわきまえない神）の世に成り果てると、伊邪那美大神は余りの酷さに黄泉国《よもつのくに》に至られる。一方伊邪那岐大神は天の香具山の鋼鉄《まがね》を掘り出し、自ら十握《とつか》の剣をあまた造りて、荒振神を武力をもって打ちきためんと計られるが、以前の神政（＝国祖神政）にもまして優勝劣敗弱肉強食へと混乱して行く。この様な泥沼社会の底辺から本当の救いの神は出でませる。

伊邪那岐《いざなぎ》、伊邪那美《いざなみ》二神《にしん》は、撞《つき》の大御神《おほみかみ》（＝霊力体の神。主神）を豊葦原《とよあしはら》の瑞穂国《みづほのくに》の大御柱《おおみはしら》となし、自《みずか》らは左守《さもり》、右守《うもり》の神《かみ》となりて、漂《ただよ》える大海原《おおうなばら》の国《くに》（＝未完成の地球）を修理固成《しゅうりこせい》し、各国魂《かくくにたま》の神《かみ》を任《にん》じ、山川草木《さんせんそうもく》の片葉《かきは》に至《いた》るまで各々《おのおの》その処《ところ》を得《え》せしめ、完全無欠《かんぜんむけつ》の神国《しんこく》をここに目《め》出度《でた》く樹立《じゅりつ》せられたり。

しかるに好事魔多《こうじまおお》しとかや、葦原《あしはら》の瑞穂国《みづほのくに》には天《あま》の益人《ますひと》（＝人間のこと）、日《ひ》に月《つき》に生《うま》れ増《ま》して、ついには優勝劣敗《ゆうしょうれっぱい》、弱肉強食《じゃくにくきょうしょく》の暗黒世界《あんこくせかい》を再現《さいげん》し、国治立命《くにはるたちのみこと》（＝国祖・国常立尊）の御神《ごしん》政《せい》に比《ひ》して数十倍《すうじゅうばい》の混乱暗黒世界《こんらんあんこくせかい》とはなりける。

ここに人間《にんげん》なるもの地上《ちじょう》に星《ほし》のごとく生《うま》れ出《い》で、増加《ぞうか》するによりて、自然《しぜん》に自己保護上《じこほごじょう》、「体主霊従《たいしゅれいじゅう》」の悪風《あくふう》日《ひ》に月《つき》に吹《ふ》き荒《すさ》み、山《やま》を独占《どくせん》する神現《かみあら》われ、一小区画《しょうくかく》を独占《どくせん》するものも出《い》できたり、野《の》も海《うみ》も川《かわ》も、大《だい》にしては国《くに》、洲《しま》などを独占《どくせん》せんとする神人《しんじん》や人間《にんげん》が現《あら》われたり。

○

山《やま》を多《おお》く占領《せんりょう》する神《かみ》を「大山枠《おほやまぐひ》の神《かみ》」といい、また小区画《しょうくかく》を独占《どくせん》する神《かみ》を「小山枠《こやまぐひ》の神《かみ》」という。また原野田圃《げんやでんぽ》の大区画《だいくかく》を独占《どくせん》する人間《にんげん》を「野槌《のづち》の神《かみ》」といい、小区域《しょうくいき》を独占《どくせん》する人間《にんげん》を「芽野姫《かやぬひめ》」という。山枠《やまぐひ》の神《かみ》や野槌《のづち》の神《かみ》や芽野姫《かやぬひめ》の神《かみ》は、各処《かくしょ》に現《あら》われて互《たが》いに争奪《そうだつ》を試《こころ》み、勢《いきお》い強《つよ》きものは大《だい》をなし、力弱《ちからよわ》きものは遂《つい》に生存《せいぞん》の自由《じゆう》さえ得《え》られなくなり来《き》たれり。人間《にんげん》の心《こころ》はますます荒《すさ》み、いかにして自己《じこ》の生活《せいかつ》を安全《あんぜん》にせんかと、日《にち》夜色食《やしきしょく》の道《みち》にのみ孜々《しし》として身心《しんしん》を労《ろう》し、ついには他《た》を滅《ほろ》ぼしその目的《もくてき》を達《たっ》せんために、人口《じんこう》をもって天《あま》の磐船《いわふね》（＝船のこと）を造《つく》り、あるいは鳥船《とりふね》（＝飛行機のこと）を造《つく》り、敵《てき》を斃《たお》すために、各地《かくち》の銅鉄《どうてつ》の山《やま》を穿《うが》ち種々《しゅじゅ》の武器《ぶき》を製造《せいぞう》し、働《はたら》かずして物資《ぶっし》を得《え》んがために、またもや山《やま》を掘《ほ》り、金銀《きんぎん》を掘《ほ》り出《だ》してこれを宝《たから》となし、物質《ぶっしつ》との交換《こうかん》に便《べん》じ、あるいは火《ひ》を利用《りよう》して敵《てき》の山野家屋《さんやかおく》を焼《や》き、暗夜《あんや》の危険《きけん》を恐《おそ》れて燈火《とうか》を点《てん》じ、種々《しゅじゅ》の攻防《こうぼう》の利器《りき》を製造《せいぞう》して、互《たが》いの雌雄《しゆう》を争《あらそ》うに至《いた》れり。

しかして衣食住《いしょくじゅう》はますます贅沢《ぜいたく》に流《なが》れ、神典《しんてん》にいわゆる大気津姫命《おほげつひめのみこと》の贅沢《ぜいたく》きわまる社《しゃ》会《かい》を現出《げんしゅつ》し、貧富《ひんぷ》の懸隔最《けんかくもっと》も甚《はなは》だしく、社会《しゃかい》は実《じつ》に修羅《しゅら》の現状《げんじょう》を呈出《ていしゅつ》するにいたりたり。

ここに伊邪那美命《いざなみのみこと》（＝人類のために火の文明を生む）は、女神《めがみ》として地上主宰《ちじょうしゅさい》のその任《にん》に堪《た》えざるを慮《おもんばか》り、黄泉国《よもつのくに》に隠《かく》れ入《い》りますこととなりたり、そのため益々世《ますますよ》は混乱状態《こんらんじょうたい》となり、天《てん》下《か》の神々《かみがみ》も一般《いっぱん》の人間《にんげん》も、救世主《きゅうせいしゅ》の出現《しゅつげん》を希望《きぼう》することとなり来《き》たれり。

時《とき》にもっとも虐《しいた》げられたる人間《にんげん》の中《なか》より、埴安彦神《はにやすひこのかみ》（＝国祖）、埴安姫神《はにやすひめのかみ》（＝豊雲野命）の二《に》神現《しんあら》われ、吾久産霊《わくむすび》なる仁慈《じんじ》の神々《かみがみ》を多《おお》く率《ひき》いて救《すく》いの道《みち》を宣伝《せんでん》し、水波廼女《みづはのめ》（＝日本書紀では罔象女神、古事記では弥都波能売神と表記する。伊邪那美命・火之迦具土神（ひのかぐつちのかみ）を生んだことにより大やけどを負い、その苦しみの中で尿（ゆまり）より生まれた神。虐げられた下層社会の人の意）なる正《ただ》しき人間《にんげん》を多《おお》く救《すく》いたり。されど、その数《すう》は千中《せんちゅう》の一つにも足《た》らざるほどの比較《ひかく》なり。

これより伊邪那岐《いざなぎ》、伊邪那美《いざなみ》の大神《おほかみ》は、各地《かくち》の国魂《くにたま》に命《めい》じ、あまたの曲津神《まがつかみ》を掃蕩《そうとう》せしめんとされたり。この御神業《ごしんぎょう》を称《しょう》して、「御子迦具槌《おんこかぐつち》の神《かみ》の御首《おんしるし》を斬《き》り玉《たも》う」というなり。

（『霊界物語』第六巻 第三十章「罔象神」）

二、大洪水

天《てん》より高《たか》く咲《さ》く花《はな》の、天教山《てんけうざん》に坐《ま》しませる、木花姫《このはなひめ》の御教《みをしへ》も、地教《ちけう》の山《やま》に隠《かく》ります、高照姫《たかてるひめ》の垂教《すゐけう》も、八百八十八柱《はっぴゃくはちじふやはしら》の、宣伝使《せんでんし》の艱難《かんなん》も、盲目聾者《めくらつんぼ》の世《よ》の中《なか》は、何《なん》の効果《かうくわ》も荒風《あらかぜ》の、空吹《そらふ》く声《こえ》と聞《き》き流《なが》し、肯諾《うけが》ふ者《もの》は千柱《ちばしら》の、中《なか》にもわづか一柱《ひとはしら》、一《ひと》つの柱《はしら》は見《み》る者《もの》を、金銀銅《きんぎんどう》の天橋《てんきょう》に、救《すく》はむための神心《かみごころ》、仇《あだ》に過《すご》せしその報《むく》い、雨《あめ》はしきりに降《ふ》りきたり、前後《ぜんご》を通《つう》じて五百六十七日《ごひゃくろくじふしちにち》の、大洪水《だいこうずゐ》と大地震《だいぢしん》、彗星《すゐせい》処々《しょしょ》に出没《しゅつぼつ》し、日《じつ》月光《げつひかり》を押《お》し隠《かく》し、御空《みそら》は暗《くら》く大地《だいち》の上《うへ》は、平一面《たひらいちめん》の泥《どろ》の海《うみ》、凄《すさ》まじかりける次第《しだい》なり。

宣伝使《せんでんし》の神示《しんじ》を嘲笑《ちょうしょう》して耳《みみ》にも入《い》れざりし長白山《ちょうはくざん》（＝朝鮮では白頭山という）の磐長彦《いわながひこ》以下《いか》数多《あまた》の神人《かみがみ》は、おいおい地上《ちじょう》の泥水《どろみず》に覆《おお》われ、逃《に》げ迷《まよ》い、草木《くさき》はいずれもずるけ腐《くさ》り、禽獣虫《きんじゅうちゅう》魚《ぎょ》は生命《いのち》を保《たも》たんため、あらゆる付近《ふきん》の山《やま》に先《さき》を争《あらそ》うて駆《か》け登《のぼ》りける。

されど、連日連夜《れんじつれんや》の大雨《たいう》に洪水《こうずい》はますます地上《ちじょう》に氾濫《はんらん》し、ついには小高《こだか》き山《やま》もその姿《すがた》を水中《すいちゅう》に没《ぼっ》するにいたりぬ。

神示《しんじ》の方舟《はこぶね》は暴風《ぼうふう》に揉《も》まれつつ、木《こ》の葉《は》の散《ち》るごとき危《あや》うき光景《こうけい》にて、高山《こうざん》の巓《いただき》めがけて漂着《ひょうちゃく》せんと焦《あせ》りおる。この方舟《はこぶね》は一名《いちめい》　目無堅間《めなしかたま》の船《ふね》といい、ちょうど銀杏《ぎんなん》の実《み》を浮《う》かべたるごとくにして、上面《じょうめん》は全部樟《すっかりくす》の堅固《けんご》なる板《いた》にて、中高《なかだか》に円《まる》く覆《おお》われおり、わずかに側部《そくぶ》に空気孔《くうきあな》が開《あ》けあるのみなりける。船《ふね》の中《なか》には神人《しんじん》をはじめ、牛馬《ぎゅうば》、羊《ひつじ》、鳥等《とりとう》が一番《ひとつがい》づつ各自《めいめい》入《い》れられ、また数十日間《すうじゅうにちかん》の食物用意《しょくもつようい》されありける。

種々《いろいろ》の船《ふね》に身《み》を托《たく》し、高山目《こうざんめ》がけて避難《ひなん》せんとする者《もの》も沢山《たくさん》ありたれど、上方《じょうほう》に屋根《やね》なき舟《ふね》は、降《ふ》りくる雨《あめ》の激《はげ》しさに、溜《たま》り水《みず》を汲《く》みだす暇《ひま》なく、かつ寄《よ》せくる山岳《さんがく》のごとき怒濤《どとう》に呑《の》まれて、数限《かずかぎ》りなき舟《ふね》は残《のこ》らず沈没《ちんぼつ》の厄《やく》にあいける。

されど鳥《とり》の啼声《なきごえ》や、獣類《じゅうるい》のいずれも山《やま》に駆《か》け登《のぼ》るを見《み》て、朧気《おぼろげ》ながらにも世界《せかい》の大洪水《だいこうずい》を知《し》り、逸早《いちはや》く高山《こうざん》に避難《ひなん》したる人畜《じんちく》は、ようやく生命《いのち》を支《ささ》え得《え》たりしなり。

一般蒼生《いっぱんそうせい》は数多《あまた》の禽獣《きんじゅう》や虫《むし》のために、安眠《あんみん》することもでず、雨《あめ》は歇《や》まず、実《じつ》に困難《こんなん》をきわめたりける。ここに一般人《いっぱんじん》は宣伝使《せんでんし》の宣伝歌《せんでんか》を今更《いまさら》のごとく想《おも》い出《だ》し、悔悟《かいご》の念《ねん》を喚《よ》びおこし、にわかに神《かみ》を祈願《きがん》しはじめたれど何《なん》の効験《こうけん》もなく、風《かぜ》はますます激《はげ》しく、雨《あめ》は次《し》第《だい》に強《つよ》くなるのみなりき。すべての神人《しんじん》は昼夜不安《ちゅうやふあん》の念《ねん》に駆《か》られた、ここにいよいよ世《よ》の終末《おわり》に瀕《ひん》せることを歎《なげ》き悲《かな》しみけり。

現代《げんだい》の賢《かしこ》き人間《にんげん》は、天災地妖《てんさいちよう》と人事《じんじ》とには、少《すこ》しも関係無《かんけいな》しというもの多《おお》けれど、地上《ちじょう》神人《しんじん》の精神《せいしん》の悪化《あっか》は、地上一面《ちじょういちねん》に妖邪《ようじゃ》の気《き》を発生《はっせい》し、宇宙《うちゅう》を混濁《こんだく》せしめ、天地《てんち》の霊気《れいき》を腐《ふ》穢《え》し、かつ空気《くうき》を変乱《へんらん》せしめたるより、自然《しぜん》に天変地妖《てんぺんちよう》を発生《はっせい》するに至《いた》るものなり。

すべて宇宙《うちゅう》の変事《へんじ》は、宇宙《うちゅう》の縮図《しゅくず》たる人心《じんしん》の悪化《あっか》によりて宇宙一切《うちゅういっさい》の悪化《あっか》するは、あたかも時計《とけい》の竜頭《りゅうず》破損《はそん》して、時計全体《とけいぜんたい》のその用《よう》を為《な》さざると同《おな》じごときものなり。故《ゆえ》に大神《おほかみ》の『神諭《しんゆ》』には、

「神《かみ》の形《かたち》に造《つく》られて、神《かみ》に代《か》わって御用《ごよう》をいたす人民《じんみん》の、一日《にち》も早《はや》く、一人《ひとり》でも多《おお》く、心《こころ》の立替立直《たてかえたてなお》しをして、誠《まこと》の神心《かみごころ》に成《な》ってくだされよ」

と示《しめ》したもうたのは、この理《り》に基《もと》づくものなり。また、

「人民《じんみん》くらい結構《けっこう》な尊《とうと》いものは無《な》いぞよ。神《かみ》よりも人民《じんみん》は結構《けっこう》であるぞよ」

と示《しめ》されあるも、人間《にんげん》は万物普遍《ばんぶつふへん》の元霊《げんれい》たる神《かみ》に代《か》わりて、天地経綸《てんちけいりん》の主宰者《しゅさいしゃ》たるべき天《てん》

職《しょく》を、惟神《かむながら》に賦与《ふよ》されているからなり。

古今未曾有《ここんみぞう》のかくのごとき天変地妖《てんぺんちよう》の襲来《しゅうらい》したるも、全《まった》く地上《ちじょう》の人類《じんるい》が、鬼《おに》や大蛇《おろち》や金《きん》狐《こ》の邪霊《じゃれい》に憑依《ひょうい》されて、神人《しんじん》たるの天職《てんしょく》を忘《わす》れ、「体主霊従《たいしゅれいじゅう》」の行動《こうどう》を敢《あ》えてし、天地《てんち》の神恩《しんおん》を忘却《ぼうきゃく》したる自然的《しぜんてき》の結果《けっか》なり。

神《かみ》は素《もと》より至仁至愛《しじんしあい》にましまして、ただ一介《いっかい》の昆虫《こんちゅう》といえども、最愛《さいあい》の寵児《ちょうじ》としてこれを保護《ほご》し給《たま》いつつあるがゆえに、地上《ちじょう》の人類《じんるい》をはじめ動植物一切《どうしゃくぶついっさい》が、日《ひ》に月《つき》に繁殖《はんしょく》して天国《てんごく》の生活《せいかつ》を送《おく》ることを、最大《さいだい》の本願《ほんがん》となしたもうなり。また、「神《かみ》を恨《うら》めてくれるな。神《かみ》は人民《じんみん》その他《た》の万物《ばんぶつ》を、一つなりとも多《おお》く助《たす》けたいのが神《かみ》は胸《むね》一杯《いっぱい》であるぞよ。神《かみ》の心《こころ》を推量《すいりょう》して万物《ばんぶつ》の長《ちょう》といわるる人民《じんみん》は、早《はや》く改心《かいしん》いたしてくだされよ。神急《かみせ》けるぞよ。後《あと》で取返《とりかえ》しのならぬことがありては、神《かみ》の役《やく》が済《す》まぬから、神《かみ》はあくまでも気《き》をつけたが、もう気《き》の付《つ》けようが無《な》いぞよ。神《かみ》は残念《ざんねん》なぞよ」との『神諭《しんゆ》』を、我々《われわれ》はよく味《あじ》わわねばならぬ。

（『霊界物語』第六巻 第十五章「大洪水 一」）

三、天災と人災

日本《にっぽん》の国民《こくみん》は古来抱擁性《こらいほうようせい》に富《と》み、世界《せかい》の文化《ぶんか》を悉《ことごと》く吸収《きゅうしゅう》して同化《どうか》し精練《せいれん》して更《さら》により以上美《いじょううつく》しきものとして更《さら》に之《これ》を世界《せかい》に頒与《はんよ》する所《ところ》に日本人《にっぽんじん》の生命《せいめい》があり、使命《しめい》があり、権威《けんい》があるのである。然《しか》して横《よこ》に世界文化《せかいぶんか》を吸収《きゅうしゅう》して之《これ》を精練《せいれん》すればする程《ほど》、縦《たて》に民族《みんぞく》性《せい》が深《ふか》められるべき筈《はず》だのに、現代《げんだい》の日本《にっぽん》は外来文化《がいらいぶんか》の暴風《ぼうふう》に吹《ふ》き付《つ》けられるほど、固有《こゆう》の民族性《みんぞくせい》の特徴《とくちょう》を喪《うしな》いつつある状態《じょうたい》は、恰《あたか》も根《ね》の枯《か》れたる樹木《じゅもく》に等《ひと》しいものである。日本《にっぽん》人《じん》は日本人《にっぽんじん》として決《けっ》して何物《なにもの》によっても冒《おか》されない天賦固有《てんぷこゆう》の文化的精神《ぶんかてきせいしん》を持《も》って居《お》る筈《はず》である。それが外来文化《がいらいぶんか》の浸蝕《しんしょく》に由《よ》って失《うしな》われんとする事《こと》は、祖国《そこく》の山河《さんか》が黙視《もくし》するに忍《しの》びざる所《ところ》で無《な》くてはならぬ。

斯《かく》の如《ごと》き時《とき》に際《さい》して天災地変《てんさいちへん》が忽焉《とつえん》として起《おこ》り、国民《こくみん》に大《だい》なる警告《けいこく》と反省《はんせい》を促《うなが》した事《こと》は今代《こんだい》に始《はじ》まった事《こと》で無《な》く、実《じつ》に建国《けんこく》二千《ぜん》五百年《ひゃくねん》の災変史《さいへんし》の黙示《もくじ》する所《ところ》の大真理《だいしんり》である。

近《ちか》くは元和《げんな》、寛永《かんえい》、慶安《けいあん》、元禄《げんろく》、宝永《ほうえい》、天明《てんめい》、安政《あんせい》、大正《たいしょう》に起《おこ》った大地震《だいじしん》と当時《とうじ》の世帯人《せたいにん》情《じょう》との関係《かんけい》を回顧《かいこ》するも、蓋《けだ》し思《おも》い半《なか》ばに過《す》ぎる物《もの》があるのではないか。

扨《さ》て吾国《わがくに》の記録《きろく》に存《そん》するもののみにても大小《だいしょう》一千有余《せんゆうよ》の震災《しんさい》を数《かぞ》える事《こと》が出来《でき》る。その中《なか》でも最《もっと》も大地震《だいじしん》と称《しょう》されて居《お》るものが百《ひゃく》二十三回《かい》、鎌倉時代《かまくらじだい》の如《ごと》きは平均《へいきん》五年目毎《ねんめごと》に大震災《だいしんさい》が有《あ》ったのである。覇府時代《はふじだい》には大小《だいしょう》三十六回《かい》の震災《しんさい》があった。然《しか》も我国《わがくに》の発展《はってん》が何時《いつ》も是等《これら》の地震《じしん》に負《お》う所《ところ》が多《おお》いのも不思議《ふしぎ》なる現象《げんしょう》である。奈良《なら》が滅《ほろ》び京都《きょうと》が衰《おとろ》え、そして江戸《えど》が大《おおい》に興隆発展《こうりゅうはってん》した歴史《れきし》の過程《かてい》を辿《たど》って見《み》れば、その間《かん》の消息《しょうそく》が能《よ》く窺《うかが》われる。

全体我国《ぜんたいわがくに》の文化《ぶんか》その物《もの》は全《まった》く地震《じしん》から咲《さ》き出《だ》した花《はな》の様《よう》にも思《おも》われる。天神《てんしん》 天祖《てんそ》 国祖《こくそ》神《しん》の我国《わがくに》を見捨《みす》て玉《たま》はぬ限《かぎ》り国民《こくみん》の生活《せいかつ》が固定《こてい》して腐敗堕落《ふはいだらく》の極《きわみ》に達《たっ》した度毎《たびごと》に地震《じしん》の浄火《じょうか》が忽焉《とつえん》と見舞《みま》って来《き》て、一切《いっさい》の汚穢《おえ》を洗練《せんれん》するのは、神国《しんこく》の神国《しんこく》たる所以《ゆえん》である。

古語《こご》に曰《いわ》く「小人《しょうじん》をして天下《てんか》を治《おさ》めしむれば天禄永《てんろくなが》く絶《た》えん、国家混乱《こっかこんらん》すれば、天災地《てんさいち》

妖至《よういた》る」とあるのは、自然《しぜん》と人生《じんせい》の一体《いったい》たる事《こと》を語《かた》ったものである。人間《にんげん》が堕落《だらく》して奢侈《しゃし》（＝分限を超えたくらし。おごり。ぜいたく）隠逸《いんいつ》（＝世俗をのがれ、隠れること）に流《なが》れた時《とき》、自然《しぜん》なる母《はは》はその覚醒《かくせい》を促《うなが》す為《ため》に諸種《しょしゅ》の災害《さいがい》を降《くだ》し玉《たも》うのであって、而《しか》も地震《じしん》は其《そ》の極罰《きょくばつ》である。

我国《わがくに》に地震《じしん》の多《おお》いのも神《かみ》の寵児《ちょうじ》なるが故《ゆえ》である。自然否天神地祇《しぜんいなてんしんちぎ》の恩寵《おんちょう》を背《そむ》いた時《とき》の懲罰《ちょうばつ》は一層《そう》烈《はげ》しい道理《どうり》である。若《も》し地震《じしん》が起《おこ》らなければ人震《じんしん》が発《おこ》りて其《そ》の忿怒《ふんど》を漏《も》らすに至《いた》る。近《ちか》くは天草四郎《あまくさしろう》や由比民部之介《ゆいみんぶのすけ》、大塩兵八郎乃至西郷隆盛《おおしおへいはちろうないしさいごうたかもり》の如《ごと》き皆《みな》この人震《じんしん》に属《ぞく》するものである。

（『日月日記』第三巻　昭和四年三月二日、『惟神の道』）

三、小三災

末法《まっぽう》の世《よ》に起《おこ》る小三災《しょうさんさい》と言《い》うのは飢《き》・病《びょう》・戦《せん》であるが、飢《うえ》と言《い》うのは食糧《しょくりょう》の欠乏《けつぼう》とのみ取《と》ってはならぬ。経済上《けいざいじょう》の飢饉《ききん》もある。病気《びょうき》と言《い》うのも、単《たん》に体《からだ》が病《や》むと解《かい》するのは誤《あやま》りである。思想的《しそうてき》の病気《びょうき》もこの中《なか》に入《はい》るので、皇道《こうどう》の正中《せいちゅう》を歩《あゆ》むのが健康者《けんこうしゃ》であって、左傾《さけい》だの右傾《うけい》だのと言《い》うのは思想上《しそうじょう》の病人《びょうにん》である。特《とく》に赤《あか》い思想《しそう》などは膏肓《こうもう》に入《い》った大病人《だいびょうにん》である。戦《いくさ》も兵器《へいき》を持《も》っての意味《いみ》だけではない。政戦《せいせん》、商戦等々種々《しょうせんとうとうしゅじゅ》ある。議員選挙《ぎいんせんきょ》においても、あの人《ひと》に是非出《ぜひで》てもらはねばならぬと選挙人《せんきょにん》の方《ほう》から懇望《こんもう》するのがあたりまえで、候補名告《こうほなの》りをあげて逐鹿《ちくろく》（＝政権や地位を得るために、互いに競争すること）場裡《じょうり》（＝ある場所のうち。その事が行われる範囲内）に鎬《しのぎ》を削《けず》るのは即《すなわ》ち戦争《せんそう》である。名誉餓鬼《めいよがき》、屈従外道《くつじゅうげどう》等によって善《よ》い政治《せいじ》は出来《でき》ない。

大三災《だいさんさい》の風《ふう》、水《すい》、火《か》については言《い》うまい。唯《ただ》これは人力《じんりょく》の如何《いかん》ともする事《こと》が出来《でき》ない天然現象《てんねんげんしょう》である。只管神様《ひたすらかみさま》に祈《いの》って惨禍《さんか》の少《すこ》しにても少《すく》なからむ事《こと》を希《こいねが》わねばならぬ。火《か》と言《い》うのは火事《かじ》だけの事《こと》ではない、大地火《だいちひ》を噴《ふ》く地震《じしん》の事《こと》である。

（『玉鏡』）

第四編　素戔嗚尊の無抵抗主義への思考

一、阿弥陀《あみだ》の利剣《りけん》

無抵抗主義《むていこうしゅぎ》の三五教《あなないきょう》が軍事《ぐんじ》に関《かん》する行動《こうどう》を執《と》るのは、少《すこ》し矛盾《むじゅん》のように考《かんが》える人《ひと》もあろうかと思《おも》いますが、混沌《こんとん》たる社会《しゃかい》においては、ある場合《ばあい》には武力《ぶりょく》をもちうるの止《や》むなき場合《ばあい》もあります。三千《ぜん》世界《せかい》の父母《ふぼ》ともいうべき阿弥陀如来《あみだにょらい》でさえも、慈悲《じひ》を以《もっ》て本体《ほんたい》としながら、右《みぎ》の手《て》にて折伏《しゃくぶく》（＝悪人・悪法をくじき、自己の誤りを悟らせること）の剣《けん》をもち、左手《ゆんで》には摂受《しょうじゅ》（＝心をひろくして、他人の行為や心を受け入れながら導くこと）の玉《たま》を抱《かか》えて、衆生済度《しゅじょうさいど》（＝菩薩が衆生を迷いの苦海から救済して彼岸に度（わた）すこと）の本願《ほんがん》を達《たっ》せんとしているのです。回々教《フイフイきょう》の教祖《きょうそ》マホメットも右手《めて》に剣《つるぎ》を持《も》ち、左手《ゆんで》に経典《コーラン》を抱《かか》えて、アラビヤ広原《こうげん》に精神的王国《せいしんてきおうこく》を建設《けんせつ》した事《こと》を思《おも》えば、人智未開の時代においては、三五教《あなないきょう》の宣《せん》伝使《でんし》といえども軍事《ぐんじ》に関係《かんけい》せないわけには行《ゆ》かないでしょう。読者《どくしゃ》はこの間《かん》の消息《しょうそく》を推知《すいち》して神《かみ》の意《い》の在《あ》るところを諒解《りょうかい》せられんことを希望《きぼう》します。

（『霊界物語』第六六巻「序文」　大正十三年十二月十八日）

二、愁雲退散《しゅううんたいさん》

フサの国（イラン）の斎苑《いそ》の館から派遣された照国別宣伝使《てるくにわけせんでんし》一行は、バラモン軍の大《おほ》足別《だるわけ》（＝地獄的想念を持つ将軍）を追いかけて地教山《ちきょうざん》（＝ヒマラヤ）方面に向う途中、トルマン国の里庄《りしょう》ジャンクの家に身を寄せている。そこに国王からジャンクに義勇軍召集の勅使《ちょくし》が訪れ、これを承知する。戦争に参加する里庄《りしょう》の国を思う苦悩や義勇の心情、無抵抗主義の真諦《しんたい》などが説かれる。トルマン国の物語とは言え日本の「アケハル時代」、所謂《いわゆる》「明治時代」に執筆の『筆のしずく』、『道の栞』の内容と重なってくる。

トルマン国《ごく》バルガン城《じょう》の国王《こくおう》より勅使《ちょくし》として、ジャンクの家《いえ》に入《い》り来《き》たりし二人《ふたり》の男《おとこ》はオール、コースという。オールは厳然《げんぜん》として正座《しょうざ》に直《なお》り、里庄《りしょう》のジャンクに国王《こくおう》の令《れい》を伝《つた》えた。

勅使「吾《わ》がトルマン国《ごく》は建国以来《けんこくいらい》、上下一致《じょうげいっち》、王《おう》と民《たみ》との間《あいだ》は親子《しんし》のごとく兄弟《きょうだい》のごとく夫婦《ふうふ》の如《ごと》し。天恵豊《てんけいゆた》かにして地味《ちみ》は肥《こ》え、印度《インド》（＝日本の国）全国《ぜんこく》の宝庫楽園《ほうこらくえん》と称《しょう》せられ、国民和楽《こくみんわらく》し、太平《たいへい》の夢《ゆめ》を結《むす》びたること茲《ここ》に三千年《ぜんねん》なり。しかるに図《はか》らざりき、今回《こんかい》ハルナの都《みやこ》（＝インドの旧ボンベイ〔現ムンバイ〕転じて東京。ハルナのハルは東、ナは名の意）に君臨《くんりん》し玉《たも》う大黒主《おほくろぬし》の命《みこと》（＝力主体従のバラモン教の教主。理性を主とする。三種族に別れ上は貴人。人民の頭に立ち遊逸徒食にふける。中は人民の上に立ち政治を行う。下は営々コツコツ朝暮勤労に服し、上級民族の衣食住の生産機関とみなされる。左手にコーラン、右手に剣を持ち、武と教を相兼ねている。………）の軍勢《ぐんぜい》、ウラル教《きょう》（＝体主霊従教。理性を主とする。バラモン教と同じ左手にコーラン、右手に剣を持つ。自愛または世間愛に堕し、知らず識らずに神に背き、虚偽を真実と信じ、悪を善と誤解する。………）征伐《せいばつ》のため、はるばる軍卒《ぐんそつ》を派遣《はけん》したもう。しかるに全軍《ぜんぐん》の将《しょう》たる大足別《おほだるわけ》は性質暴戻《せいしつぼうれい》にして虎狼《ころう》のごとく、吾《わ》が国内《こくない》の民《たみ》を苦《くる》しめ、婦女《ふじょ》を姦《かん》し財物《ざいぶつ》を掠奪《りゃくだつ》し、甚《はなは》だしきは民家《みんか》を焼《や》き、暴状至《ぼうじょういた》らざるなく、勢《いきお》いに乗《じょう》じてトルマン国《ごく》の首府《しゅふ》バルガン城《じょう》を攻略《こうりゃく》せんとす。汝等忠良《なんじらちゅうりょう》の民《たみ》、忠勇義烈《ちゅうゆうぎれつ》の赤心《せきしん》を発揮《はっき》し、前古未曾有《ぜんこみぞう》の大国難《だいこくなん》を救《すく》うべく、すべての男子《だんし》は十八才以上《さいいじょう》六十才以下《さいいか》は各々武器《おのおのぶき》を携帯《けいたい》し王城《おうじょう》の救援《きゅうえん》に向《む》かうべし。汝等《なんじら》が祖先《そせん》の開《ひら》きし国土《こくど》を守《まも》るはこの時《とき》なるべし。汝里庄《なんじりしょう》、村民《そんみん》に吾《わ》が意《い》のあるところを伝達《でんたつ》し、時《とき》を移《うつ》さず軍《いくさ》に従《したが》うべし。トルマン国《ごく》、バルガン城《じょう》トルカ王《おう》の使者《ししゃ》オール、コース、国王殿下《こくおうでんか》の聖旨《せいし》を伝達《でんたつ》するもの也《なり》」

と読《よ》み聞《き》かすや、里庄《りしょう》ジャンクは謹《つつし》んで席《せき》を下《くだ》り、

「力なき吾々《われわれ》には候《そうら》えど、御勅命《ごちょくめい》に従《したが》い速《すみ》やかに義勇軍《ぎゆうぐん》を召集《しょうしゅう》し、王城《おうじょう》ならびに国家《こっか》の危難《きなん》に殉《じゅん》じ奉《たてまつ》りましょう」

勅使《ちょくし》オール、コースの両人《りょうにん》は「満足満足《まんぞくまんぞく》」と笑《え》みを漏《も》らし挨拶《あいさつ》しながら、ジャンクが勧《すす》める茶《ちゃ》も呑《の》まず、急《いそ》いで玄関口《げんかんぐち》に立《た》ち出《い》でて、待《ま》たせおいたる十数名《すうめい》の士卒《しそつ》と共《とも》にヒラリと駒《こま》に跨《また》がり、紅《くれない》の手綱《たづな》ゆたかに、蹄《ひづめ》の音《おと》のカツカツカツと隣村《りんそん》さして進《すす》みゆく。ジャンクは照国別一行《てるくにわけいっこう》の居間《いま》に帰《かえ》り来《き》たり、稍緊張《ややきんちょう》したる面色《おももち》にて、

「御一同様《ごいちどうさま》、えらい失礼《しつれい》をいたしました」

照国別「いや、どう致《いた》しまして、勅使《ちょくし》の趣《おもむき》如何《いかが》でございましたか。実《じつ》は御心配申《ごしんぱいもう》し上《あ》げておりました」

ジャンク「ハイ、有難《ありがと》うございます。私《わたし》も、もはや国家《こっか》のため一家一命《いっかいちめい》を棄《す》てねばならぬ

時《とき》が参《まい》りました」

と憂愁《ゆうしゅう》に沈《しず》み、意気消沈《いきしょうちん》しきったる老人《ろうじん》にも似合《にあ》わず、どこともなく決心《けっしん》の色《いろ》が現《あら》われている。

照国別「一身一家《いっしんいっか》を棄《す》てねばならぬとは何事《なにごと》でございますか」

ジャンク「只今《ただいま》バルガン城《じょう》のトルカ王様《おうさま》よりの御勅使《ごちょくし》によれば、「印度《インド》の国《くに》を守《まも》るべき大《おお》黒主様《くろぬしさま》の軍隊大足別将軍《ぐんたいおおだるわけしょうぐん》なるもの、トルマン国《ごく》の城下《じょうか》の民《たみ》を脅《おびや》かし、民家《みんか》を焼《や》き婦《ふ》女子《じょし》を奪《うば》い人種《じんしゅ》を絶《た》やし、なお飽《あ》き足《た》らず王城《おうじょう》を攻《せ》め落《お》とし、国王《こくおう》を放逐《ほうちく》せんとする勢《いきお》いでございますれば、この際国民《さいこくみん》は男子《だんし》は十八才《さい》より六十才以下《さいいか》のもの、一人《ひとり》も残《のこ》らず国難《こくなん》に殉《じゅん》ずべし」との御厳命《ごげんめい》がかかっています。………。華々《はなばな》しく軍《ぐん》に従《したが》い、国家《こっか》のために屍《かばね》を山野《さんや》に晒《さら》す覚悟《かくご》でございます。」

照国「なるほど、承《うけたまわ》れば承《うけたまわ》るほど、お気《き》の毒《どく》でございます。国王《こくおう》の御命令《ごめいれい》とあらば国《こく》民《みん》として、この際《さい》お起《た》ちなさるのが義務《ぎむ》でございましょう。私《わたし》も宣伝使《せんでんし》として天下《てんか》の害《がい》を除《のぞ》くべく、遥々《はるばる》月《つき》の国《くに》へ神命《しんめい》を受《う》けて参《まい》ったのでございますから、どうか参加《さんか》させて頂《いただ》きたいものでございますな」

ジャンク「ハイ、有難《ありがと》うございます、何分《なにぶん》よろしく」

梅公「ア、先生《せんせい》、よくお考《かんが》えなさいませ。善言美詞《ぜんげんびし》の言霊《ことたま》を以《もっ》て、砲煙弾雨《ほうえんだんう》の中《なか》に馳駆《ちく》するのは決《けっ》して宣伝使《せんでんし》の本分《ほんぶん》じゃございますまい。三五教《あなないきょう》は決《けっ》して軍国主義《ぐんこくしゅぎ》ではございませぬよ」

照国「ハヽヽヽ、吾々《われわれ》はお前《まえ》のいう通《とお》り、決《けっ》して敵《てき》を憎《にく》まない。また殺伐《さつばつ》な人為的戦争《じんいてきせんそう》はやりたくない。義勇軍《ぎゆうぐん》に参加《さんか》しょうというのは傷病者《しょうびょうしゃ》を救《すく》い、敵味方《てきみかた》の区別《くべつ》なく誠《まこと》の道《みち》を説《と》き諭《さと》し、平和《へいわ》に解決《かいけつ》し、このトルマン国《ごく》は申《もう》すに及《およ》ばず、印度《インド》七千余国《せんよこく》の国《こく》民《みん》を神《かみ》の慈恩《じおん》に浴《よく》せしむるためだ。その第一歩《だいぽ》として従軍《じゅうぐん》を願《ねが》っているのだ」

梅公「ヤア、それなら分《わ》かりました。別《べつ》に文句《もんく》もありませんが、………。しかし行方不明《ゆくえふめい》の当家《とうけ》の娘《むすめ》スガコ嬢《じょう》やサンダーさまはどうなさる考《かんが》えですか。この方々《かたがた》も見捨《みす》てるわけには参《まい》りますまい」

照国「ア、それも気《き》にかかるが、それはインカ親分《おやぶん》にお願《ねが》いしたらどうだ」

梅公「それもそうですな。もしジャンク様《さま》、先生《せんせい》は、アア仰有《おっしゃ》いますから貴方《あなた》と一緒《いっしょ》に従軍《じゅうぐん》を遊《あそ》ばすなり、私《わたし》どもはサンヨの妹娘《いもうとむすめ》花香《はなか》さまも救《すく》わねばならず、当家《とうけ》のスガコさまやサンダーさまも見殺《みごろ》しにするわけにも行《ゆ》かないから、この捜索《そうさく》は拙者《せっしゃ》にお任《まか》せ下《くだ》さいませぬか」

ジャンク「御親切《ごしんせつ》は有難《ありがと》うございますが、もはや今日《こんにち》となっては、娘《むすめ》の事《こと》など言《い》ってる場《ば》合《あい》じゃありませぬ。国王様《こくおうさま》のため国家《こっか》のために全身《ぜんしん》の力《ちから》を尽《つく》さねばなりまえぬ。どうか貴方《あなた》も照国別《てるくにわけ》の宣伝使《せんでんし》と行動《こうどう》を一つにして下《くだ》さいませ。自分《じぶん》の娘《むすめ》のために宣伝使様《せんでんしさま》を頼《たの》んだ、といわれては末代《まつだい》の恥《はじ》でございます。ついてはインカ親分《おやぶん》さま、あなたも国民《こくみん》の一部《いちぶ》、義勇軍《ぎゆうぐん》の将《しょう》となり、私《わたし》と一緒《いっしょ》に出陣下《しゅつじんくだ》さいませ。娘《むすめ》のことやサンダーのことは次《つぎ》の次《つぎ》でございますから」

インカ「成程《なるほど》、天晴《あっぱ》れ見上《みあ》げたお志《こころざし》、それでなくては里庄様《りしょうさま》とは申《もう》されますまい。私《わたし》だって弱《よわ》きを扶《たす》け、強《つよ》きを挫《くじ》く侠客渡世《きょうかくとせい》、国王様《こくおうさま》のお達示《たっし》を聞《き》いて、これが安閑《あんかん》として居《お》られましょうか。お言葉《ことば》に従《したが》い従軍《じゅうぐん》いたしましょう」

………

ここに一同《いちどう》は三五教《あなないきょう》の大神《おほかみ》、バラモンの大神《おほかみ》に前途《ぜんと》の勝利《しょうり》を得《え》んためとて一大祈願《いちだいきがん》を凝《こ》らし、首途《かどで》の祝《いわ》いとして夜《よ》の明《あ》くるまで、直会《なおらい》の宴《えん》を催《もよお》した。何《いず》れも勇気《ゆうき》頓《とみ》に加《くわ》わり、山《さん》河《か》を呑《の》むの勢《いきお》いである。祭典《さいてん》も終《おわ》り、いよいよ直会《なおらい》の宴《えん》に移《うつ》り、酒汲《さけく》み交《かわ》して室内《しつない》は和気《わき》あい〱あたかも春《はる》のごとき空気《くうき》が漂《ただよ》うた。

ジャンクはホロ酔《よ》い機嫌《きげん》になって声《こえ》も涼《すず》しく二絃琴《にげんきん》を弾《だん》じつつ謡《うた》い始《はじ》めた。

「千早振《ちはやふ》る皇大神《すめおほかみ》の造《つく》らしし　トルマン国《ごく》の目出度《めでた》さは　時《とき》じく花《はな》の香《か》に匂《にほ》ひ　果物《くだもの》
豊《ゆた》かに実《みの》りつつ　五穀《ごこく》は栄《さか》え民《たみ》は肥《こ》え　牛馬駱駝《うしうまらくだ》　羊《ひつじ》　豚《ぶた》　鶏《にはとり》までもよく肥《ふと》り　天《あめ》の下《した》
四方《よも》の国々《くにぐに》安《やす》らけく　いと平《たひ》らけく治《をさ》まりて　神代《かみよ》のままの人心《ひとごころ》　何《いづ》れの家《いへ》も押《お》し並《な》

べて　怒《いか》り妬《ねた》み悲《かな》しみの　声《こゑ》さへもなく日《ひ》に夜《よる》に　歓《えら》ぎ楽《たの》しむ天津国《あまつくに》　常世《とこよ》の春《はる》を喜《よろこ》びしが　天津御空《あまつみそら》の日《ひ》の影《かげ》は　漸《やうや》く光《ひかり》褪《あ》せ給《たま》ひ　月《つき》の面《おもて》も薄曇《うすぐも》り　星《ほし》のみ独《ひと》りキラキラと　瞬《またた》き初《そ》めて何《なん》となく　此地《このち》の上《うへ》は騒《さわ》がしく　鳥《とり》の声《こゑ》さへ悲《かな》しげに　謡《うた》ふ御《み》代《よ》とはなりにける　月日《つきひ》は進《すす》み星移《ほしうつ》り　天《あめ》の下《した》なる民草《たみぐさ》の　心《こころ》は漸《やうや》く曇《くも》り果《は》て　強《つよ》きは強《つよ》く弱《よわ》きもの　虐《しひた》げられて秋《あき》の夜《よ》の　霜《しも》に悩《なや》める虫《むし》のごと　怨嗟《ゑんさ》の声《こゑ》は満《み》ち満《み》ちぬ　人《ひと》の心《こころ》は日《ひ》に月《つき》に　ますます悪《あ》しく曇《くも》り果《は》て　山《やま》の尾《を》の上《へ》や河《かは》の瀬《せ》に　荒《あら》ぶる神《かみ》の屯《たむろ》して　又《また》もや民家《みんか》を苦《くる》しめつ　人《ひと》の妻女《さいぢょ》を奪《うば》ひ取《と》り　悪《あ》しき災《わざは》ひ日《ひ》に月《つき》に　相重《あひかさ》なりて国人《くにびと》は　薄《うす》き氷《こほり》を踏《ふ》むごとく　涙《なみだ》に咽《むせ》ぶ折《を》りもあれ　大足別《おほだるわけ》の率《ひき》ゐたる　醜《しこ》の曲霊《まがひ》の軍人《いくさびと》　弥《いや》ますますに醜業《しこわざ》の　募《つの》り来《き》たりてトルマンの　国《くに》をば荒《あ》らし国主《こきし》まで　打《う》ち滅《ほろ》ぼして欲望《よくばう》を　遂《と》げむとするぞ忌々《ゆゆ》しけれ　あゝ惟神《かむながら》　惟神《かむながら》　神《かみ》の此世《このよ》に在《ま》すならば　吾《わ》が国民《くにたみ》の災《わざは》ひを　一日《ひとひ》も早《はや》く除《のぞ》きませよ　バルガン城《じやう》は永久《とこしへ》に　トルカの国主《こきし》は幾千代《いくちよ》も　寿《ことぶき》長《なが》く栄《さか》えまし　トルマン国《ごく》を包《つつ》みたる　醜《しこ》の雲霧《くもきり》吹《ふ》き払《はら》

ひ　再《ふたた》び天地晴明《あめつちせいめい》の　珍《うづ》の世界《せかい》に還《かへ》しませ　吾《われ》は老木《おいき》の行末《ゆくすゑ》の　いとも短《みじか》き身《み》なれども　一《ひと》つの生命《いのち》を国《くに》のため　君《きみ》の御《おん》ため献《たてまつ》り　万民安堵《ばんみんあんど》の道《みち》のため　捧《ささ》げ奉《まつ》らむ吾《わ》が生命《いのち》　諾《うべ》なひたまへ三五《あななひ》（＝縦と緯。天地合一）の　神素盞鳴《かむすさのを》の大御神《おほみかみ》　梵天帝釈自在天《ぼんてんたいしゃくじざいてん》大国彦《おほくにひこ》の大御神《おほみかみ》　ひとへに願《ねが》ひ奉《たてまつ》る　あゝ惟神《かむながら》　惟神《かむながら》　御霊幸《みたまさち》はへましませよ　御《み》霊幸《たまさち》はへましませよ」

照国別《てるくにわけ》はまた謡う。

「蒼空一点雲《さうくういってんくも》もなく　日月星辰《じつげつせいしん》明《あき》らかに　輝《かがや》き亘《わた》る世《よ》の中《なか》も　天《てん》に風雨《ふうう》のなやみあり地《ち》には地震洪水《ないふるこうずゐ》の　百《もも》の災《わざは》ひ湧《わ》き来《き》たる　浪静《なみしづ》かなる大海《おほうみ》も　ただ一塊《いつくわい》の雨雲《あまぐも》の　中《なか》より吹《ふ》き来《く》る荒風《あらかぜ》に　波立《なみた》ち騒《さわ》ぎ島々《しまじま》を　呑《の》まむ例《ためし》もあるものを　此地《このち》の上《うへ》に住《す》む人《ひと》は　如何《いか》で悩《なや》みもなかるべき　天変地妖《てんぺんちえう》あるごとに　世《よ》は晦冥《くわいめい》に進《すす》み行《ゆ》く　かかる汚《けが》れし世《よ》の中《なか》は　一度天地《ひとたびてんち》の大神《おほかみ》の　大活動《だいくわつどう》を要《えう》すべし　バラモン軍《ぐん》や醜神《しこがみ》の　醜《しこ》の猛《たけ》びは強《つよ》くとも　誠一《まことひと》つの三五《あななひ》の　神《かみ》の光《ひかり》に敵《てき》すべき　心安《こころやす》けくましませよ　大日《おほひ》

は照《て》るとも曇《くも》るとも　月《つき》は盈《み》つとも虧《か》くるとも　天《てん》は地《ち》となり地《ち》は天《てん》に　上《のぼ》る激変《げきへん》あるとても　ただ惟神《かむながら》　惟神《かむながら》　神《かみ》に任《まか》せし身《み》にしあれば　いかなる事《こと》も恐《おそ》れむや　仰《あふ》ぎ敬《うやま》へ神《かみ》の徳《とく》　祝《いは》へよ祝《いは》へ神《かみ》の恩《おん》　神《かみ》は吾等《われら》と倶《とも》にあり　神《かみ》は汝等《なれら》と倶《とも》に在《ま》す　人《ひと》は神《かみ》の子《こ》神《かみ》の宮《みや》　誠《まこと》の神《かみ》に敵《てき》すべき　曲霊《まがひ》の如何《いか》で来《き》たるべき　アゝ勇《いさ》まし勇《いさ》まし……」

（『霊界物語』第六十六巻 第五章「愁雲退散」）

三、深雪姫《みゆきひめ》の言霊《ことたま》

深雪姫は、素盞嗚尊と天照大神の「誓約《うけい》」により生れた三女神の中の一人で、多紀理姫《たぎりひめの》神《かみ》の前身の姫神様。十握《とつか》の剣の威徳に感じて尚武雄健《しょうぶゆうけん》の気質に豊み、アルプス山の鋼鉄を掘り出し、種々の武器を造りそなえて国家鎮護のための備えをなしている。宮殿の屋根は千木勝男木《ちぎかつをぎ》を高く、先は鋭利な両刃《もろは》の剣に削り、館の周囲は剣の垣根をめぐらせている。神島（＝綾部より坤（南西）ある兵庫県高砂沖にある神島。イタリア・地中海の島サルジニア島の雛型。質実剛健の気風富む神島）には天下の英雄が数多集まり、悪魔征討のため日夜武術を練っている。その激しさを疑われた天照大御神は、討伐のために血染焼尽《ちぞめしょうじん》の神・菩火命《ほひのみこと》に出兵を命じる。

深雪姫、十握の剣、神島は、いずれも素盞嗚尊の表現で日本の在るべき姿を描写する。

(二)、一つ嶋攻撃

「大空《おほぞら》に雲立《くもた》ち塞《ふさ》ぎ海原《うなばら》に　霧立《きりた》ちこめて四方《よも》の国《くに》　神《かみ》のめぐみの露《つゆ》もなく　山川草《やまかはくさ》木泣《きな》き干《ほ》して　あやめも分《わ》かぬ闇《やみ》の夜《よ》を　今《いま》や照《て》らさむ瀬戸《せと》の海《うみ》　百《もも》の神《かみ》たち百人《ももびと》を松《まつ》の神代《かみよ》の末《すゑ》ながく　救《すく》はむために素盞嗚《すさのを》の　神《かみ》の御言《みこと》をかしこみて　思《おも》ひはつもる深雪姫《みゆきひめ》　解《と》くるよしなき真心《まごころ》の　まこと一《ひと》つの一《ひと》つ島《じま》、熱《あつ》き涙《なみだ》の多紀理毘女《たぎりひめ》（＝スサノオのアマテラスの誓約（うけい）により生れた三女神の一人）　コーカス山《ざん》（＝近江の比叡山は雛型）に現《あ》れませる　十握《とつか》の剣《つるぎ》の威徳《ゐとく》にて　雲霧《くもきり》四方《よも》に切《き》りはらひ　醜《しこ》の曲津《まがつ》をのぞかむと　高杉別《たかすぎわけ》のこもりたる　この神島《かみしま》に宮柱《みやばしら》　太敷《ふとしき》立《た》てて世《よ》をしのぶ　瑞霊《みづのみたま》の深雪姫《みゆきひめ》（＝神素盞嗚大神の表現神）　吹《ふ》き来《く》る風《かぜ》もなまぐ

さく　人馬《じんば》の音《おと》はたえ間《ま》なく　矢叫《やさけ》びの声《こゑ》ときの声《こゑ》　世《よ》はさわがしく群鳥《むらどり》の　群《む》れ立《た》つばかり沖《おき》つ鳥《とり》　沖《おき》の鴎《かもめ》の声《こゑ》さへも　いと侘《わび》しげに聞《きこ》ゆなり　ここは名《な》に負《お》ふサルジニア（＝イタリアのサルジニア島。兵庫県高砂沖の神島は雛型）　神《かみ》の守《まも》りもアルプスの　鋼《まがね》、鉄《くろがね》　取《と》り出《い》でて　百《もも》の兵《つは》器《もの》つくりつつ　珍《うづ》の御魂《みたま》とつかへたる　心《こころ》もたけき兵士《つはもの》は　雲《くも》のごとくに集《あつ》まれり」

コーカス山《ざん》（＝カスピ海と黒海の間にあるスサノオの霊山。日本の比叡山に相応する）の珍《うづ》の宮《みや》に、御巫子《みかんのこ》として仕《つか》えたる、月《つき》雪花《ゆきはな》の姉妹《おとどい》の一人《ひとり》、深雪姫《みゆきひめ》は尚武雄健《しょうぶゆうけん》の気質《きしつ》に富《と》み、十握《とつか》の剣《つるぎ》の威徳《いとく》に感《かん》じて、アルプス山《ざん》の鋼鉄《まがね》を掘《ほ》り出《だ》し、種々《しゅじゅ》の武器《ぶき》を造《つく》りそなえて、国家鎮護《こっかちんご》の神業《しんぎょう》に奉仕《ほうし》せんと、天下《てんか》の英雄豪傑《えいゆうごうけつ》をこの島《しま》に集《あつ》め、悪魔征討《あくませいとう》の準備《じゅんび》にそなえつつありぬ。

宮殿《きゅうでん》の屋根《やね》は千木《ちぎ》、勝男木《かつおぎ》を高《たか》く、千木《ちぎ》の先《さき》は鋭利《えいり》なる両刃《もろは》の剣《つるぎ》をもって造《つく》り、勝男木《かつおぎ》もまた両端《りょうたん》を剣《つるぎ》のごとく尖《とが》らせ、館《やかた》の周囲《しゅうい》には剣《つるぎ》の垣《かき》をめぐらし、曲津《まがつ》の侵入《しんにゅう》をゆるさず、用心堅固《ようじんけんご》の金城鉄壁《きんじょうてっぺき》なりける。

武勇《ぶゆう》の神《かみ》は先《さき》をあらそうてこの一つ島《じま》に集《あつ》まり来《きた》り、天下《てんか》の邪神《じゃしん》を掃蕩《そうとう》し、あまねく神《しん》人《じん》を安堵《あんど》せしめむと、昼夜間断《ちゅうやかんだん》なく武術《ぶじゅつ》の稽古《けいこ》に余念《よねん》なく、剣戟射御《けんげきしゃぎょ》にいそしむ声《こえ》は瀬戸《せと》の海《うみ》（＝地中海の雛型）を越《こ》えて、遠《とお》く天教山《てんきょうざん》（＝富士山）に鎮《しず》まります撞《つき》の御柱《みはしら》の神《かみ》、天照大神《あまてらすおほかみ》の御許《おんもと》にも、手《て》に取《と》るがごとくとどろき渡《わた》りぬ。

天照大御神《あまてらすおほみかみ》は、「善言美詞《ぜんげんびし》」をもって世《よ》の曲業《まがわざ》を、見直《みなお》し聞《き》き直《なお》し宣《の》り直《なお》すべき天地《てんち》惟神《かむながら》の大道《だいどう》を無視《むし》して、殺伐《さつばつ》なる武器《ぶき》をつくり武芸《ぶげい》をはげむは弟神《おとうとがみ》素盞嗚命《すさのをのみこと》の高天原《たかあまはら》を占領《せんりょう》せんとするきたなき心《こころ》あるならんと、内心《ないしん》、日夜不快《にちやふかい》の念《ねん》にかられたまいつつあらせられぬ。

四五《しご》の勇士《ゆうし》は武術《ぶじゅつ》の稽古《けいこ》をおわり、眺望《ちょうぼう》よき一つ島《じま》の山巓《さんてん》に登《のぼ》り、もろもろの木実《このみ》をあさり、瓢《ふくべ》の酒《さけ》をかたむけながら雑談《ざつだん》にふけりいる。

甲「吾々《われわれ》はこうして昼夜《ちゅうや》の区別《くべつ》なく太刀打《たちうち》の稽古《けいこ》、槍《やり》の稽古《けいこ》に体《からだ》も骨《ほね》もグダグダになってしまった。太刀《たち》と槍《やり》との稽古《けいこ》がすめば、また弓《ゆみ》の稽古《けいこ》、馬乗《うまの》りの稽古《けいこ》をと強《しい》られるのだ。敵《てき》もないのにこの離島《はなれじま》で、これだけ武芸《ぶげい》を励《はげ》まされるのは何《なん》のためだろう」

乙「平和《へいわ》の時《とき》に武《ぶ》を練《ね》るのが武術《ぶじゅつ》の奥義《おうぎ》だ。サア戦争《せんそう》が勃発《ぼっぱつ》したからと言《い》って、にわかに慌《あわ》てたところが何《なん》の役《やく》にも立《た》たない。武士《ぶし》は国《くに》を護《まも》るものだ。つねから武術《ぶじゅつ》の鍛錬《たんれん》が必要《ひつよう》だから、それで日々稽古《にちにちけいこ》をさせられるのだよ」

丙「こう毎日《まいにち》日《ひ》日空《にちそら》は曇《くも》り、地《ち》は霧《きり》とも靄《もや》ともしれぬ物《もの》が立《た》ちこめて、一間先《いっけんさき》がろくろく見《み》えぬようになって来《き》たのだから、この世《よ》の中《なか》が物騒《ぶっそう》で、安心《あんしん》して暮《く》らされぬようになったので、めいめい護身《ごしん》のために、大慈大悲《だいじだいひ》の神様《かみさま》が武術《ぶじゅつ》を奨励《しょうれい》なさるのだよ」

甲「三五教《あなないきょう》の教《おしえ》には……神《かみ》は言霊《ことたま》をもって言向和《ことむけやわ》すのであるから、武器《ぶき》をもって征伐《せいばつ》をおこなったり、侵略《しんりゃく》したり、他《ひと》の国《くに》を併呑《へいどん》するような体主霊従的《たいしゅれいじゅうてき》の教《おしえ》でない。道義的《どうぎてき》に世界《せかい》を統一《とういつ》するのだ……とおおせられておるではないか。何《なに》を苦《くる》しんで武備《ぶび》をととのえ、平地《へいち》に浪《なみ》を起《おこ》すようなことをなさるのだろう。まるでウラル教《きょう》のようじゃないか」

乙「そうだなア、三五教《あなないきょう》の教理《きょうり》とは名実相反《めいじつあいはん》して居《お》るやり方《かた》だ。大声《おおごえ》では言《い》われぬが、これは何《なん》でも深雪姫《みゆきひめ》の神様《かみさま》に八岐《やまた》の大蛇《おろち》か鬼《おに》が憑《つ》いてさせるのだろうよ」

丙　「実際《じっさい》それだったら、われわれは実《じつ》につまらぬものだ。一生懸命骨身《いっしょうけんめいほねみ》をくだくような辛《つら》い稽古《けいこ》をさせられて、天則違反《てんそくいはん》の大罪《だいざい》を重《かさ》ねるようではつまらぬじゃないか」

丁　「神様《かみさま》が武《ぶ》を練《ね》り、あまたの武器《ぶき》をたくわえ給《たま》うのは変事《へんじ》に際《さい》して天下万民《てんかばんみん》を救《すく》うためだよ。大慈大悲《だいじだいひ》の神様《かみさま》がなにしに好《この》んで殺伐《さつばつ》な修業《しゅぎょう》を遊《あそ》ばすものかい。悪魔《あくま》は剣《つるぎ》の威徳《いとく》におそれ、武術《ぶじゅつ》の徳《とく》によって心《こころ》をあらため、善道《ぜんどう》に帰順《きじゅん》するものだ。いかに善言《ぜんげん》美詞《びし》の言霊《ことたま》といえども、曇《くも》りきったる悪神《あくがみ》の耳《みみ》には入《はい》るものではない、そこで神様《かみさま》が大慈悲心《だいじひしん》を発揮《はっき》して、眼《め》にものを見《み》せて、改心《かいしん》させると言《い》うお経綸《しぐみ》だ。素盞嗚命様《すさのをのみことさま》はちょっと見《み》たところでは、実《じつ》に恐《おそ》ろしい、猛《たけ》しい戦好《いくさず》きの神様《かみさま》のようだが、決《けっ》して殺《さつ》伐《ばつ》なことはお好《この》みにはならぬ。それゆえにこの世《よ》に愛想《あいそう》をつかして、円満具足温和《えんまんぐそくおんわ》なる月《つき》の大神《おほかみ》の世界《せかい》へ帰《かえ》り度《た》いと言《い》って、日夜《にちや》お嘆《なげ》き遊《あそ》ばし、慈愛《じあい》の涙《なみだ》にくれておられると、そこへ御父神《おちちがみ》が天《てん》よりお降《くだ》りになって、お前《まえ》のような気《き》の弱《よわ》いことではどうしてこの世《よ》が治《おさ》まるか、勇気絶倫《ゆうきぜつりん》の汝《なんじ》をえらんで、悪魔《あくま》のはびこる海原《うなばら》の国《くに》（＝この地球上）を修理固成《しゅうりこせい》せよと命令《めいれい》を下《くだ》してあるに、その女々《めめ》しいやり方《かた》はけしからぬ、と言《い》って大変《たいへん》に御立腹《ごりっぷく》あそばしたので、素盞嗚命様《すさのをのみことさま》は、姉君《あねぎみ》の天照大神《あまてらすおほかみ》にお暇乞《いとまごい》のために、高天原《たかあまはら》にお上《のぼ》りになったということだ。その御魂《みたま》を受《う》けついだ珍《うづ》の御子《みこ》深雪姫《みゆきひめ》は、尚武勇健《しょうぶゆうけん》なる女神《めがみ》にましますゆえに、まさかの時《とき》の用意《ようい》に武《ぶ》を練《ね》っておらるるのであろうよ。武術《ぶじゅつ》は決《けっ》して折伏《しゃくふく》のためではない、摂受《せつじゅ》のためだ。悪魔《あくま》をはらい万民《ばんみん》を救《すく》う真心《まごころ》から出《い》でさせられた御神策《ごしんさく》に違《ちが》いなワ」

甲「お前《まえ》はよくくわしいことを知《し》っているなア、一体《いったい》どこから来《き》たのだ。この道場《どうじょう》へ来《き》てからまだ間《ま》もないに、武術《ぶじゅつ》はなかなか立派《りっぱ》なものだなア」

丁「俺《おれ》か、俺《おれ》はもとは百姓《ひゃくしょう》だ。御年村《みとせむら》の虎公《とらこう》と言《い》う男《おとこ》だよ」

甲「ヤア、お前《まえ》があの名高《なだか》い自称《じしょう》艮《うしとら》の金神《こんじん》だな、道理《どうり》で大《おお》きな男《おとこ》だと思《おも》ったよ」

虎公「アアたしかにそれとは分《わか》らぬが、なんだか館《やかた》は騒動《そうどう》がおっ始《ぱじ》まったようだ。サアみなの連中《れんちゅう》、ぐずぐずしてはおれない。早《はや》く館《やかた》へ駈《か》けつけよう」
と虎《とら》さまを先頭《せんとう》に一同《いちどう》は丘《おか》を下《くだ》り、館《やかた》を指《さ》して一散走《いっさんばし》りに駈《か》けり行《ゆ》く。

（『霊界物語』第一二巻第一三章「一嶋攻撃」大正十一年三月十一日）

（二）、短兵急

一つ島《じま》なる深雪姫《みゆきひめ》の館《やかた》の高楼《たかどの》より、眼下《がんか》の海面《かいめん》を見《み》わたせば、幾百千《いくひゃくせん》ともかぎりなき軍船《いくさぶね》、魚鱗《ぎょりん》のそなえ堂々《どうどう》として島《しま》を目《め》がけて押《お》しよせ来《きた》る物々《ものもの》しさ。唯事《ただごと》ならじと深雪《みゆき》姫《ひめ》は、近侍《きんじ》の老臣《ろうしん》・高杉別《たかすぎわけ》を近《ちか》くまねき宣《の》りたもう。

深雪姫「高杉別殿《たかすぎわけどの》、わらわは今《いま》この高楼《たかどの》より海面《かいめん》をながむれば、こなたに向《むか》って攻《せ》め来《く》るあまたの兵船《ひょうせん》、ウラル彦《ひこ》の魔軍《まぐん》か、天教山《てんきょうざん》に現《あ》れませる皇大神《すめおほかみ》の神軍《しんぐん》か、たしかに見《み》とどけ来《きた》られよ」

と下知《げち》すれば、

高杉別「委細承知《いさいしょうち》つかまつりました。われは是《これ》より当山《とうざん》を下《くだ》り、ことの実否《じっぴ》をただした上《うえ》

ただちに報告《ほうこく》つかまつるべし」

と言《い》うより早《はや》く馬《うま》にまたがり、深雪《みゆき》ケ丘《おか》を浜辺《はまべ》に向《むか》ってカツカツと下《くだ》り行《ゆ》く。深雪姫《みゆきひめ》はま

たもや大国別《ひろくにわけ》を近《ちか》く招《まね》き、

深雪姫「アイヤ大国別殿《ひろくにわけどの》、当山《とうざん》に攻《せ》め寄《よ》せ来《きた》るあまたの軍勢《ぐんぜい》ただ事《ごと》ならず。たとえウラ

ル彦《ひこ》の魔軍《まぐん》にもせよ、かならず武器《ぶき》をもってこれに敵対《てきたい》すべからず、「善言美詞《ぜんげんびし》」

の言霊《ことたま》をもって曲《まが》を言向《ことむ》け和《やわ》すは、神須佐之男命《かむすさのをのみこと》の大御心《おおみこころ》、この館《やかた》にはあまたの武《ぶ》

器《き》、兵士《つわもの》、充《み》ちそなえありといえども、決《けっ》して敵《てき》を殺戮《さくりく》する目的《もくてき》にあらず、天下《てんか》の神《しん》

人《じん》が心《こころ》にひそむ曲津軍《まがついくさ》を、剣《つるぎ》の威徳《いとく》によって怯《お》じ恐《おそ》れしめ帰順《きじゅん》せしむるの神器《しんき》なれば、

弓《ゆみ》は袋《ふくろ》に、剣《つるぎ》は鞘《さや》におさまり返《かえ》って、すべての敵《てき》に臨《のぞ》むべく部下《ぶか》の将卒《しょうそつ》にもこの旨《むね》き

びしく伝《つた》えられよ」

と言《ことば》おごそかに宣示《せんじ》されぬ。

大国別「敵《てき》は雲霞《うんか》のごとく当山《とうざん》に向《むか》って攻《せ》め来《きた》り、島人《しまびと》を殺戮《さつりく》し、民家山林《みんかさんりん》を焼《や》き払《はら》い、火《ひ》は炎々《えんえん》としてもはや館《やかた》の間近《まぢか》く燃《も》えよせたり。日頃武術《ひごろぶじゅつ》を鍛《きた》えたるは、かかる時《とき》の用意《ようい》ならめ。研《みが》きおいたる弓矢《ゆみや》の手前《てまえ》、胆《きも》を練《ね》りたる将卒《しょうそつ》の今《いま》や武勇《ぶゆう》のあらわれ時《とき》、この時《とき》をおいていずれの時《とき》か戦《たたか》わんや。みすみす敵《てき》に焼《や》きほろぼされんは心《こころ》もとなし。神《かみ》は至仁至愛《しじんしあい》にましませども、時《とき》あって折伏《しゃくふく》の利剣《りけん》をもちいたもう。いわんや、コーカス山《ざん》に鎮《しず》まりたもう、十握《とつか》の宝剣《ほうけん》の御魂《みたま》の威徳《いとく》になりませる貴神《きしん》においておや。血《ち》迷《まよ》いたまいしか、いま一度《ど》反省《はんせい》されんことを希《こいねが》いたてまつる」

深雪姫「剣《つるぎ》は容易《ようい》に用《もち》うべからず。剣《つるぎ》は凶器《きょうき》なり、凶《きょう》をもって凶《きょう》にあたり、暴《ぼう》をもって暴《ぼう》に報《むく》ゆるは普通人《ふつうじん》のおこなう手段《しゅだん》、いやしくも三五教《あなないきょう》を天下《てんか》に宣伝《せんでん》する天使《てんし》の身《み》として、また宣伝使《せんでんし》の職《しょく》として「善言美詞《ぜんげんびし》」の言霊《ことたま》を閑却《かんきゃく》（＝打ち捨てておくこと）し、武《ぶ》をもって武《ぶ》にあたるは吾《わ》が心《こころ》の許《ゆる》さざるところ、ただ何事《なにごと》も至仁至愛《しじんしあい》の神《かみ》にまかせよ。武《ぶ》をたっとび雄健《ゆうけん》を尊重《そんちょう》するというは、構《かま》えなきのかまえ、武器《ぶき》あって武器《ぶき》をもちいず、武器《ぶき》なくして武器《ぶき》を用《もち》い、よく堪忍《たえしの》び、柔和《にゅうわ》（＝性質がやさしくおとなしいこと）をもって狂暴《きょうぼう》に勝《か》ち、善《ぜん》をもって悪《あく》に対《たい》し、神《かみ》をもって魔《ま》に対《たい》す、柔《じゅう》よく剛《ごう》を制《せい》するは神軍《しんぐん》の兵法《へいほう》、六韜三略《りくとうさんりゃく》（＝「六韜」と「三略」。「三略」は上略・中略・下略の三巻。共に中国兵法の古典。兵法の極意。虎の巻。奥の手）の神策《しんさく》なり。汝《なんじ》この主旨《しゅし》を忘却《ぼうきゃく》するなかれ。吾《われ》はこれより奥殿《おくでん》に入《い》り、大神《おほかみ》の御前《おんまえ》に「神言《かみごと》」を奏上《そうじょう》し、寄《よ》せ来《く》る敵《てき》を言向《ことむ》け和《やわ》さん。一兵一卒《いっぺいいっそつ》のはしに至《いた》るまで、今日《きょう》にかぎり武器《ぶき》を持《も》たしむるべからず」

と宣示《せんじ》し、ゆうゆうと奥殿《おくでん》に入《い》らんとなしたもう。

……（中略）

深雪姫《みゆきひめ》は悠々《ゆうゆう》せまらず、悠長《ゆうちょう》なる音調《おんちょう》にて、

「神《かみ》が表《おもて》に現《あら》はれて　善《ぜん》と悪《あく》とを立《た》て別《わ》ける
この世《よ》を造《つく》りし神直日《かむなほひ》　心《こころ》も広《ひろ》き大直日《おほなほひ》
ただ何事《なにごと》も人《ひと》の世《よ》は　直日《なほひ》に見直《みなほ》せ聞《き》き直《なほ》せ

世《よ》の曲言《まがこと》は宣《の》り直《なほ》せ　正義《せいぎ》に刃向《はむか》ふ剣《つるぎ》なし
まことの力《ちから》は世《よ》を救《すく》ふ　神《かみ》を力《ちから》に三五《あななひ》の
神《かみ》の教《をしへ》を杖《つゑ》として　いかなる敵《てき》の来《きた》るとも
神《かみ》の嘉言《よごと》に言向《ことむ》けて　敵《てき》を傷《きず》つくことなかれ
神《かみ》は汝《なんぢ》と倶《とも》にあり　神《かみ》は誠《まこと》を立《た》てとほす
まことで人《ひと》を救《すく》ふべし　いまは身魂《みたま》のためし時《どき》
心《こころ》の持方《もちかた》ひとつにて　善《ぜん》もたちまち悪《あく》となり
悪《あく》もたちまち善《ぜん》となる　善悪正邪《ぜんあくせいじや》の分水嶺《ぶんすゐれい》
天《あめ》が下《した》にはおしなべて　敵《てき》も味方《みかた》もなきものぞ
味方《みかた》も時《とき》に敵《てき》となり　敵《てき》も味方《みかた》となり変《かは》る
ただ何事《なにごと》も人《ひと》の世《よ》は　神《かみ》に任《まか》せよことごとく
心《こころ》をいらちて過《あやま》つな　神《かみ》は汝《なんぢ》とともに住《す》む

朝日《あさひ》は照《て》るとも曇《くも》るとも　月《つき》は盈《み》つとも虧《か》くるとも
たとへ大地《だいち》は沈《しづ》むとも　この神島《かみしま》は焼《や》けるとも
神《かみ》はかならず吾々《われわれ》が　赤《あか》き心《こころ》をみそなはし
安《やす》きに救《すく》ひたまふべし　誠《まこと》ひとつの玉鉾《たまぼこ》に
寄《よ》せ来《く》る敵《てき》を言向《ことむ》けて　神《かみ》の力《ちから》をあらはせよ
神《かみ》の稜威《みいづ》をかがやかせ」

と歌《うた》いながら、奥殿《おくでん》に姿《すがた》をかくさせたもう。

数万《すうまん》の軍勢《ぐんぜい》は全島《ぜんとう》に火《ひ》を放《はな》ち、折《おり》からの風《かぜ》にあおられて黒煙《こくえん》モウモウとあたりを包《つつ》み、あまたの将卒《しょうそつ》はいずれも雄猛《おたけ》びして、防戦《ぼうせん》の命《めい》の下《くだ》るを今《いま》や遅《おそ》しとかたづを呑《の》みてひかえている。

大国別《ひろくにわけ》はもろ手《て》を組《く》みて、青息吐息《あおいきといき》、いかがはせんと思案《しあん》にくるる時《とき》しもあれ、駒《こま》の足音《あしおと》かつかつと走《は》せ帰《かえ》りたる高杉別《たかすぎわけ》は、ヒラリと駒《こま》を飛《と》び下《お》りて、大国別《ひろくにわけ》の前《まえ》にあらわれ、高杉別「ヤア大国別殿《ひろくにわけどの》、貴下《きか》はなにゆえ防戦《ぼうせん》の用意《ようい》をなさらぬか、敵《てき》は四方《しほう》より数万騎《すうまんき》をもって当山《とうざん》をかこみ、山林《さんりん》に火《ひ》を放《はな》ちすでに当館《とうやかた》も烏有《うゆう》（＝すっかりなくなること。皆無）に帰《き》せんとする場合《ばあい》、なにを躊躇《ちゅうちょ》さるるや」

と膝《ひざ》を叩《たた》きてどなりつけたるにぞ、大国別《ひろくにわけ》はなんの答《いらえ》もなく、もろ手《て》を組《く》みたるままうつむき、涙《なみだ》さえ腮辺《しへん》につたうるを見《み》てとりたる高杉別《たかすぎわけ》は、もどかしげに、

高杉別「エイ、日頃《ひごろ》の武勇《ぶゆう》にも似《に》ず、千騎一騎《せんきいっき》のこの場合《ばあい》、敵《てき》の勢力《せいりょく》に萎縮《いしゅく》して、周章狼狽《しゅうしょうろうばい》のあまり、憂苦《ゆうく》にしずむ卑怯未練《ひきょうみれん》な貴下《きか》の振舞《ふるま》い、もはやかくなる上《うえ》は、貴下《きか》に相談《そうだん》するもなんの益《えき》にあらんや。吾《われ》はこれより館《やかた》の将卒《しょうそつ》をひきい、ここを先途《せんど》と一戦《いっせん》をこころみ、勝敗《しょうはい》を一時《いちじ》に決《けっ》せん」

と雄健《おたけ》びしながら、スタスタとこの場《ば》を立《た》ちて表《おもて》に出《いで》んとするを、大国別《ひろくにわけ》は言葉《ことば》をかけ、

大国別「ヤア高杉別殿《たかすぎわけどの》、貴下《きか》の御意見《ごいけん》ごもっとも千万《せんばん》、吾《われ》とても当館《とうやかた》の主宰者《しゅさいしゃ》、闇々《やみやみ》（＝前後の分別もない様。むざむざ）敵《てき》の蹂躙《じゅうりん》にまかせ袖手傍観《しゅうしゅぼうかん》するにしのびんや。さわさりながら、至仁《しじん》

至愛《しあい》の大神《おほかみ》が天下《てんか》救済《きゅうさい》の御神慮《ごしんりょ》は慎重《しんちょう》に考慮《こうりょ》せざるべからず。貴下《きか》、しばらく熟考《じゅっこう》せられよ」

高杉別「大国別殿《ひろくにわけどの》の言葉《ことば》ともおぼえぬ卑怯《ひきょう》未練《みれん》な陳弁《ちんべん》、貴下《きか》は本島《ほんとう》を守《まも》りたもう深雪姫《みゆきひめ》の神《かみ》の宰相《さいしょう》ならずや。かかる卑怯《ひきょう》未練《みれん》の御心掛《おこころが》けにて闇々敵《やみやみてき》に占領《せんりょう》されなば、何《なに》をもって深雪姫《みゆきひめ》の神《かみ》に言解《ことわ》けあるか。アレアレ聞《き》かれよ。山岳《さんがく》もとどろくばかりの敵《てき》の叫《さけ》び声《ごえ》、とうてい貴下《きか》の賛成《さんせい》はおぼつかなければ、吾《われ》はこれより単独《たんどく》にて自由行動《じゆうこうどう》に出《い》で、本島《ほんとう》に攻《せ》め寄《よ》せ来《き》たる雲霞《うんか》のごとき大軍《たいぐん》を、日《ひ》ごろ鍛《きた》えし武力《ぶりょく》をもって鏖殺《おうさつ》（＝みなごろしにすること）せん」と勢込《いきおいこ》みて表《おもて》をさして駆出《かけいだ》す。

大国別「ヤアヤア高杉別殿《たかすぎわけどの》、暫《しばら》くしばらくお待《ま》ちあれ」

「なにッ、この期《ご》におよんでしばしの猶予《ゆうよ》がなろうか、勝《か》てば官軍《かんぐん》、負《ま》くれば賊《ぞく》、大国別殿《ひろくにわけどの》、拙者《それがし》が武勇《ぶゆう》を御目《おんめ》にかけん」

と言《い》い捨《す》てて表門《おもてもん》へと駆出《かけい》だし、部下《ぶか》の将卒《しょうそつ》に向《む》かって、戦闘準備《せんとうじゅんび》を命令《めいれい》せんとする折《おり》しも、

深雪ケ丘《みゆきおか》より帰《かえ》り来《きた》れる手力男《たぢからを》の神《かみ》はこの体《てい》を見《み》て、

手力男「ヤア、大変《たいへん》に面白《おもしろ》くなって来《き》ましたね。一つ敵軍《てきぐん》の行列《ぎょうれつ》をゆっくりと、酒《さけ》でも飲《の》んで見物《けんぶつ》いたしましょうか」

高杉別「汝《なんじ》は、御年村《みとせむら》の自称艮《じしょううしとら》の金神手力男《こんじんたぢからお》ではないか。かかる危急存亡《ききゅうそんぼう》の場合《ばあい》、何《なに》をゆうゆうとして気楽《きらく》そうに構《かま》えていられるや。千騎一騎《せんきいっき》のこの場合《ばあい》、防戦《ぼうせん》の用意《ようい》をなされ」

手力男「アハヽヽヽ、ヤア面白《おもしろ》い面白《おもしろ》い、高杉別《たかすぎわけ》のその狼狽《うろたえ》かた、イヤもう臍《へそ》が宿《やど》がえいたすワイ。アハヽヽヽ、マアマアゆっくり落着《おちつ》いて敵軍《てきぐん》の襲撃《しゅうげき》を見《み》て、それを肴《さかな》に一杯《ぱい》やろうかい。ヤア誰《たれ》も彼《かれ》も酒《さけ》だ酒《さけ》だ、殺伐《さつばつ》な剣《つるぎ》や槍《やり》や弓《ゆみ》のような物《もの》は、神様《かみさま》の鎮《しず》まりたもう聖地《せいち》においてもちうる物《もの》ではない。武器《ぶき》は兇器《きょうき》だ」

高杉別《たかすぎわけ》はクワッと怒《いか》り、

高杉別「放縦《ほうじゅう》無責任《むせきにん》の汝《なんじ》の言葉《ことば》、門出《かどで》の血祭《ちまつ》りにせん」

と一刀《いっとう》を抜《ぬ》きて真向《まっこう》より斬《き》りかかる。手力男神《たぢからおのかみ》は、門柱《もんばしら》をグッと引《ひ》き抜《ぬ》き頭上高《ずじょうたか》くふりかざし高杉別《たかすぎわけ》を押《おさ》えつけたり。

高杉別「ヤア、貴様《きさま》は今《いま》まで忠実《ちゅうじつ》なる味方《みかた》と見《み》せかけて、内外相呼応《ないがいあいこおう》して、この聖地《せいち》を占領《せんりょう》せんと計画《けいかく》しつつありし曲者《くせもの》ならん、たとえ吾《わ》が身《み》は殺《ころ》されて帰幽《きゆう》するとも、わが誠忠正義《せいちゅうせいぎ》の霊魂《れいこん》は地上《ちじょう》にとどまり、汝《なんじ》が悪念《あくねん》をこらさでおくべきか」

手力男「アハヽヽヽ、モシモシ高杉別殿《たかすぎわけどの》、誤解《ごかい》されては困《こま》りますよ」

と言《い》いながら門柱《もんちゅう》をサッと取《と》りのけたり。高杉別《たかすぎわけ》はその刹那《せつな》、飛鳥《ひちょう》のごとく飛《と》びかかりて、

高杉別「反逆無道《はんぎゃくぶどう》の曲者《くせもの》、思《おも》い知《し》れや」

と言《い》って、手力男《たぢからお》の脇腹《わきばら》めがけて突《つ》きかかる。手力男《たぢからお》はヒラリと体《たい》をかわした途端《とたん》に、高《たか》杉別《すぎわけ》は狙《ねら》いはずれて勢《いきお》いあまり、七八間《けん》も前方《ぜんぽう》にトントントントンと走《はし》って、抜刀《ぬきみ》のままピタリと倒《たお》れたり。

黒煙《こくえん》はますます館《やかた》をつつみ、風《かぜ》にあおられて全山樹木《ぜんざんじゅもく》の焼《や》ける音《おと》、攻《せ》め寄《よ》せ来《き》たる人馬《じんば》

の物音《ものおと》、刻々《こくこく》に近《ちか》づき高《たか》まり来《き》たりぬ。

（『霊界物語』第一二巻第二三章「短兵急」）

(三)、言霊《ことたま》の徳《とく》

手力男神《たぢからおのかみ》は正門《せいもん》にあらわれ、厳然《げんぜん》として敵軍《てきぐん》の襲来《しゅうらい》を心待《こころま》ちに待《ま》ちいる。天菩火命《あめのほひのみこと》はあまたの軍勢《ぐんぜい》を引《ひ》きつれ、軍卒《ぐんそつ》は手《て》に手《て》に松明《たいまつ》を持《も》ち、あたりに火《ひ》をつけ焼《や》き滅《ほろ》ぼしつつ進《すす》み来《く》る。後《あと》よりは一隊《たい》の軍勢《ぐんぜい》、血刀《ちがたな》をふるって登《のぼ》り来《きた》る。その光景《こうけい》あたかも地獄道《じごくどう》のごとく思《おも》われけり。

菩火命《ほひのみこと》は門前《もんぜん》にあらわれ、手力男神《たぢからおのかみ》に向《むか》いて、

菩火命「オー、汝《なんじ》は何神《なにがみ》なるか、速須佐之男《はやすさのを》の悪逆無道《あくぎゃくぶどう》なる邪神《じゃしん》にしたがう曲津神《まがつかみ》、吾《われ》は天教山《てんきょうざん》にましますゝ撞《つき》の御柱神《みはしらのかみ》の神命《しんめい》を奉《ほう》じ、汝《なんじ》らを征伐《せいばつ》せんがために立向《たちむこ》うたり。もはやこの島《しま》はほとんど焼《や》きつくし、汝《なんじ》らが部下《ぶか》の将卒《しょうそつ》は、大平刃《たいはんやいば》の錆《さび》と消《き》え失《う》せたれば、もはや抵抗《ていこう》するの余力《よりょく》もなかるべし。イザ尋常《じんじょう》にこの門《もん》を開《ひら》き降伏《こうふく》せよ」

と馬上《ばじょう》にまたがりたるまま、威丈高《いたけだか》に呼《よ》ばわりおる。手力男神《たちからおのかみ》は莞爾《かんじ》（＝にっこりほほえむさま。にこやか）として、門《もん》を左右《さゆう》にサッと開《ひら》き、

手力男「サアサア、門《もん》はかくのごとく開放《かいほう》いたしました。何《なに》とぞ御自由《ごじゆう》におはいり下《くだ》さいませ。あまたの軍卒《ぐんそつ》たちにおいても、さぞお疲《つか》れでございましょう。これだけの島《しま》に火《ひ》を放《はな》って焼《や》きなさるのも、並大抵《なみたいてい》の御苦労《ごくろう》ではございますまい。お蔭《かげ》でこの島《しま》を荒《あら》す猛獣毒蛇《もうじゅうどくじゃ》もほとんど全滅《ぜんめつ》いたしました。お腹《なか》がすいたでしょう、咽《のど》がお乾《かわ》きでしょう。ここに沢山《たくさん》の握《にぎ》り飯《めし》、酒《さけ》も用意《ようい》がしてございます。何万人《なんまんにん》のお方《かた》がお上《あ》り下《くだ》さっても恥《はじ》をかきませぬ。どうぞゆるりとお上《あが》り下《くだ》さいませ。そのようにこわい顔《かお》をして、肩肘《かたひじ》いからし、固《かた》くなっておられては御肩《おかた》がこりましょう。吾々《われわれ》は「善言美詞《ぜんげんびし》の言《こと》霊《たま》」をもって、直日《なおひ》に見直《みなお》し宣《の》り直《なお》す、神須佐之男大神《かむすさのをのおほかみ》の御神慮《ごしんりょ》を奉戴《ほうたい》するもの、決《けっ》して決《けっ》して酒《さけ》にも飯《めし》にも毒《どく》などは入《い》れておりませぬ、ごゆるりとお召《め》し上《あが》り下《くだ》さいますように」

菩火命「ヤアー、汝《なんじ》は百計《ひゃっけい》つき、毒《どく》をもって、吾《われ》らを全滅《ぜんめつ》せんとのたくみであろう。その手《て》は食《く》わぬぞ」

手力男「これはこれは、迷惑千万《めいわくせんばん》。しからば手力男《たぢからお》がお毒見《どくみ》をいたしましょう」

と言《い》いながら、酒樽《さかだる》に柄杓《ひしゃく》を突《つ》きこみ、すくっては二三杯《にさんばい》グッと飲《の》み、握《にぎ》り飯《めし》をやにわに五つ六つ頬《ほお》ばりて見《み》せぬ。

「しからば、しばらく休息《きゅうそく》いたす。今《いま》のうちに館内《かんない》の者《もの》ども、城明渡《しろあけわた》しの準備《じゅんび》をいたせ」

「マアマア、そう厳《きび》しくおおせられるにおよびませぬ。おなじ天地《てんち》の神《かみ》の水火《いき》より生《うま》れた人間同士《にんげんどうし》、心《こころ》一つの持《も》ちようで敵《てき》もなければ味方《みかた》もない、いずれも神《かみ》の水火《いき》より生《うま》れた吾々《われわれ》、天下《てんか》の喜《よろこ》びも天下《てんか》の悲《かな》しみもみな一蓮托生《れんたくしょう》でござる」

「汝《なんじ》はこの場《ば》にのぞんで気楽千万《きらくせんばん》なことを申《もう》す奴《やつ》、何《なに》かふかい秘密《ひみつ》がつつまれてあるに相違《そうい》なかろう。さようなことに欺《あざむ》かるる菩火《ほひ》ではないぞ」

「手力男《たぢからお》の秘密《ひみつ》と申《もう》せば七十五声《しちじゅうごせい》の言霊《ことたま》、善言美詞《みやび》の神嘉言《かむよごと》の威徳《いとく》によって、天地清《てんちせい》明国土安穏《めいこくどあんおん》、病《やまい》なく争《あらそ》いなく、天下太平《てんかたいへい》にこの世《よ》を治《おさ》める、言霊《ことたま》の秘密《ひみつ》より外《ほか》には何《なに》もございませぬ」

高杉別《たかすぎわけ》はこの場《ば》に立《た》ちあらわれ、

「オー、手力男殿《たぢからおどの》、ただ今奥殿《いまおくでん》に進《すす》み入《い》り、深雪姫《みゆきひめ》の御前《おんまえ》にいたって、御神慮《ごしんりょ》をうかがい奉《たてまつ》るに、瑞《みづ》の御霊《みたま》の御仰《おんおう》せ、言霊《ことたま》をもって荒《あら》ぶる神《かみ》を言向《ことむ》け和《やわ》せとの御戒《おいまし》め。イヤハヤ貴神《きしん》のやり方《かた》には高杉別《たかすぎわけ》も感服《かんぷく》いたした。大国別様《ひろくにわけさま》も貴神《きしん》と同様《どうよう》の御意見《ごいけん》でござる」

「さようでござろう。オー菩火命様《ほひのみことさま》、かくのごとく当館《とうやかた》は表《おもて》は武器《ぶき》をもって飾《かざ》り、勇《ゆう》敢決死《かんけっし》の武士《つわもの》あまた養《やしな》いおれども、御覧《ごらん》のごとく、貴神《きしん》が獅子奮迅《ししふんじん》の勢《いきお》いをもって、血染《ちぞめ》焼《や》きつくしの攻撃軍《こうげきぐん》にむかい、悠揚《ゆうよう》せまらず御覧《ごらん》のごとく、剣《つるぎ》は鞘《さや》に弓《ゆみ》は袋《ふくろ》におさまり返《かえ》ったこの場《ば》の光景《こうけい》、刃《やいば》に血《ち》ぬらずして敵《てき》を喜《よろこ》ばせ、敵《てき》を味方《みかた》と見《み》なして取《と》りあつかうは、仁慈《じんじ》の神《かみ》の思召《おぼしめ》し、よく〳〵大神《おほかみ》の御誠意《ごせいい》を御認識《ごにんしき》の上《いえ》、撞《つき》の御柱《みはしら》の大《おほ》神《かみ》（＝天照大神）につぶさに言上《ごんじょう》あらんことを望《のぞ》みます」

「案《あん》に相違《そうい》の貴神《きしん》らの振舞《ふるま》い、今《いま》まで逸《はや》りきったる勇気《ゆうき》も、どこやらへ消《き》え失《う》せたような心地《ここち》でござる。ヤア〳〵部下《ぶか》の将卒《しょうそつ》ども、菩火命《ほひのみこと》が命令《めいれい》だ。ただちに甲冑《かっちゅう》を脱《ぬ》ぎ捨《す》て、武器《ぶき》を放《はな》し、この場《ば》に一同《いちどう》集《あつ》まって休息《きゅうそく》いたせ」

この一言《いちごん》に、はやり切《き》ったるあまたの将卒《しょうそつ》は、武装《ぶそう》をとき、その場《ば》に喜々《きき》として現《あら》われ来《きた》り、酒《さけ》に酔《よ》い握《にぎ》り飯《めし》に腹《はら》をふくらせ、歓喜《かんき》をつくして踊《おど》り舞《ま》い、修羅《しゅら》はたちまち天国《てんごく》と化《か》したり。

この時《とき》深雪姫命《みゆきひめのみこと》は大国別《ひろくにわけ》にみちびかれ、門内《もんない》の広庭《ひろにわ》に、あまたの軍卒《ぐんそつ》および部下《ぶか》将卒《しょうそつ》の他愛《たあい》もなく酒酌《さけく》みかわし喜《よろこ》びたわむるる前《まえ》にあらわれ、声《こえ》もすずしく歌《うた》いはじめ給《たも》う。

「コーカス山《ざん》（＝カフカース山）に現《あ》れませる　瑞《みづ》の御霊《みたま》の御言《みこと》もて　御山《みやま》を遠《とほ》くサルヂニヤ　この神島《かみしま》にあらはれて　世《よ》の有様《ありさま》を深雪姫《みゆきひめ》　八十《やそ》の曲津《まがつ》の猛《たけ》びをば　鎮《しづ》めむため

に言霊《ことたま》の　珍《うづ》の息吹《いぶき》を放《はな》てども　曇《くも》り切《き》つたる曲津見《まがつみ》の　服《まつ》らふよしもなきままに
神《かみ》の御霊《みたま》の現《あ》れませる　十握《とつか》の剣《つるぎ》をかず多《おほ》く　造《つく》りそなへて世《よ》を守《まも》る　神《かみ》の心《こころ》はいた
づらに　剣《つるぎ》をもつて世《よ》を治《をさ》め　弓矢《ゆみや》をもって曲神《まがかみ》を　言向《ことむ》け和《やは》すためならず　心《こころ》の霊《たま》
を固《かた》めむと　玉《たま》の剣《つるぎ》を打《う》たせつつ　神世《かみよ》を開《ひら》く神業《かむわざ》を　天教山《てんけうざん》に現《あ》れませる　撞《つき》の
御柱大神《みはしらおほかみ》は　いよいよあやしと思召《おぼしめ》し　深《ふか》くも厭《いと》はせ嫌《きら》ひまし　菩火命《ほひのみこと》に言任《ことま》けて
ここに攻《せ》めよせたまひしは　吾等《われら》が心《こころ》を白波《しらなみ》の　瀬戸《せと》の海《うみ》よりいや深《ふか》く　疑《うたが》ひたまふ
しるしなり　七十五声《しちじふごせい》の言霊《ことたま》に　世《よ》のことごとは何事《なにごと》も　直日《なほひ》に見直《みなほ》し聞直《ききなほ》し　言向《ことむ》
けやはし宣《の》り直《なほ》す　まこと一《ひと》つの一《ひと》つ島《じま》　天《あめ》の真名井《まなゐ》にふりすすぎ　さ嚙《がみ》に嚙《か》みて吹《ふ》
き棄《す》つる　気吹《いぶき》の狭霧《さぎり》に生《うま》れたる　吾《われ》は多紀理《たぎり》の毘女神《ひめのかみ》　心《こころ》たひらに安《やす》らかに　神須《かむす》
佐之男大神《さのをのおほかみ》の　赤《あか》き心《こころ》を真具《まつぶ》さに　天《あめ》に帰《かへ》りて大神《おほかみ》の　命《みこと》の前《まへ》にいち早《はや》く　宣《の》らせた
まへや菩火《ほひ》の神《かみ》　朝日《あさひ》は照《て》るとも曇《くも》るとも　月《つき》は盈《み》つとも虧《か》くるとも　君《きみ》に対《たい》して村《むら》
肝《きも》の　きたなき心《こころ》あるべきか　天津御神《あまつみかみ》も見《み》そなはせ　国津御神《くにつみかみ》も知《し》ろしめせ　空《そら》に

かがやく朝日子《あさひこ》の　日《ひ》の出神《でのかみ》の一《ひと》つ火《び》に　照《て》らして神《かみ》が真心《まごころ》を　高天原《たかあまはら》にこまやかに
宣《の》らせたまへよ菩火《ほひ》の神《かみ》　善《ぜん》と悪《あく》とを立別《たてわ》ける　神《かみ》が表《おもて》にあらはれて　疑《うたが》ひふかき空《うつ》
蝉《せみ》の　心《こころ》の闇《やみ》の岩屋戸《いはやど》を　開《ひら》かせたまへスクスクに　ただ何事《なにごと》も人《ひと》の世《よ》は　直日《なほひ》に見《み》
直《なほ》し聞直《ききなほ》し　宣《の》り直《なほ》しませ天津神《あまつかみ》　御空《みそら》もきよく天照《あまて》らす　皇大神《すめおほかみ》の御前《おんまへ》に　つつし
み敬《うやま》ひかしこみて　猛《たけ》く雄々《をを》しく現《あら》はれし　十握《とつか》の剣《つるぎ》は姫神《ひめがみ》の　神言《みこと》の剣《つるぎ》いと清《きよ》く
光《ひか》りかがやく神御霊《かむみたま》　瑞《みづ》の御霊《みたま》を大神《おほかみ》の　御前《みまへ》に捧《ささ》げたてまつる」

と歌《うた》いおわれば、菩火命《ほひのみこと》は思《おも》いがけなきこの場《ば》の光景《こうけい》に力《ちから》ぬけ、懺悔《ざんげ》の念《ねん》にたえかねて、さしもに猛《たけ》き勇将《ゆうしょう》も、涙《なみだ》にくるるばかりなりける。

………。須佐之男命《すさのをのみこと》のうるわしき御心判明《みこころはんめい》し、菩火命《ほひのみこと》はただちに高天原《たかあまはら》にこの由《よし》を復命《ふくめい》さるることとはなりける。

（『霊界物語』第一二巻第二四章「言霊の徳」）

不戦条約

不戦条約か。結婚の当日夫婦で取り交わす睦言《むつごと》と同じものだ。千代に八千代に末かけて水も漏らさぬ誓い言も、お互いの誠意の程度如何によって、どう変って行くやら、分ったものでは無い。

（『月鏡』）

細矛千足の国

精鋭なる武器の整っている国が細矛千足《くはしほこちたる》の国である。我国に世界無比の堅艦《けんかん》陸奥だの長門だのと言う軍艦を持っている事は人意を強くするに足る。覇道《はどう》を一たん布いて後王道を布かねばならぬ程世は乱れ切っている。戦争でもって、一たんは神洲日出の国の武威を世界に示さねばならぬ事が来るかも知れない。而して後愛善の誠を世界にいたさば、真の平和と幸福とを招来することが蓋《けだ》し左程の難事でもあるまい。

（『月鏡』）

軍備撤廃問題

軍備縮小はよいが、軍備撤廃は断じて不可である。ミロクの世と言えども軍備はあるので、これは一日も弛《ゆるがせ》にすべからざるものである。もしこれを撤廃すればまた直《す》ぐに悪のはびこる世になるので、いつの世になっても弥陀の利剣は必要である。剣は三種の神宝の中の随一である、璽《たま》も鏡も後に剣なくては完全にその使命を遂行することが出来ない。鏡は教でこれを梅に配し、璽は政治であって、まつりごとと言う意味よりしてこれを松に配す。剣は武力でこれを竹に配す。この三つのものはどの一つを欠いでもならない。松、竹、梅と世に目出度きものゝ表象とするのはこの理由によるのである。天照大神様の御霊は璽と鏡、素盞嗚の大神様の御霊《みたま》は剣であらせらるゝ。

（『月鏡』）

愛善の道（二）

愛善《あいぜん》の心《こころ》は神《かみ》にかよふなり　神《かみ》は愛《あい》なり善《ぜん》なるがゆゑ
釈迦《しゃか》孔子《こうし》もキリスト孟子《まうし》のみをしへも　愛善《あいぜん》の道《みち》説《と》かざるはなし
助《たす》けあひ助《たす》けられあひて世《よ》の中《なか》は　もの思《おも》ひもなくわづらひもなし
わたくしの心《こころ》しなくばおのづから　愛善《あいぜん》の徳《とく》そなはるものなり
世界中戦争《せかいぢゆうせんそう》なきやうつとむるは　人類愛善《じんるいあいぜん》の主旨《しゅし》なりにけり
愛善《あいぜん》の心《こころ》に富《と》める人《ひち》の家《や》は　永久《とは》に歓喜《くわんき》の花《はな》さきにほふ
愛善《あいぜん》の道《みち》にあらずばかりごもの　乱《みだ》れたる世《よ》を救《すく》ふすべなし

（『愛善苑』第二号　昭和二十一年六月一日）

第五編　救世主の降臨

一、聖雄の証

大正10年2月12日（旧正月5日）、出口聖師は大阪梅田駅頭にある大正日々新聞社長として社務を総理していると、晴天白日の空に上弦の月と太白星が燦然《さんぜん》と異様の光輝を放てるを見て、天地の大変を知る。その日「第一次大本弾圧事件」が勃発し大阪より京都監獄に投ぜられる。

……それより3年後の大正13年2月3日、出口聖師は、節分大祭、また四女八重野と伊佐男《いさお》の結婚式を矢継ぎ早に終えた2月12日、天空には再び楕円形の月と太白星が白昼輝くのを見て、天空に異変あることを感じ、未決ながら大本の後事を『錦《にしき》の土産《みやげ》』にしたためこれを伊佐男に託し、13日午前3時28分一人のお伴と綾部発列車の人となり、亀岡駅で搭乗した二人を合わせ四人で蒙古に向う。

下関、釜山を経て奉天に向うとそこには数万の兵を抱える馬賊《ばぞく》の大頭目・盧占魁《ろせんかい》が待ち受けており、「東亜の経綸」「蒙古王国建設」を目標に進軍の準備を始める。

盧占魁は聖師が支那服をあつらえる時、ソッと被服商《ひふくしょう》の主人に言い含め、支那にて有名な観相学者《かんそうがくしゃ》をそっと呼んで来て、古来伝説にある救世主の資格の有無《うむ》を調べるため、聖師の骨格や容貌、目、口、鼻、耳等の形から胸のまわり、手足の長短、指の節々、指紋等にいたるまでを仔細に調べさせた結果、いわゆる三十三相を具備した天来の救世主だと言った観相家の説に盧占魁は随喜の涙をこぼし、いよいよ「蒙古王国建設」の真柱《しんばしら》と仰ぐに至った。

かかる下に聖師の身体を調べているとは、盧占魁が自白するまで知らず、特に掌中の「四天紋」と「皆流紋」を見て、「掌中四大天紋＝乾為天。指紋皆流＝坤為天」（＝天地の大命を現す）、また、聖師の掌中に現われたキリストが十字架に於ける釘の聖痕や、背に印せるオリオン星座の形をなせる黒子等を見て非常に驚喜し、天来の救世主と盧占魁は部下の将校連に伝えたことにより、以後非常な尊敬と信用を受けることになった。

（『霊界物語』特別編第六章「出征の辞」及び第九章「司令公館」参照）

○ヒマラヤの山《やま》より降《くだ》り霊《ひ》の本《もと》に　育《そだ》ちて今《いま》や蒙古《もうこ》に現《あら》はる

○三柱《みはしら》の御子《みこ》を引連《ひきつ》れ降《くだ》りたる　達頼《だあらい》は弥勒《みろく》の下生《げしやう》なりけり

○興安嶺山秀生《こうあんれいさんしゅう》み出《だ》す瑞御霊《みづみたま》　蒙古《もうこ》に再《ふたた》び現《あら》はれにけり
○観世音最勝妙智大如来《くわんせおんさいしょうめうちだいにょらい》　救世《きうせい》の為《ため》に達頼《だあらい》と化現《けげん》す
○掌中《しやうちう》に五大天紋皆流紋《ごだいてんもんかいりうもん》　固《かた》く握《にぎ》りて降《くだ》る救世主《きうせいしゅ》
○基督《キリスト》の聖痕《せいこん》までも手《て》に印《しる》し　天降《あまくだ》りたる救世《ぐぜ》の活仏《くわつぶつ》

（『霊界物語』特別篇 第八章「聖雄と英雄」）

○手《て》と背《せな》に貴《うづ》の聖痕《せいこん》しるしたる　人《ひと》の言霊天地《ことたまてんち》を動《うご》かす

（『霊界物語』第六巻 第二八章「身変定」）

神素盞嗚尊《かむすさのをのみこと》の聖霊《せいれい》、万有愛護《ばんゆうあいご》のため大八洲彦命《おほやしまひこのみこと》（＝釈迦前世の神名）と顕現《けんげん》し、更《さら》に化生《けしょう》（＝化身・形を変えて）して釈迦如来《しゃかにょらい》となり、インドに降臨《こうりん》し、再《ふたた》び昇天《しょうてん》してその聖霊蒙古興安嶺《せいれいもうここうあんれい》に降《くだ》り、瑞霊化生《ずいれいけしょう》の肉体《にくたい》に宿《やど》り、地教山《ちきょうざん》（＝ヒマラヤ山）において仏果《ぶっか》を修了《しゅうりょう》し、蜻洲《せいしゅう》（＝蜻蛉（とんぼ）が連なった形。日本国の美称）出生《しゅっしょう》の肉体《にくたい》をかりて、高熊山《たかくまやま》に現《あら》われ、衆生《しゅじょう》を救《すく》う。時《とき》に年歯将《ねんしまさ》に二十有八歳《にじゅうゆうはっさい》なり。

二十九歳《さい》の秋《あき》九月《がつ》八日《か》、さらに聖地桶伏山《せいちおけふせやま》（＝綾部の本宮山）に坤《ひつじさるのこんじん》金神・豊国主尊《とよくぬしのみこと》と現《あら》われ、天教山《てんきょうざん》に修《しゅう》して観世音菩薩《かんぜおんぼさつ》・木花姫命《このはなひめのみこと》と現《げん》じ、五十二歳《さい》（＝仏典では52歳の月光菩薩が下生され、衆生を済度するとある）をもって伊都能売御魂《いづのめのみたま》・弥勒最勝妙如来《みろくさいしょうめうにょらい》となり、あまねく衆生済度《しゅじょうさいど》のため更《さら》に蒙古《もうこ》に降《くだ》り、活仏《かつぶつ》として、万有愛護《ばんゆうあいご》の誓願《せいがん》を成就《じょうじゅ》し、五六七《みろく》の神世《かみよ》を建設《けんせつ》す。

南無弥勒最勝妙如来《なむみろくさいしょうめうにょらい》　謹請再拝《ごんじやうさいはい》

○

瑞霊《ずいれい》二十八歳《さい》にして成道《じょうどう》し、日洲霊鷲山《にっしゅうりょうしゅうざん》（＝高熊山）に顕現《けんげん》し、三十歳《さい》にして弥仙山《みせんざん》に再臨《さいりん》し、三十三相木花咲耶姫《そうこのはなさくやひめ》と現《げん》じ、天教山《てんきょうざん》の秀霊《しゅうれい》と現《げん》じ最勝妙如来《さいしょうめうにょらい》として、五十二歳《さい》円山《まるやま》にて苦集滅道《くしゅうめつどう》を説《と》き道法礼節《どうほうれいせつ》を開示《かいじ》す（＝『霊界物語』を口述。「著不作」）。教章将《きょうしょうまさ》に三千《ぜん》三百三十三章也《しょうなり》。五十四歳仏縁《さいぶつえん》最《もっと》も深《ふか》き蒙古《もうこ》に顕現《けんげん》し、現代仏法《げんだいぶっぽう》の邪曲《じゃきょく》を正《ただ》し、真正《しんせい》の仏教《ぶっきょう》を樹立《じゅりつ》し、あまねく一切《いっさい》の衆生《しゅじょう》をして天国浄土《てんごくじょうど》に安住《あんじゅう》せしむ、阿難尊者《あなんそんじゃ》（＝釈迦の一番弟子）その他《た》の仏《ぶつ》弟子《でし》の精霊随従《せいれいずいじゅう》す。まさに五六七《みろく》の祥代完成万民和楽《しょうだいかんせいばんみんわらく》の大本《たいほん》なり。

惟神《かむながら》霊《たま》幸《ち》倍《はへ》坐《ま》世《せ》
南《な》無《む》最勝《さいしよう》妙《めう》如来《によらい》

（『霊界物語』特別編 第八章「聖雄と英雄」）

二、仁愛《じんあい》の真相《しんそう》

三千世界《さんぜんせかい》の救世主《きうせいしゆ》　五六七神《みろくのかみ》の真実《しんじつ》は　大慈大悲《だいじだいひ》の大聖者《だいせいじや》　垢《く》なく染《せん》なく執着《しふちやく》の
心《こころ》は兎《う》の毛《け》（＝ウサギの毛。物事がかすかで小さい）の露《つゆ》もなし　天人象馬《てんにんしやうば》の調御師《てうぎよし》ぞ　道風徳香《だうふうとくかう》万有《ばんいう》に
薫《くん》じ渡《わた》りて隅《くま》もなし　智慧《ちけい》（＝智慧のこと）恬《しづ》かに情恬《じやうしづ》か　慮凝《りよぎよう》（＝深く考える）いよいよ静《しづ》か
なり　意悪《いあく》（＝かれこれの悪）は滅《めつ》し識亡《しきばう》じ（＝考え、知覚、見分ける）心《こころ》は清《きよ》く明《あき》らかに　永《なが》く夢妄《むまう》
（＝夢のような。偽り）の思想念《しさうねん》　断《だん》じて水《みづ》の如《ごと》くなり。

○

身《み》は有《いう》に非《あら》ず無《む》にあらず　因《いん》にもあらず縁《えん》ならず　自他《じた》にもあらず方《はう》に非《あら》ず　短長《たんちやう》

に非《あら》ず円《ゑん》ならず　出《しゆつ》にも非《あら》ず没《ぼつ》ならず　生滅《しやうめつ》ならず造《ざう》ならず　為作《ゐさ》にあらず起《き》に非《あら》ず　坐《ざ》にしも非《あら》ず臥《ぐわ》にあらず　行住《ぎやうぢう》にあらず動《どう》ならず　閑静《かんせい》に非《あら》ず転《てん》に非《あら》ず　進《しん》にも非《あら》ず退《たい》ならず　安危《あんき》にあらず是《ぜ》にあらず　非《ひ》にしも非《あら》ず得失《とくしつ》の　境地《きやうち》に迷《まよ》ふ事《こと》もなし　彼《ひ》にしもあらず此《し》にあらず　去来《きよらい》にあらず青《せい》にあらず　赤白《せきはく》ならず黄《わう》ならず　紅《こう》色《しよく》ならず紫《し》にあらず　種々色《くさぐさいろ》にもまた非《あら》ず　水晶御魂《すゐしやうみたま》の精髄《せいずゐ》を　具足《ぐそく》し給《たま》ひし更生《かうせい》主《しゆ》　是《これ》ぞ弥勒《みろく》の顕現《けんげん》し　世界《せかい》を照《て》らす御真相《ごしんさう》　仰《あふ》ぐもたかき大神《おほかみ》の　絶対無限《ぜつたいむげん》の御神《ごしん》徳《とく》　蒙《かうむ》る神世《みよ》こそ楽《たの》しけれ。

○

戒定慧解《かいぢやうゑげ》の神力《しんりき》は　知見《ちけん》の徳《とく》より生成《しやうじやう》し　三昧《さんまい》（＝心が集中して一つになる）六通《ろくつう》（＝天眼、天耳、自他心通、宿命。感通、漏尽通。または天眼、天耳、自他心、天言、宿命、漏尽通）は道品《だうぼん》（＝悟りを実現する悲智、）より　慈悲十方無畏《じひじつぱうむゐ》より起《おこ》る衆生《しやじやう》は善業《ぜんごふ》の因《いん》より出《しゆつ》す　之《これ》を示《しめ》して丈六《ぢやうろく》（＝一丈六尺）紫金《しこん》　無限《むげん》の暉《ひかり》を放散《はうさん》し　方整《はうせい》に照《て》らし輝《かがや》きて　光明《くわうみやう》遠《とほ》く明徹《みやうてつ》す　毫相月《がうさうつき》の形《かた》の如《ごと》　旋《めぐ》りて項《うなじ》に日光《につくわう》あり　旋髪色《せんぱついろ》

は紺青《こんぜう》に　項《うなじ》に肉髻湧出《にくけいゆうしゆつ》し　眼《まなこ》は浄《きよ》く明鏡《めいきやう》と　輝《かがや》き上下《しやうか》にまじろぎつ　眉毛《まゆげ》の色《いろ》は紺《こん》に舒《の》び　口頬端正唇舌《こうけふたんせいしんぜつ》は　丹華《たんげ》の如《ごと》く赤《あか》く好《よ》く　四十《しじふ》の歯並《はなみ》は白《しろ》くして　珂雪《あせつ》の如《ごと》く潔《きよ》らけし　額《ひたひ》は広《ひろ》く鼻脩《はななが》く　面門開《めんもんひら》けてその胸《むね》は　万字《まんじ》を表《あら》はす師子《しし》の臆《むね》　手足《てあし》は清《きよ》く柔《やは》らかく　千輻《せんぷく》の相《さう》を具《そな》へまし　腋《やく》と掌《しやう》とに合縵《がふまん》ありて　内外《ないげ》に握《にぎ》り臂脩《ひぢなが》く　肘《かひな》も指《ゆび》も繊《ほそ》く長《なが》し　皮膚細《ひふこま》やかに軟《やは》らかく　毛髪《まうはつ》何《いづ》れも右旋《いうせん》し　踝膝露《らしつあら》はに現《あら》はれて　陰馬《いんめ》の如《ごと》くに蔵《かく》れたり　細《ほそ》けき筋《すぢ》や鎖《とぢ》の骨《ほね》　鹿《しか》の腨腸《ふちやう》の如《ごと》くなり　表裏映徹《へうりえいてつ》いと浄《きよ》く　垢《あか》なく穢《ゑ》なく濁水《だくすゐ》に　染《そ》まることなく塵《ちり》受《う》けず　三十三相《さんじふさんさう》（＝釈迦は32相。観音は33相）　八十種好《はちじつしゆかう》至厳至聖《しげんしせい》の霊相《れいさう》なり　相《さう》や非相《ひさう》の色《いろ》もなく　万有一切有相《ばんいういつさいいうさう》の　眼力対絶《がんりきたいぜつ》なしにけり　五六七《みろく》（＝下生された弥勒神）は無相《むさう》の相《さう》にして　而《しか》して有相《ゆうさう》の身《み》に坐《い》まし　衆生《しゆじやう》の身相《しんさう》その如《ごと》く　一切衆生《いつさいしゆじやう》の歓喜《くわんき》し礼《れい》し　心《こころ》を投《とう》じ敬《うやま》ひを　表《へう》して事《こと》を成《じやう》ぜしむ　是《これ》ぞ即《すなは》ち自高《じかう》我慢《がまん》　祓除《ばつぢよ》されたる結果《けつくわ》にて　かくも尊《たふと》き妙色《めうしき》の　躯《く》（＝身体）をこそ成就《じやうじゆ》し給《たま》ひぬ　一切衆生《いつさいしゆじやう》ことごとく　その神徳《しんとく》に敬服《けいふく》し　帰命《きみやう》（＝教に帰依する。帰順する）し信仰《しんかう》したてまつ

り　無事泰平《ぶじたいへい》の神政《しんせい》を　歓喜《くわんき》し祝《いは》ひ舞《ま》ひ狂《くる》ひ　千代《ちよ》も八千代《やちよ》も万代《よろづよ》も　栄《さか》ゆる神世《かみよ》を仰《あふ》ぐなる　原動力《げんどうりよく》の太柱《ふとばしら》　仰《あふ》ぐも畏《かしこ》き限《かぎ》りなり　三五教《あななひけう》（＝弥勒の教。神素盞嗚大神の世界経綸・救世の教団）は神《かみ》の道《みち》　仏《ほとけ》の道《みち》の区別《くべつ》なく　ただただ真理《しんり》を楯《たて》となし　世人《よびと》を救《すく》ふ道《みち》なれば　神《かみ》の教《をしへ》に表《あら》はれし　弥勒《みろく》の神《かみ》の真実《しんじつ》を　仏《ほとけ》の唱《とな》ふる法《のり》により　爰《ここ》にあらあら述《の》べておく
あゝ惟神《かむながら》　惟神《かむながら》　御霊幸《みたまさち》はひましまして　三五教《あなないけう》の御教《みをしへ》は　古今《ここん》を問《と》はず東西《とうざい》を　区《く》別《べつ》せずして世《よ》の為《ため》に　研《みが》き究《きは》めて神儒仏《しんじゆぶつ》　その他《た》の宗教《しうけう》の真諦《しんたい》（＝絶対的・究極的真理）を　覚《さと》りて世《よ》のため人《ひと》のため　誠《まこと》を尽《つく》せ三五《あななひ》の　教司《をしへつかさ》はいふも更《さら》　信徒《まめひと》たちに至《いた》るまで
あゝ惟神《かむながら》　惟神《かむながら》　御霊幸《みたまさち》はへましませよ　神素盞嗚大御神《かむすさのをのおほみかみ》　厳《いづ》の御前《みまへ》に願《ね》ぎ奉《まつ》る。

○

照公「宣伝使様《せんでんしさま》、今《いま》の歌《うた》は五六七大神様《みろくのおほかみさま》の御真相《ごしんそう》じゃなくて木《こ》の花姫《はなひめ》の神様《かみさま》のようですなあ」

照国「木《こ》の花姫《はなひめ》の神様《かみさま》も矢張《やは》り五六七大神様《みろくのおほかみさま》の一部《いちぶ》または全部《ぜんぶ》の御活動《ごかつどう》を遊《あそ》ばすのだよ。

また天照大御神《あまてらすおほみかみ》と顕現遊《けんげんあそ》ばすこともあり、棚機姫《たなばたひめ》と現《あら》われたり、或《あるい》は木花咲耶姫《このはなさくやひめ》と現《あら》われたり、観自在天《かんじざいてん》となったり、観世音菩薩《かんぜおんぼさつ》となったり、或《あるい》は蚊取別《かとりわけ》、蚊々虎《かがとら》、カール、丹州等《たんしゅうなど》と現《あら》われ給《たも》う事《こと》もあり、素盞嗚尊《すさのをのみこと》となる事《こと》もあり、神様《かみさま》は申《もう》すに及《およ》ばず、人間《にんげん》にも獣《けだもの》にも、虫族《むしけら》にも、草木《くさき》にも変現《へんげん》して万有《ばんゆう》を済度《さいど》し給《たも》うのが五六七大神様《みろくのおほかみさま》の御真相《ごしんそう》だ。要《よう》するには五六七大神《みろくのおほかみ》は大和魂《やまとだましい》の根源神《こんげんしん》とも云《い》うべき神様《かみさま》だ」

「大和魂《やまとだましい》とはどんな精神《せいしん》を云《い》うのですか、神心《かみごころ》ですか、仏心《ほとけごころ》ですか」

「神心《かみごころ》よりも仏心《ほとけごころ》よりも、もっともっと立派《りっぱ》な凡《すべ》ての真《しん》、善《ぜん》、美《び》を綜合統一《そうごうとういつ》した身魂《みたま》を云《い》うのだ。これを細説《さいせつ》する時《とき》は際限《さいげん》がないが大和魂《やまとだましい》と云《い》うのは、仏《ほとけ》の道《みち》で云《い》う菩《ぼ》提心《だいしん》（＝悟りの根源の心）と云《い》う事《こと》だ」

「神《かみ》と仏《ほとけ》との区別《くべつ》は何処《どこ》でつきますか」

「神《かみ》と云《い》うのは宇宙《うちゅう》の本体《ほんたい》、本霊《ほんれい》、本力《ほんりょく》の合致《がっち》した無限《むげん》の勢力《せいりょく》を総称《そうしょう》して真神《かみ》と云《い》うのだ。仏《ほとけ》と云《い》うのは正覚者《しょうかくしゃ》と云《い》う事《こと》で、要《よう》するに大聖人《だいせいじん》、大偉人《だいいじん》、大真人《だいしんじん》の別称《べっしょう》である」

「大和魂《やまとだましい》について大略《たいりゃく》を聞《き》かして下《くだ》さい」

「大和魂《やまとだましい》は仏《ほとけ》の道《みち》で云《い》う菩提心《ぼだいしん》（＝悟りの心）の事《こと》だ。この菩提心《ぼだいしん》は三《みっ》つの心《こころ》が集《よ》って出《で》来《き》たものだ。その第《だい》一は神心《かみごころ》、仏心《ほとけごころ》または覚心《かくしん》と云《い》って善《ぜん》の方《ほう》へ働《はたら》く感情《かんじょう》を云《い》うのだ。要《よう》するに慈悲心《じひしん》とか、同情心《どうじょうしん》とか云《い》うものだ。第《だい》二は勝義心《しょうぎしん》と云《い》って即《すなわ》ち理性《りせい》である。理性《りせい》に消極《しょうきょく》、積極《せっきょく》、各種《かくしゅ》の階級《かいきゅう》のある事《こと》はもとよりである。理性《りせい》の階級《かいきゅう》については到底一朝一夕《とうていいっちょういっせき》に云《い》い尽《つ》されるべきものでないから略《りゃく》する事《こと》として、第《だい》三《さん》は三《さん》摩地心《まちしん》と云《い》うのだ。三摩地心《さんまちしん》とは即《すなわ》ち意志《いし》と云《い》う事《こと》である。

尚《なお》よき感情《かんじょう》と、よき意志《いし》と、よき理性《りせい》と、全然一致《ぜんぜんいっち》して不動金剛《ふどうこんごう》の大決心《だいけっしん》、大勇猛《だいゆうもう》心《しん》を発《はっ》したものが三摩地心《さんまちしん》であって、以上三者《いじょうさんしゃ》を合一《ごういつ》したものが、「菩提心《ぼだいしん》」となり「大和魂《やまとだましい》」ともなるのだ。何程《なにほど》理性《りせい》が勝《すぐ》れていても知識《ちしき》に達《たっ》していても、知識《ちしき》では一切《いっさい》の衆生《しゅじょう》を済度《さいど》する事《こと》は出来《でき》ない。智識《ちしき》あるもの、学力《がくりょく》ある者《もの》のみ之《これ》を解《かい》するもので、一般的《いっぱんてき》にその身魂《みたま》を救《すく》う事《こと》が出来《でき》ない。

これに反《はん》して正覚心《しょうかくしん》所謂《いわゆる》神心《かみごころ》、仏心《ほとけごころ》は感情《かんじょう》であるから、大慈悲心《だいじひしん》も起《おこ》り、同情《どうじょう》心《しん》もよく働《はたら》く。この慈悲心《じひしん》、同情心《どうじょうしん》は智者《ちしゃ》も学者《がくしゃ》も鳥獣《ちょうじゅう》に至《いた》るまで及《およ》ぼすことが出《で》来《き》る。これ位《くらい》偉大《いだい》なものはない。

ウラル教《きょう》は理智《りち》を主《しゅ》とし、バラモン教《きょう》は理性《りせい》を主《しゅ》とする教《おしえ》だ。それだから如何《どう》しても一般人《いっぱんじん》を救《すく》う事《こと》は出来《でき》ないのだ。

三五教《あなないきょう》は感情教《かんじょうきょう》であるから、一切万事《いっさいばんじ》無抵抗主義《むていこうしゅぎ》を採《と》り、四海同胞《しかいどうほう》、博愛慈悲《はくあいじひ》の旗幟《はたじるし》を押立《おした》てて進《すす》むのであるから、草《くさ》の片葉《かきは》に至《いた》るまでその徳《とく》に懐《なつ》かぬものはない。今日《こんにち》の如《ごと》く、武力《ぶりょく》と学力《がくりょく》との盛《さか》んな世《よ》の中《なか》に、慈悲心《じひしん》のみを以《もっ》て道《みち》を拓《ひら》いて行《ゆ》こうとするのは、何《なん》だか薄弱《はくじゃく》な頼《たよ》りないもののように思《おも》わるるが、決《けっ》してそうではない。最《さい》後《ご》の勝利《しょうり》は、よき感情即《かんじょうすなわ》ち大慈悲心《だいじひしん》、同情心《どうじょうしん》が良《とどめ》をさすものだ。

それだから清春山《きよはるやま》の岩窟《がんくつ》（=アフガニスタンにあるバラモン教の拠点）に行《い》った時《とき》も、バラモン教《きょう》の悪人《あくにん》どもを赦《ゆる》したのだ。これから先《さき》へウラル教《きょう》、バラモン教《きょう》の連中《れんちゅう》と幾度衝突《いくたびしょうとつ》するか知《し》れないが、決《けっ》して手荒《てあら》い事《こと》をしてはなりませぬぞ。どちらの教派《きょうは》も左手《ゆんで》に経文《きょうもん》を持《も》ち、右手《めて》に剣《つるぎ》を持《も》って、武《ぶ》と教《おしえ》と相兼《あいか》ねて居《い》るから、余程胆力《よほどたんりょく》を据《す》えて居《お》らぬと、無事《ぶじ》にこの目的《もくてき》は達成《たっせい》しないのだ」

岩彦「おい梅彦《うめひこ》、オットドッコイ照国別様《てるくにわけさま》、随分醜《ずいぶんしこ》の岩窟《いわや》の探険時代《たんけんじだい》とは変《かわ》りましたね。言依別様《ことよりわけさま》のお側近《そばちか》くいられたと見《み》えて、実《じつ》に立派《りっぱ》なお話《はなし》が出来《でき》るようになりましたなァ。ついでに一つお尋《たず》ね申《もう》したいのは、この岩彦《いわひこ》が何時《いつ》も心《こころ》の中《なか》に往復《おうふく》している疑《ぎ》問《もん》がある。それはバラモン宗《しゅう》と云《い》ったり、時《とき》によってはバラモン教《きょう》と云《い》ったり、或《あるい》はバラモン蔵《ぞう》とか、乗《じょう》だとか部《ぶ》だとか云《い》いますが、この区別《くべつ》はどう説《と》いたら宜《よ》いのですか」

照国「教《きょう》と云《い》うのも、宗《しゅう》と云《い》うのも、乗《じょう》と云《い》うも、蔵《ぞう》と云《い》うも、部《ぶ》と云《い》うも、矢張《やは》り教《おしえ》と云《い》う意味《いみ》だ。如何《どう》云《い》っても同《おな》じ事《こと》だ」

「いや有難《ありがと》う。それで諒解《りょうかい》しました。然《しか》し乍《なが》ら仏教《ぶっきょう》の教典《きょうてん》を経文《きょうもん》と云《い》いますが、その経文《きょうもん》の経《きょう》は教《おしえ》の教《きょう》とは違《ちが》いますか」

「それは少《すこ》しく意味《いみ》が違《ちが》う。経《きょう》と云《い》う字《じ》は、経糸《たていと》と云《い》う字《じ》だ。今迄《いままで》の教《おしえ》は、凡《すべ》て経糸《たていと》ばかりだ。緯糸《よこいと》がなければ完全《かんぜん》な錦《にしき》の機《はた》が織《お》れない。それだから既成宗教《きせいしゅうきょう》はどうしても社会《しゃかい》の役《やく》に立《た》たない。経糸《たていと》ばかりでは自由自在《じゆうじざい》に応用《おうよう》する事《こと》が出来《でき》ぬ。

三五教《あなないきょう》は国治立尊様《くにはるたちのみことさま》の霊系《れいけい》が経糸《たていと》となり、豊国姫尊様《とよくにひめのみことさま》の霊系《れいけい》が緯糸《よこいと》となり、経緯《たてよこ》相揃《あいそろ》うて完全無欠《かんぜんむけつ》の教《おしえ》を開《ひら》かれたのだから、如何《どう》してもこの教《おしえ》でなくては社会《しゃかい》の物事《ものごと》は埒《らち》があかない。要《よう》するに今迄《いままで》の凡《すべ》ての教《おしえ》は未成品《みせいひん》だ、未成品《みせいひん》と云《い》っても宜《よ》いようなものだ。故《ゆえ》に三五教《あなないきょう》では教典《きょうてん》を経文《きょうもん》ともコーランとも云《い》わず、神諭《おさとし》と称《とな》えられているのだ」

「やあ、それで胸《むね》の雲《くも》がサラリと晴《は》れ渡《わた》って、真如《しんにょ》の日月《じつげつ》が身辺《しんぺん》に照《て》り輝《かがや》くような気《き》分《ぶん》となって来《き》ました。流石《さすが》は照国別《てるくにわけ》と云《い》うお名前《なまえ》を頂《いただ》かれた丈《だけ》あって変《かわ》ったものですな」……。

（『霊界物語』四〇巻 第六章「仁愛の真相」）

三、三十六相《そう》と八十八種好《しゅこう》

お釈迦《しゃか》さんは三十二相揃《そうそろ》っておられた。王仁《わたし》は三十六相揃《そうそろ》っている。お釈迦《しゃか》さんは八十種好《しゅこう》であったが王仁《わたし》は八十八種好《しゅこう》である。王仁《わたし》の身体《からだ》は全《まった》く他《た》の人《ひと》の身体《からだ》とは違《ちが》う。ヒゲが少《すく》なくて髪《かみ》が多《おお》いのも女《おんな》の性《せい》である事《こと》の一つである。こんなに肥《こ》えていても肩《かた》が張《は》っていない。皮膚《ひふ》の色《いろ》、胸板《むないた》、ヘソ、腹《はら》みな他《ほか》の人間《にんげん》とは違《ちが》っている。背《せ》の高《たか》さもチャンと定《き》まっているのである。

王仁《わたし》には他《ほか》の人《ひと》と脈《みゃく》の搏《う》ち方《かた》も違《ちが》い、灸《きゅう》や薬《くすり》も他《ほか》の人《ひと》と同《おな》じ訳《わけ》には行《ゆ》かぬ。王仁《わたし》の全額《ぜんがく》の髪毛《かみ》だけが白《しろ》いのも他《ほか》の人《ひと》と違《ちが》った相《そう》の一つであるといった相者《そうじゃ》がある。（『玉鏡』）

四、救世主の九大資格（略記）

各国語からエスペラント語によく通じたブラバーサ宣伝使は、高砂島の教主の命によりメシヤ降臨の先駆とし中東のユダヤ・エルサレムに派遣される。カンタラ駅からスエズ運河を横切りエルサレム行きの軍用列車に乗り込んでいると、バハイ教のバハーウラー（ミールザー・フサイン・アリー・バハーウッラー（1817〜1892）。イランの貴族の出身。バーブ教を受け継いでバハイ教を開く。大正11年二代教主すみとバハイの布教使フィンチ女史が旅先の列車の中で知り合ったのがきっかけ。大本と提携。エスペラント語などの影響を受ける。）という老紳士が握手を求めて来た。紳士はメシヤの再臨も近いとのお告げを享けて常世《とこよ》の国からようやく到着したという。二人は初対面ながら懐かしさを覚えて会話を始めるうちに救世主の降臨、メシヤの資格について老紳士の質問にブラバーサは答えて曰く。

（一）、大聖主（＝救世主）**は世界人類の教育者たること。**

ウヅンバラ・チャンダー（＝ルートバハーの教主〔皇道大本の教主〕。大聖主メシヤたる資格を持つ。再臨のキリスト。大天使長のミカエル。出口王仁三郎聖師）といって、実《じつ》に慈悲博愛《じひはくあい》の神格者《しんかくしゃ》にして、世界人類《せかいじんるい》に対《たい》して、必須《ひっす》の教育《きょういく》を最《もっと》も平易《へいい》に施《ほどこ》され、宗教家《しゅうきょうか》、教育家《きょういくか》、政治家《せいじか》、経済学者《けいざいがくしゃ》、天地文学者《てんちもんがくしゃ》、軍人《ぐんじん》、職工《しょっこう》、農夫《のうふ》など皆《みな》訪《たず》ね来《き》たってそれ相応《そうおう》の教《おしえ》を受《う》け、歓《よろこ》んでその机下《きか》に蝟集《いしゅう》しています。如何《いか》なる難問《なんもん》にも当意即妙《とういそくみょう》な答《こた》えを与《あた》えられ何《いず》れも満足《まんぞく》しております。

（二）、その教義は世界的にして人類に教化をもたらすものであること。

ツルク大聖主《だいせいしゅ》（＝大本開祖のこと）が伊都《いづ》の御魂《みたま》（＝厳の御魂。開祖・出口なおの神格）と顕《あら》われ、「三千大千《ぜんだいせん》世界《せかい》一度《ど》に開《ひら》く梅《うめ》の花《はな》」の大獅子吼《だいししく》をなし、この御方《おかた》はヨハネの再臨《さいりん》と信《しん》じられております。

そしてキリストともいうべき美都《みづ》の御魂《みたま》（＝瑞の御魂。出口聖師の神格）の神柱《かむばしら》・ウヅンバラ・チャンダーという聖主《せいしゅ》が現《あら》われて、世界的《せかいてき》の大教義《だいきょうぎ》を宣布《せんぷ》し、すべての人類《じんるい》に教化《きょうか》を与《あた》え、今《いま》や高砂島《たかさごじま》（＝日本）から海外《かいがい》の諸国《しょこく》から各種《かくしゅ》の宗教団体《しゅうきょうだんたい》の教主《きょうしゅ》や代表者《だいひょうしゃ》が、聖主《せいしゅ》を救世主《きゅうせいしゅ》と仰《あお》いで、その教義《きょうぎ》は公明正大《こうめいせいだい》且《か》つ公平無私《こうへいむし》にしてその門下《もんか》に集《あつ》まっております。

(三)、その智識は後天的のものに非ずして自湧的にして自在なるべきこと。

小学校《しょうがっこう》に通《かよ》うこと三年《ねん》、しかも世界的知識《せかいてきちしき》を有《ゆう》し、天地万物一切《てんちばんぶついっさい》に対《たい》して深遠《しんえん》なる理解《りかい》を有《ゆう》し、三世《せ》を洞観《どうかん》し、天界地獄《てんかいじごく》の由来《ゆらい》より過去現在未来《かこげんざいみらい》に渉《わた》り如何《いか》なる質問《しつもん》にも即答《そくとう》を与《あた》え、かつ「苦集滅道《くしゅうめつどう》」を説《と》き「道法礼節《どうほうれいせつ》」を開示《かいじ》し、泉《いずみ》のごとく渾々《こんこん》と湧出《ゆうしゅつ》されます。その智識《ちしき》には、如何《いか》なる反対者《はんたいしゃ》といえども感服《かんぷく》する。天文《てんもん》、地文《ちもん》、政治《せいじ》、宗教《しゅうきょう》、道徳《どうとく》、芸術《げいじゅつ》、医学《いがく》、暦法《れきほう》、詩歌《しいか》、文筆《ぶんぴつ》、演説等《えんぜつとう》、いずれも自湧的《じゆうてき》に無限《むげん》にその真《しん》を顕《あら》わし得《う》るという神人《しんじん》です。幼児《ようじ》より八ッ耳《みみ》、神童《しんどう》または地獄耳《じごくみみ》などの仇名《あだな》をとっていた。今《いま》もなお神政成就《しんせいじょうじゅ》の神策《しんさく》に関《かん》する神秘的神示《しんぴてきしんじ》を昼夜執筆《ちゅうやしっぴつ》され、また世界各国《せかいかっこく》の国語《こくご》に通《つう》じ、未《いま》だ一度《ど》も学《まな》んだことは無《な》いが、すべての国《くに》の言語《げんご》が習《なら》わずして口《くち》から出《で》る。凡人《ぼんじん》とは思《おも》われず、何人《なんびと》も聖主《せいしゅ》を指《さ》して生神《いきがみ》、生宮《いきみや》と崇《あが》めております。

(四)、彼はあらゆる賢哲の疑問に明答を与え、世界のあらゆる問題を決定し、しかして迫害苦痛を甘受すべきものなること。

瑞《みづ》の御魂《みたま》の聖主《せいしゅ》は、あらゆる賢人哲人《けんじんてつじん》の疑問《ぎもん》に対《たい》し、即答《そくとう》を与《あた》えて徹底的《てっていてき》に満足《まんぞく》せしめ、かつ世界《せかい》に所在種々《あらゆるしゅじゅ》の大問題《だいもんだい》にたいして決定《けってい》を与《あた》え、種々雑多《しゅじゅざった》の迫害《はくがい》と苦痛《くつう》を甘受《かんじゅ》し、常《つね》に平然《へいぜん》として心魂《しんこん》にも止《と》めず、部下《ぶか》の罪科《ざいか》を一身《いっしん》に負担《ふたん》して泰然自若《たいぜんじじゃく》の生涯《しょうがい》を送《おく》られる。いかなる迫害《はくがい》も苦痛《くつう》も聖主《せいしゅ》に対《たい》しては暴威《ぼうい》を振《ふる》うことは出来《でき》ません。

(五)、彼は歓喜の給与者にして、幸福の王国の報導者なるべきこと。

聖主《せいしゅ》は歓喜《かんき》の供給者《きょうきゅうしゃ》ともいうべきウーピー(=楽天的で愉快な。楽しい)なお方《かた》。如何《いか》なる憂愁《ゆうしゅう》の雲《くも》に閉《とざ》されても、お側《そば》にあれば忽《たちま》ち歓喜《かんき》の心《こころ》の花《はな》が咲《さ》く。そのお言葉《ことば》を聞《き》けば直《ただ》ちに天国《てんごく》の福音《ふくいん》を聞《き》くごとく、楽園《らくえん》に遊《あそ》ぶように、何事《なにごと》も一切万事忘却《いっさいばんじぼうきゃく》し、歓喜《かんき》の情《じょう》に溢《あふ》れ、病《びょう》人《にん》はたちまち病《やまい》は癒《い》え、失望落胆《しつぼうらくたん》ある者《もの》は希望《きぼう》と栄光《えいこう》に充《み》たされる。また身魂《しんこん》ともに至幸《しこう》至福《しふく》の花園《はなぞの》に遊《あそ》び、天国《てんごく》を吾《わ》が身内《みうち》に建設《けんせつ》するようになる。仁慈《じんじ》と栄光《えいこう》の権化《ごんげ》というべき神人《しんじん》、三千世界《ぜんせかい》の救世主《きゅうせいしゅ》です。

（六）、彼の智識は無窮にして、理解し得べきものなるべきこと。

聖主《せいしゅ》の深遠広大《しんえんこうだい》なる内分的知識《ないぶんてきちしき》は、無限無窮《むげんむきゅう》に人類《じんるい》の身魂《みたま》を活躍《かつやく》せしめ、老若男女《ろうにゃくなんにょ》、智者愚者《ちしゃぐしゃ》の区別《くべつ》なく、直《ただ》ちに受《う》け入《い》れることの出来《でき》る自湧《じゆう》の智識《ちしき》と言霊《ことたま》を用《もち》いて衆生《しゅじょう》を済《さい》度《ど》される。それ故《ゆえ》、一度聖主《どせいしゅ》に面接《めんせつ》し、またお言葉《ことば》を聞《き》いたものは、決《けっ》して忘《わす》れるようなことはなく、かつ時々思《ときどきおも》い出《だ》して歓喜《かんき》に酔《よ》うのです。婦女《ふじょ》や愚人《ぐじん》にも理解《りかい》し易《やす》くかつ広《ひろ》く深《ふか》く真理《しんり》を平易《へいい》に御開示下《ごかいじくだ》さいます。

（七）、その言説は徹底し、その威力は最悪なる敵をも折伏するに足るの人格者なるべきこと。

過去現在未来《かこげんざいみらい》に渉《わた》る一切万事《いっさいばんじ》の解説《かいせつ》は終始《しゅうし》よく徹底《てってい》し、前人未発《ぜんにんみはつ》の教義《きょうぎ》を極《きわ》めて平易《へいい》に簡単《かんたん》に了解《りょうかい》し易《やす》く説示《せつじ》し、内外種々《ないがいしゅじゅ》の反抗者《はんこうしゃ》や圧迫者《あっぱくしゃ》に対《たい》しても、すべて大慈大悲《だいじだいひ》の雅量《がりょう》と神直日大直日《かむなおひおおなおひ》の神意《しんい》に従《したが》い敵《てき》を愛《あい》して、終《つい》には敵《てき》を心底《しんてい》より悦服《えっぷく》せしめ、善言美詞《ぜんげんびし》の言《こと》霊《たま》をもってよく言向和《ことむけやわ》し、春野《はるの》を風《かぜ》の渡《わた》るごとくその眼前《がんぜん》に来《き》たれる者《もの》は、一人《ひとり》も残《のこ》らず善道《ぜんどう》に導《みちび》き、自己《じこ》に対《たい》して種々《しゅじゅ》の妨害《ぼうがい》を加《くわ》え、災厄《さいやく》をもたらした悪人《あくにん》にたいしても、いささかの怨恨《えんこん》を含《ふく》まず、貴賤老幼《きせんろうよう》の別《べつ》なく慈眼《じがん》をもって見給《みたも》うのです。

（八）、悲しみと厄難は、以て彼を悩ますに足らず、その勇気と裁断は神明のごとく、しかして彼は日々に堅実を加え、熱烈の度を増すべきこと。

暗黒《あんこく》なる社会《しゃかい》または宗教方面《しゅうきょうほうめん》より非常《ひじょう》な圧迫《あっぱく》を受《う》け、ついには今《いま》や八洲《やす》の河原《かわら》の誓約《うけい》の厄《やく》に逢《あ》い、千座《ちくら》の置戸《おきど》を負《お》わせられ、髭《ひげ》を根底《ねそこ》よりむしられ、手足《てあし》の生爪《なまづめ》まで抜《ぬ》き取《と》られ、血《ち》と涙《なみだ》とをもって五濁《ごじょく》（＝四劫〔しこう〕のうち、限界に起る五つの悪い現象。劫濁〔飢饉・悪疫・戦争など〕・衆生濁〔身心が衰える〕・煩悩濁〔愛欲が盛んで争いが多い〕・見濁〔誤った思想や見解〕・命濁〔寿命が短くなる〕。五つの困難）の世《よ》を洗《あら》いつつ、あらゆる困苦《こんく》と艱難《かんなん》に当《あた》って益々《ますます》勇気《ゆうき》を振《ふ》り起《おこ》し、世界人類《せかいじんるい》のために大活躍《だいかつやく》を昼夜間断《ちゅうやかんだん》なく続《つづ》けられる。また諸事物《しょじぶつ》に対《たい》して明確《めいかく》な

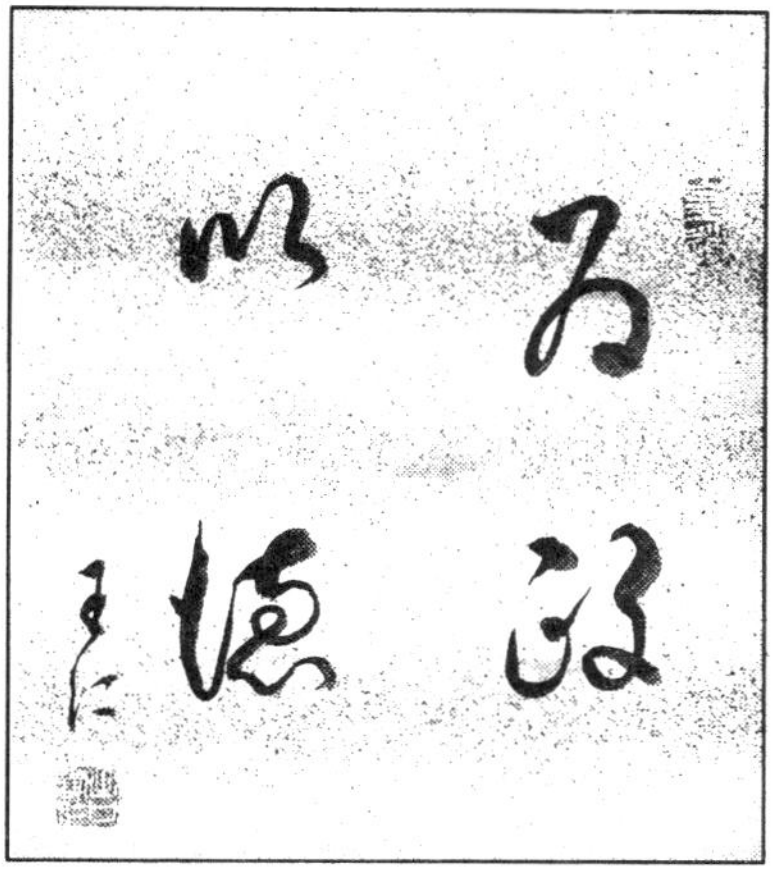

「為政以徳」

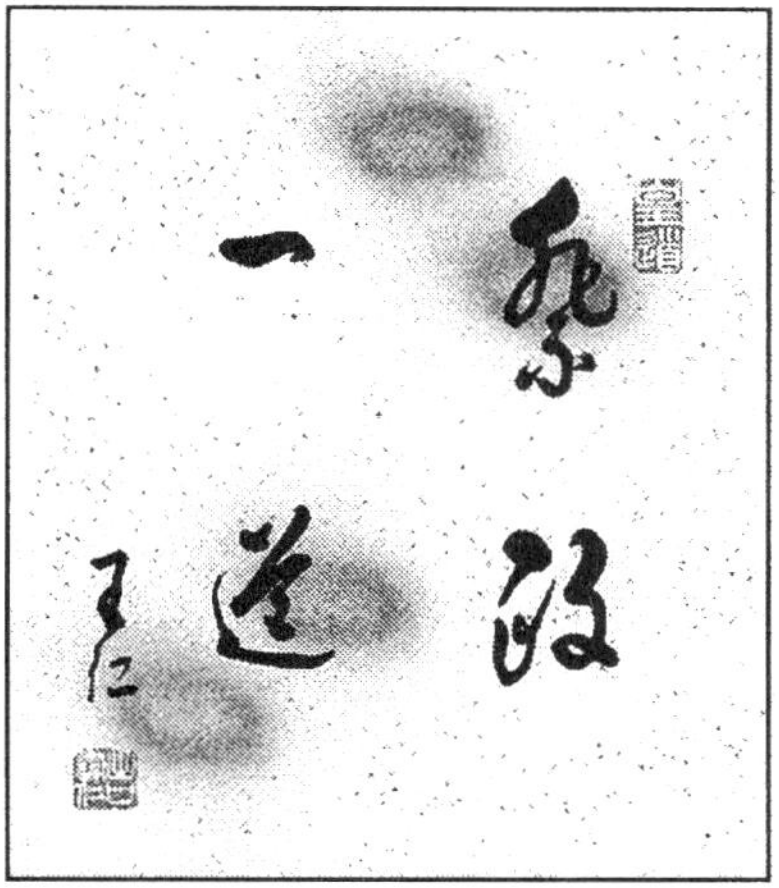

「祭政一道」
出口王仁三郎染筆

る裁断《さいだん》を下《くだ》し、即座《そくざ》に解決《かいけつ》を与《あた》え、かつその信念《しんねん》は日《ひ》に月《つき》に堅実《けんじつ》を増《ま》し、熱烈《ねつれつ》で、今《いま》や官《かん》海方面《かいほうめん》より強烈《きょうれつ》な圧迫《あっぱく》を受《う》けつつ泰然自若《たいぜんじじゃく》として天下万民《てんかばんみん》のために心力《しんりょく》を傾注《けいちゅう》し、五六七《みろく》神政《しんせい》（＝みろく下生の神政）の福音《ふくいん》を口《くち》に筆《ふで》に開示《かいじ》されるのです。

（九）、世界共通の文明の完成者、あらゆる宗教の統一者にして、世界平和の確定と世界人類の最も崇高卓絶したる道徳の体現をなすべき人格を有すること。

人類愛善《じんるいあいぜん》はもとより、山河草木禽獣虫魚《さんかそうもくきんじゅうちゅうぎょ》に至《いた》るまで博《ひろ》く愛《あい》し、平素《へいそ》の行動《こうどう》によって一《いっ》般信者《ぱんしんじゃ》の崇敬感謝《すうけいかんしゃ》措《お》く能《あた》わざるところです。すべての宗教《しゅうきょう》に対《たい》して該博《がいはく》（＝学問などに広く通ずること）成《な》る観察力《かんさつりょく》をもって深《ふか》く真解《しんかい》し、生命《せいめい》を与《あた》え、以《もっ》て世界《せかい》の宗教《しゅうきょう》の美点《びてん》をあげ、抱擁帰一《ほうようきいつ》の大精神《だいせいしん》をもって対《たい》するが故《ゆえ》に、すべての宗教家《しゅうきょうか》の白眉《はくび》たる人士《じんし》は雲《くも》のごとく膝下《しっか》に集《あつ》まり、何《いず》れもみな満足《まんぞく》してその教《おしえ》を乞《こ》う。世界平和《せかいへいわ》の確定《かくてい》と宗教《しゅうきょう》の統一《とういつ》、世界共通的文《せかいきょうつうてきぶん》明《めい》の建設者《けんせつしゃ》にして、最《もっと》も卓絶《たくぜつ》した真善美《しんぜんび》の道徳体現者《どうとくたいげんしゃ》と信《しん》じます。

（『霊界物語』六四巻上「宣伝使」）

五、身変定《ミカエル》（その一）

伊邪那岐《いざなぎ》・伊邪那美《いざなみ》二柱《ふたはしら》の大神《おほかみ》は陰陽《いんよう》、水火《すいか》の呼吸《いき》を合《がっ》して、七十五声《しちじゅうごせい》を鳴《な》り出《いだ》したまい、スの言霊《ことたま》をもってこれを統一《とういつ》したもう。そうして七十五声《しちじゅうごせい》の父音《ふおん》を、立花《たちばな》の小戸《おど》（＝言霊学上、「たち」とはアオウエイの縦の意、「はな」は先端、「おど」は声音、音、言霊の意）という。祝詞《のりと》に「筑紫《つくし》の日向《ひむか》の小戸《をど》の阿波《あは》岐原《ぎはら》に御禊《みそぎ》ぎ祓《はら》ひ給《たま》ふ時《とき》に生坐《なりませ》る」とあるは、このアオウエイの五大父音《ごだいふおん》より、以下《いか》の七十声《しちじゅっせい》を生《う》み出《だ》し、新陳代謝《しんちんたいしゃ》の機能《きのう》たる祓戸四柱《はらいどよはしら》の神《かみ》を生《う》み成《な》し給《たま》いて、宇宙《うちゅう》の修祓神《しゅうばつしん》となし給《たま》いたることをいうなり。そしてこの五大父音《ごだいふおん》を地名《ちめい》に充《あ》つれば、

アは天《てん》にして「アジヤ」の言霊《ことたま》となり。

オは地《ち》にして「オーストラリヤ」の言霊《ことたま》となり。

ウは結《むす》びにして「アフリカ」の言霊《ことたま》となり。

エは水《みづ》にして「エウロッパ」の言霊《ことたま》となり。

イは火《ひ》にして「アメリカ」の言霊《ことたま》となり。

しかして「アジヤ」は「ア」と返《かえ》り、「オーストラリヤ」はまた「ア」に返《かえ》り、「アフリカ」また「ア」に返《かえ》り、「エウロッパ」また「ア」に返《かえ》り、「アメリカ」また「ア」の父音《ふおん》に返《かえ》る。その他《た》も七十声《しちじゅっせい》みなアオウエイに返《かえ》りきたるなり。

この理《り》によりて、「アオウエイ」の大根源《だいこんげん》たる「アジヤ」に総《すべ》てのものは統一《とういつ》さるべきは、言霊学上自然《ことたまがくじょうしぜん》の結果《けっか》なり。しかして「ア」は君《きみ》の位置《いち》にあるなり。

しかして「ア」と「ウ」との大根源《だいこんげん》は、「ス」より始《はじ》まるなり。「ス」声《ごえ》の凝結《ぎょうけつ》したる至《し》粋至純《すいしじゅん》の神国《しんこく》は、皇御国《すめらみくに》なり。

二神《にしん》は天地《てんち》を修理固成《しゅうりこせい》するために、「アオウエイ」の五大父音立花《ごだいふおんたちばな》の小戸《おど》の言霊《ことたま》によりて、一切《いっさい》の万物《ばんぶつ》を生《う》み成《な》し、「ス」の言霊《ことたま》の凝結《ぎょうけつ》せる神国《しんこく》の水火《いき》は最《もっと》も円満晴朗《えんまんせいろう》にして、大神《おおかみ》そのままの正音《せいおん》を使用《しよう》することを得《う》るなり。……すべて「ア」とか「オ」とか「ウ」または「エ」「イ」等《とう》の大父音《だいふおん》に左右《さゆう》せらるるがゆえなり

神《かみ》の神力《しんりき》を発揮《はっき》したもうや、言霊《ことたま》の武器《ぶき》をもって第《だい》一となしたもう。古書《こしょ》に「ミカエル一度《ひとたび》起《た》って天地《てんち》に号令《ごうれい》すれば、一切《いっさい》の万物《ばんぶつ》これに従《したが》う」という意味《いみ》の記《しる》されあるも、「ミカエル」の言霊《ことたま》の威力《いりょく》を示《しめ》したものなり。しかしてこの「ミカエル」の言霊《ことたま》を最《もっと》も完全《かんぜん》に使用《しよう》し得《う》る神人《しんじん》は「ス」の言霊《ことたま》の凝《こ》れる皇御国《すめらみくに》より出現《しゅつげん》すべきは当然《とうぜん》なり。

「ミカエル」とは「天地人《てんちじん》、現幽神《げんゆうしん》の三大界《さんだいかい》すなわち三《み》を立替《たてか》える神人《しんじん》」という意味《いみ》なり。詳《くわ》しくいえば、「現幽神《げんゆうしん》三つの世界《せかい》を根本的《こんぽんてき》に立替《たてか》える神人《しんじん》」、という意味《いみ》なり。

また男体《だんたい》にして女霊《じょれい》の活用《かつよう》をなし、女体《じょたい》にして男霊《だんれい》の活用《かつよう》をなす神人《しんじん》を称《しょう》して「身変定《ミカエル》」という。

（『霊界物語』六巻 第二八章「身変定」の略記）

六、身変定《ミカエル》（その二）

ミカエルは、キリスト教の旧約聖書の『ダニエル書』、新約聖書の『ユダの手紙』、『ヨハネの黙示録』、旧約聖書外典『エノク書』などにある天使。ミカエルが死の天使として人間の魂を秤にかけるという。ユダヤ教、キリスト教、イスラム教における最も有名な天使の一人とされる天使長。天軍の総師。武神的存在。旧約聖書では、ユダヤ民族を守護する天使長。新約では、天上で悪魔と戦う大天使。最後の審判では善悪の魂を量る役割。アダムとイブを楽園から追放したのもミカエル。テルブソンの刃。

世界の終末にあたり、瑞の御魂はミカエルとして東方のエルサレム綾部の里に顕現して、神の約束を果すために西のエルサレムに天降る準備をなして、再臨の日を待ちかね給う讃美歌。

（一）、この世《よ》の終末《おわり》は近《ちか》づきぬ　瑞《みづ》の御魂《みたま》のミカエルは

八重《やへ》たな雲《ぐも》をかきわけて
東《あづま》の空《そら》のエルサレム（＝綾部の大本）
ヨルダン河《がは》の上流《みなかみ》に（＝由良川）
千座《ちくら》（千位）を負《お》ひて生《あ》れましぬ
浮世《うきよ》の泥《どろ》に染《そ》みながら
諸《もも》のなやみを身《み》にうけて
普《あまね》く世人《よびと》にあざけられ
いばらの冠《かむり》を被《かぶ》せられ
笑《ゑ》みを湛《たた》へて言霊《ことたま》の
大道《おほぢ》を開《ひら》き給《たま》ひつつ
再《ふたた》び舟《くも》に打《う》ちのりて
天《あめ》と地《つち》との中空《なかぞら》を
黄金《こがね》の棹《さを》をさしながら
大日《おほひ》の本《もと》のエルサレム
都《みやこ》をさして降《くだ》ります
時《とき》こそ近《ちか》づき来《き》たりけり
万《よろづ》の国人《くにびと》勇《いさ》ましく
音楽《おんがく》かなで花《はな》かざし
清《きよ》めの主《きみ》の再臨《さいりん》を
仰《あふ》ぎよろこび迎《むか》へかし

（二）、伊都《いづ》の御魂《みたま》の御教《みをしへ》を
信《うべ》なひ奉《まつ》り美都御魂《みづみたま》
清《きよ》めの御手《みて》に取《と》りすがり
御言《みこと》のまにまに謹《つつし》みて

真《まこと》の道《みち》に甦《よみがへ》り　天津御国《あまつみくに》に昇《のぼ》りゆき
此上《こよ》なき喜悦《きえつ》に充《み》ちあふれ　天津御神《あまつみかみ》の御元《おんもと》に
つかふる身魂《みたま》となれよかし

(三)、罪《つみ》にけがれし人《ひと》の眼《め》は　仁慈《じんじ》の神《かみ》の御顔《おんかほ》も
いかりのおもてとながむべし　神《かみ》は愛《あい》なり仁《じん》なれば
かならず人《ひと》を捨《す》てまさじ　一日《ひとひ》も早《はや》く罪《つみ》を悔《く》い
神《かみ》の御前《みまへ》にひれ伏《ふ》して　その日《ひ》の来《き》たるを待《ま》てよかし

(四)、この世《よ》の終《をは》りとなりにけり　仁慈《じんじ》の神《かみ》は瑞御魂《みづみたま》
清《きよ》めの主《ぬし》と定《さだ》めまし　栄光《さかえ》の舟《くも》に乗《の》らせつつ
日《ひ》の下国《もとくに》へ現《あ》れまさむ　聖《きよ》き月日《つきひ》は迫《せま》りきぬ
さばきの御声《みこゑ》のいと高《たか》く　聞《き》こゆるまでに魂《たましひ》を
研《みが》き清《きよ》めてそなへせよ

(『霊界物語』六一巻第一一章「神浪《しんろう》」)

第六編　諸教同根と人類愛善思想

一、神儒仏耶の諸教同根

ここに伊邪那美命《いざなみのみこと》は返《かえ》り歌詠《うたよ》まし給《たま》いぬ。その歌《うた》、

「天《あめ》と地《つち》とはおのづから　正《ただ》しき清《きよ》き秩序《ついで》あり　汝《なれ》が命《みこと》の宣言《みことのり》　月日《つきひ》のごとく明《あき》らかに　輝《かがや》きわたり村肝《むらきも》の　吾《あ》が心根《こころね》もさやさやと　冴《さ》えわたりたる嬉《うれ》しさよ　天《あめ》にも地《つち》にもただ一《ひと》つ　力《ちから》と頼《たの》む汝《な》が命《みこと》　杖《つゑ》ともたけとも柱《はしら》とも　たよるは汝《なれ》が御魂《たま》一《ひと》つ　心《こころ》の清《きよ》き赤玉《あかたま》は　魂《たま》の緒《を》清《きよ》く冴《さ》えわたり　吾《あれ》の御霊《みたま》は月雪《つきゆき》の　色《いろ》にも擬《まが》ふ白玉《しらたま》の　天《あめ》と地《つち》との真釣《まつ》りあひ　尊《たふと》き御代《みよ》に相生《あひおひ》の　松《まつ》の神世《かみよ》の基礎《いしずゑ》を　天《てん》より高《たか》く搗《つ》き固《かた》め　地《つち》の底《そこ》まで搗《つ》き凝《こ》らし　天《あめ》と地《つち》とは睦《むつ》び合《あ》ひ　力《ちから》を協《あは》せ村肝《むらきも》の　心一《こころひと》つに御子《みこ》生《う》まむ　みたま清《きよ》めて国生《くにう》まむ　世《よ》は紫陽花《あぢさゐ》の七《なな》かはり　如何《いか》に天地《てんち》は変《かは》るとも　汝《なれ》と吾《あれ》との其《そ》の仲《なか》は　千代《ちよ》も八千代《やちよ》も変《かは》らまじ　栄《さか》えみろくの御代《みよ》までも　栄《さか》えみろくの御《み》代《よ》までも　尽《つ》きせぬ縁《えにし》は天伝《あまつた》ふ　月《つき》に誓《ちか》ひて大空《おほぞら》の　星《ほし》の如《ごと》くに御子《みこ》生《う》まむ　生《う》めよ

生《う》め生《う》め地《ち》の上《うへ》に　仰《あふ》げば高《たか》し久方《ひさかた》の　天津《あまつ》日影《ひかげ》にいやまして　永久《とは》に栄《さか》ゆる汝《な》がみたま　阿那邇夜志愛袁登古《あなにやしえをとこ》　阿那邇夜志愛袁登古《あなにやしえをとこ》　男女《をとこをみな》の睦《むつ》びあひ　八尋《やひろ》の殿《との》にさし籠《こも》り　天津御祖《あまつみおや》の皇神《すめかみ》の　みたまを永久《とは》に斎《いつ》くべし　御魂《みたま》を永久《とは》に斎《いつ》くべし」

と声《こえ》も涼《すず》しく歌《うた》いたもう。これより二神《にしん》（＝伊邪那岐・伊邪那美の大神）は撞《つき》の御柱《みはしら》（＝霊・力・体、即ち御三体の大神）を、左右《さゆう》より隈《くま》なく廻《めぐ》りたまいて、青木ケ原《あおきがはら》の真中《まんなか》に立《た》てる八尋殿《やひろどの》にたち帰《かえ》り、息《いき》を休《やす》め給《たま》いける。

○

ここに月照彦神《つきてるひこのかみ》、足真彦《だるまひこ》、弘子彦《ひろやすひこ》、祝部《はふりべ》、岩戸別《いはとわけ》（＝天の岩戸の前で手力男命と相並び岩戸を開いた神）の諸神《しょしん》人は、野立彦神《のだちひこのかみ》、野立姫神《のだちひめのかみ》の御跡《みあと》を慕《した》いて、神界現界《しんかいげんかい》の地上《ちじょう》の神業《しんぎょう》を終《お》え、大地《だいち》の中心地点《ちゅうしんちてん》たる火球《かきゅう》の世界《せかい》、すなわち根《ね》の国底《くにそこ》の国《くに》に出《い》でまして、幽界《ゆうかい》の諸霊《しょれい》を安息《あんそく》せしめんため、天《てん》教山《きょうざん》（＝神代の富士山。スミセン山）の噴火口《ふんかこう》に身《み》を投《とう》じ給《たま》いける。

神徳高《しんとくたか》く至仁至直《しじんしちょく》の神人《かみがみ》は、神魂清涼《しんこんせいりょう》の気《き》に充《み》たされ、さしもに激烈《げきれつ》なる猛火《もうか》の中《なか》に飛《と》び入《い》りて、少《すこ》しの火傷《かしょう》も負《お》わせたまわず、無事《ぶじ》に幽界《ゆうかい》に到着《とうちゃく》し給《たま》いぬ。

これらの諸神人《しょしん》は幽界《ゆうかい》を修理固成《しゅうりこせい》し、かつ各自身魂《かくじみたま》の帰着《きちゃく》を定《さだ》め、ふたたび地上《ちじょう》に出生《しゅっしょう》して、「月照彦神《つきてるひこのかみ》」は印度《インド》の国浄飯王《くにじょうぼんおう》の太子《たいし》と生《う》まれ、「釈迦《しゃか》」となって衆生《しゅじょう》を済度《さいど》し、仏教《ぶっきょう》を弘布《ぐふ》せしめたまいけり。ゆえに釈迦《しゃか》の誕生《たんじょう》したるインドを月氏国《げっしこく》といい、釈迦《しゃか》を月氏《げっし》と称《しょう》する。

また「足真彦司《だるまひこのつかさ》」は、これまた月照彦神《つきてるひこのかみ》の後《あと》をおいて月氏国《げっしこく》に出生《しゅっしょう》し、「達磨《だるま》」となりて禅道《ぜんどう》を弘布《ぐふ》したり。

時《とき》により処《ところ》によりて、神人《かみがみ》の身魂《みたま》は各自変現《かくじへんげん》されたるなり。いずれも豊国姫命《とよくにひめのみこと》（＝瑞の御霊）の分霊《ぶんれい》にして国治立命《くにはるたちのみこと》（＝国祖・国常立尊）の分身《ぶんしん》なりける。

「少名彦司《すくなひこのかみ》」は幽界《ゆうかい》を遍歴《へんれき》し、天地《てんち》に上下《じょうげ》し、天津神《あまつかみ》の命《めい》をうけユダヤに降誕《こうたん》して、天《てん》国《ごく》の福音《ふくいん》を地上《ちじょう》に宣伝《せんでん》したもう。

「天道別命《あまぢわけのみこと》」は天教山《てんきょうざん》の噴火口《ふんかこう》より地中《ちちゅう》の世界《せかい》に到達《とうたつ》し、これまた数十万年《すうまんねん》の神業《しんぎょう》を修《しゅう》し、清《きよ》められて天上《てんじょう》に上《のぼ》り、天地《てんち》の律法《りっぽう》をふたたび地上《ちじょう》に弘布《ぐふ》せり。これを後世《こうせい》「モーゼの司《かみ》」(=イスラエル民族の最大の指導者。紀元前三世紀頃。神の啓示をうけて同胞の出エジプトを指導。シナイ山で神と契約を結び十戒を与えた)という。

「天真道彦命《あめのまみちひこのみこと》」も同《おな》じく天教山《てんきょうざん》の噴火口《ふんかこう》に飛《と》び入《い》り、火《ひ》の洗礼《せんれい》を受《う》けて根《ね》の国底《くにそこ》の国《くに》を探検《たんけん》し、地上《ちじょう》に出生《しゅっしょう》して人体《じんたい》と化《か》し、「エリヤの司《かみ》」(=紀元前九世紀頃のイスラエルの預言者。フェニキアのバアル信仰の導入に反対し、ヤハウエ信仰を擁護して戦ったという)と現《あら》われてその福音《ふくいん》を遍《あまね》く地上《ちじょう》に宣伝《せんでん》し、天下救済《てんかきゅうさい》の神業《しんぎょう》に従事《じゅうじ》したり。

また高皇産霊神《たかみむすびのかみ》の御子《みこ》たりし「大道別《おほみちわけ》」は、日《ひ》の出神《でのかみ》となりて神界《しんかい》、現界《げんかい》に救《すく》いの道《みち》を宣伝《せんでん》し、このたびの変《へん》によりて天教山《てんきょうざん》に上《のぼ》り、それより天《あま》の浮橋《うきはし》を渡《わた》りて日《ひ》の御国《みくに》に到《いた》り、仏者《ぶっしゃ》のいわゆる「大日如来《だいにちにょらい》」となりにける。神界《しんかい》にてはやはり「日出神《ひのでのかみ》」と称《とな》えらるるなり。

また「豊国姫命《とよくにひめのみこと》」は地中《ちちゅう》の火球《かきゅう》、汐球《げきゅう》を守《まも》り、数多《あまた》の罪《つみ》ある身魂《みたま》の無差別的救済《むさべつてききゅうさい》に、神力《しんりき》を傾注《けいちゅう》し給《たま》えり。仏者《ぶっしゃ》のいわゆる「地蔵尊《じぞうそん》」は即《すなわ》ちこの神《かみ》なり。

天教山《てんきょうざん》は後《のち》シナイ山《ざん》とも称《しょう》せらるるに至《いた》りぬ。しかし第《だい》一巻《かん》に表《あらわ》れたるシナイ山《ざん》とは別《べつ》のものたるを知《し》るべし。

「弘子彦司《ひろやすひこのかみ》」は一たん根底《ねそこ》の国《くに》にいたりしとき、仏者《ぶっしゃ》のいわゆる閻魔王《えんまおう》なる野立彦命《のだちひこのみこと》（＝国祖・国常立尊。同神異名）の命《めい》により、幽界《ゆうかい》の探検《たんけん》を中止《ちゅうし》し、ふたび現界《げんかい》に幾度《いくたび》となく出生《しゅっしょう》し、現世《うつしよ》の艱苦《かんく》を積《つ》みて、遂《つい》に現代《げんだい》の支那《しな》に出生《しゅっしょう》し、「孔子《こうし》」と生《うま》れ、治国安民《ちこくあんみん》の大道《だいどう》を天下《てんか》に弘布《ぐふ》したりける。然《しか》るに「孔子《こうし》」の教理《きょうり》は余《あま》り現世的《げんせいてき》にして、神界幽界《しんかいゆうかい》の消息《しょうそく》に達《たっ》せざるを憂慮《ゆうりょ》したまい、野立彦命《のだちひこのみこと》は吾《わ》が身魂《みたま》の一部《いちぶ》を分《わ》けて、同《おな》じ支那国《しなこく》に出生《しゅっしょう》せし給《たま》いぬ。これ「老子《ろうし》」なり。

（『霊界物語』第六巻 第二三章「諸教同根」（「万教同根」）

二、万教同根　出口王仁三郎聖師揮毫

大本者《おほもとは》曰《いはく》六合《りくごう》弥勒《みろく》

神道者《しんどうは》曰《いはく》惟神《かむながら》

仏道者《ぶつどうは》曰《いはく》皈一《いつにかえる》　（分《w》かれている物《もの》が一つに帰着《きちゃく》すること）

儒道者曰精一《じゅどうはいはくいつにせいす》（もっぱら。専一《せんいつ》。心《こころ》がこまやかで一筋《ひとすじ》なこと。清純純一《せいじゅんじゅんいつ》）
老道者曰得一《ろうどうはいはくいつをうる》（絶対《ぜったい》の道《みち》を得《え》ること）
耶道者曰 抱一《やどうはいはくいつをいただく》（一をいだき守《まも》る。道《みち》をたもち守《まも》る）
回道者曰守一《かいどうはいはくいつをまもる》（心《こころ》を専《もっぱ》らにする。一事《いちじ》に専心《せんしん》する）
天恩無極《てんおんむきょく》

注＝（　）内は『新月のかげ』の編集者が『諸橋漢和大字典』から引用される。

三、人類愛善の真義

「人類愛善会《じんるいあいぜんかい》」という会《かい》を起《おこ》し、名称《めいしょう》を附《ふ》しましたに就《つ》いて、「人類愛善《じんるいあいぜん》」と云《い》う意味《いみ》が未《いま》だ徹底《てってい》せず、浅《あさ》く考《かんが》えて居《お》る人《ひと》があるように思《おも》います。また解《わ》かって居《お》る人《ひと》もあろうとも思《おも》いますが、一寸《ちょっと》それを説明《せつめい》して置《お》きます。

一寸聞《ちょっとき》くと「人類愛善会《じんるいあいぜんかい》」というのは、総《すべ》ての人間《にんげん》を人間《にんげん》が愛《あい》するように聞《きこ》えて居《お》ります。総《すべ》ての人類《じんるい》は同《おな》じ神《かみ》の子《こ》であるから、総《すべ》て愛《あい》せねばならぬという意味《いみ》になって居《お》りますが、それはそれに違《ちが》いないけれども、「人類《じんるい》」という字《じ》を使《つか》ったのは、下《した》に「愛善《あいぜん》」がありますから、上《うえ》の「人類《じんるい》」の意味《いみ》が変《かわ》って来《く》る。単《たん》に「人類《じんるい》」とだけ云《い》えば世界一般《せかいいっぱん》の人類或《じんるいあるい》は人間《にんげん》の事《こと》であり、色々《いろいろ》の人種《じんしゅ》を総称《そうしょう》して「人類《じんるい》」というのです。

そうして「人《ひと》」という字《じ》は左《ひだり》を上《うえ》に右《みぎ》を下《した》にして、霊主体従《れいしゅたいじゅう》、陰《いん》と陽《よう》とが一つになって居《お》る。神《かみ》というものであるが、然《しか》し神様《かみさま》が地上《ちじょう》に降《ふ》って総《すべ》ての経綸《けいりん》を地上《ちじょう》の人類《じんるい》に伝《つた》える時《とき》には、止《とど》まる処《ところ》の肉体《にくたい》が必要《ひつよう》です。それで神《かみ》の直接内流《ちょくせつないりゅう》を受《う》ける処《ところ》の預言者《よげんしゃ》とか総《すべ》てそういう機関《きかん》が必要《ひつよう》なのでありまして、この霊《れい》（神《かみ》）の止《とど》まるのが人《ヒト》である。それは神《かみ》の顕現《けんげん》・神《かみ》の表現《ひょうげん》として釈迦《しゃか》とかキリストとか、そういう聖人《せいじん》が現《あら》われて来《き》て居《お》る。人間《にんげん》というものは、善悪混交《ぜんあくこんこう》した普通《ふつう》のものであるが、人《ひと》というと神《かみ》の止《とど》まる者《もの》、神《かみ》の代表《だいひょう》である。それに類《るい》するというので、それに倣《なら》うのです。

神《かみ》は善《ぜん》と愛《あい》しかない。理性《りせい》も理智《りち》もない。愛《あい》という事《こと》にかかったら、理性《りせい》も理智《りち》も何《なに》もなく、どれ程極道息子《ほどごくどうむすこ》でも愛《あい》の方《ほう》から云《い》えば、唯可愛《ただかわい》い一方《いっぽう》である。天国《てんごく》の神《かみ》の世界《せかい》には、愛《あい》と善《ぜん》とより外《ほか》にはない。愛《あい》は即《すなわ》ち善《ぜん》であり、善《ぜん》は即《すなわ》ち愛《あい》である。

神《かみ》の愛善《あいぜん》は何《ど》ういうものであるかと云《い》うと、総《すべ》ての脅喝的《きょうかつてき》——今《いま》の既成宗教《きせいしゅうきょう》のように戒律《かいりつ》とか云《い》うもので脅喝《きょうかつ》しない。今《いま》は戒律《かいりつ》で人間《にんげん》を怖《こわ》がらせ、天国《てんごく》とか地獄《じごく》とかを拵《こしら》え、善《ぜん》を為《な》せば天国《てんごく》へ行《ゆ》く、悪《あく》を為《な》せば冥官《めいかん》が厳《いか》めしい顔《かお》をして裁《さば》くというように、今《いま》の教《おしえ》は脅喝的《きょうかつてき》に出来《でき》て居《お》る。しかし神《かみ》には脅喝《きょうかつ》というものはない。ただ愛《あい》する一方《いっぽう》です。

泥棒《どろぼう》のようなものでも、またどんな悪人《あくにん》でも、こちらから親切《しんせつ》にしむけて行《ゆ》くと、その人《ひと》は恩《おん》を覚《おぼ》えて居《お》り、またどんな善人《ぜんにん》でもあまりこちらから強《きつ》う行《ゆ》くと恨《うら》んで来《く》る。併《しか》しそれはお互《たが》いに同《おな》じ人間《にんげん》の事《こと》であるが、神《かみ》の愛《あい》というと、敵《てき》でも何《なん》でも本当《ほんとう》に心《こころ》の中《なか》から憎《にく》いという心《こころ》が起《おこ》って来《こ》ない。その処《ところ》が本当《ほんとう》に純《じゅん》なる神《かみ》の愛《あい》なのです。今日《こんにち》の人間《にんげん》の作《つく》った不完全《ふかんぜん》な現行刑法《げんこうけいほう》でも、親《おや》が泥棒《どろぼう》をしたとか、親《おや》が罪《つみ》を犯《おか》したとかいうて、その子息《しそく》なり孫《まご》なり細君《さいくん》までを懲役《ちょうえき》に引《ひ》っ張《ぱ》って行《い》って刑《けい》を科《か》すというような事《こと》はないのです。

況《ま》して至仁至愛《しじんしあい》の神様《かみさま》が、先祖《せんぞ》の罪《つみ》を造《つく》ったからその子孫《しそん》を罰《ばっ》する、それを恕《ゆる》して貰《もら》うという事《こと》は、今日《こんにち》の不完全《ふかんぜん》な法律《ほうりつ》よりも徹底《てってい》しない教《おしえ》であって、決《けっ》して神《かみ》の伝《つた》えた教《おしえ》ではないのです。

神《かみ》は善人《ぜんにん》であるから愛《あい》するとか、悪人《あくにん》であるから罰《ばっ》するというような事《こと》はない。総《すべ》て愛《あい》と善《ぜん》とで向われる。この愛《あい》と善《ぜん》とを取《と》ってしまったならば、神《かみ》の神格《しんかく》というものが無《な》くなる。人間《にんげん》も愛《あい》と善《ぜん》とが無《な》かったら、人間《にんげん》ではない。形《かたち》は人間《にんげん》でも、矢張《やは》り獣《けもの》になってしまう。神様《かみさま》もその通《とお》りです。

神様《かみさま》は色々《いろいろ》の方法《ほうほう》を用《もち》いて、総《すべ》ての機関《きかん》をお造《つく》りになり、そして神《かみ》の意志《いし》を、地上《ちじょう》の愛《あい》する処《ところ》の人間一般《にんげんいっぱん》にお伝《つた》えになる。これは昔《むかし》から時代々々《じだいじだい》に依《よ》って色々《いろいろ》の神《かみ》のお使《つか》いが現《あら》われて、世《よ》の中《なか》に伝達《でんたつ》して居《お》りますが、併《しか》しそれは聞《き》く人《ひと》が皆間違《みなまちが》って居《お》って、本当《ほんとう》の神《かみ》の意志《いし》をよう取《と》って居《お》らぬ丈《だけ》のものです。それが為《ため》に今日《こんにち》の既成宗教《きせいしゅうきょう》というものが、輪《りん》郭丈《かくだ》けは極立派《ごくりっぱ》にありますし、また云《い》うて居《お》る事《こと》もなかなか立派《りっぱ》にある。善悪正邪《ぜんあくせいじゃ》に因果《いんが》応報《おうほう》だとか、その区別《くべつ》とかいう事《こと》は立派《りっぱ》ですが、実行《じっこう》は出来《でき》ない。そういう戒律《かいりつ》づくめで、愛《あい》と善《ぜん》との徹底《てってい》しない宗教《しゅうきょう》を信仰《しんこう》して居《お》ると、信仰《しんこう》する程不安《ほどふあん》の念《ねん》が漂《ただよ》うて来《き》ます。

信仰《しんこう》しなければ何《なん》ともないものが、信仰《しんこう》した為《ため》に、今日《こんにち》まであゝいう悪《わる》いことがあった、こういう事《こと》があったと、臆病風《おくびょうかぜ》が起《おこ》って来《く》る。神《かみ》は愛《あい》とか善《ぜん》が本体《ほんたい》である以上《いじょう》は、一切《いっさい》の悪《あく》は許《ゆる》して呉《く》れる。また元《もと》より許《ゆる》す許《ゆる》さぬというような事《こと》もない。許《ゆる》される許《ゆる》されないというような事《こと》は、自分《じぶん》の魂《たましい》の持《も》ち方《かた》一つによって、いろいろと感《かん》じるだけの事《こと》です。

一体《いったい》「人類愛善《じんるいあいぜん》」というものは、聖霊《せいれい》にみたされた処《ところ》の預言者《よげんしゃ》、あるいは伝達者《でんたつしゃ》に類《るい》する処《ところ》の心《こころ》なり、そうして愛善《あいぜん》を行《おこな》う。善人《ぜんにん》だから愛《あい》する、悪人《あくにん》だから憎《にく》むというような事《こと》はない、それは本当《ほんとう》の愛《あい》では無《な》いのです。

愛《あい》という事《こと》になって来《く》れば、善悪正邪《ぜんあくせいじゃ》の判断《はんだん》はつかないものです。つくものならば愛《あい》というものは、千里程向《せんりほどむ》こうに行《い》ってしまって居《お》る。また神様《かみさま》が罰《ばっ》するとか戒《いまし》めるとかいうような事《こと》があれば、神《かみ》そのものの御神格《ごしんかく》は、千里程向《せんりほどむ》こうに脱出《だっしゅつ》してしまっているのです。

この世《よ》の中《なか》は愛《あい》と善《ぜん》とで固《かた》まって居《お》る世《よ》の中《なか》でありますから、何事《なにごと》も総《すべ》て愛善《あいぜん》の神様《かみさま》に任《にん》して、そうして取越《とりこ》し苦労《くろう》をしないよう、過越《すぎこ》し苦労《くろう》をしないよう——過越《すぎこ》し苦労《くろう》というものは、済《す》んでしまってからの事《こと》です。彼奴《あいつ》はあゝいう事《こと》を云《い》いよったとか、彼奴《かやつ》の讐《かたき》を取《と》らんならんとか、あゝせなんだら、今《いま》まで大分財産《だいぶざいさん》も出来《でき》て居《お》ったのにというような事《こと》で、また取《と》り越《こ》し苦労《くろう》をして、明日《あした》の事《こと》を、明日《あした》は何《ど》うしょうかと考《かんが》えて居《お》っても仕方《しかた》がない。千里《せんり》の路《みち》を行《ゆ》くのにも、左《ひだり》の足《あし》から右《みぎ》の足《あし》という風《ふう》に出《だ》して行《ゆ》けばよい。行《ゆ》く処《ところ》は東京《とうきょう》なら東京《とうきょう》と決《き》めて置《お》いて、一足々々《ひとあしひとあし》を注意《ちゅうい》して行《ゆ》く。積極的刹那心《せっきょくてきせつなしん》を以《もっ》て進《すす》んで行《ゆ》く。そうすれば、影《かげ》が形《かたち》に伴《ともな》う如《ごと》く、愛善《あいぜん》の心《こころ》が起《おこ》って来《く》る。取《と》り越《こ》し苦労《くろう》と過越《すぎこ》し苦労《くろう》を忘《わす》れて来《き》たら、一切《いっさい》の欲《よく》も起《おこ》って来《き》ません。怨恨《えんこん》も忘《わす》れて来《く》る。また妙《みょう》な欲望《よくぼう》もなくなる。大本《おほもと》の方《ほう》から云《い》うと、それが「惟神《かむながら》の精神《せいしん》」です。

大本《おほもと》の方《ほう》は神様《かみさま》の神勅《しんちょく》（＝神のおつげ）によって宣伝使《せんでんし》を拵《こしら》えて居《お》りますが、「愛善会《あいぜんかい》」の方《ほう》は宣伝使《せんでんし》というものはありませんけれども、自然《しぜん》に愛善《あいぜん》の徳《とく》が出来《でき》て来《き》たら、その人《ひと》の身《から》体《だ》から光明《こうみょう》が出《で》て来《く》る。そうすると、独《ひと》りでにその人《ひと》の光明《こうみょう》に照《て》らされて、世界《せかい》が愛善《あいぜん》になる。愛善《あいぜん》を売《う》りに歩《ある》いても、売《う》りに行《い》った者《もの》は効果《こうか》がない。また自分《じぶん》が愛善《あいぜん》をやって居《お》るとか、自分《じぶん》が善《ぜん》をやって居《お》るとかいうような時《とき》には、「自己愛《じこあい》」がその中《なか》に這入《はい》って居《お》って、本当《ほんとう》の愛善《あいぜん》になって居《お》らない。世《よ》の為社会《ためしゃかい》の為《ため》と皆考《みなかんが》えて居《お》りますが、その考《かんが》えがある間《あいだ》はなって居《お》らない。すべて何《なに》も彼《か》もなく、無《む》になってしまう、無《む》になった時《とき》に、愛善《あいぜん》が身体《からだ》に這入《はい》って来《く》る。「愛善会《あいぜんかい》」には、あまり小六ケ敷《こむずかし》い演説《えんぜつ》もなければ話《はなし》も出来《でき》ない。

私《わたし》は初《はじ》めの時《とき》に愛《あい》と善《ぜん》との事《こと》を云《い》うて置《お》きましたが、あまり細《こま》かく分析《ぶんせき》して云《い》う事《こと》は出《で》来《き》ません。愛善《あいぜん》というようなものは、非常《ひじょう》に大《おお》きなものであって、云《い》うに云《い》われず説《と》くに説《と》かれず、丁度《ちょうど》ボタ餅《もち》が何《ど》ういう味《あじ》であるかという事《こと》を説明《せつめい》して見《み》ようというても、食《く》ってみなければ判《わか》らない。各自《かくじ》に食《く》って見《み》て初《はじ》めてそのうまさが解《わか》るので、愛善《あいぜん》もそれと同《おな》じことで、到底人間《とうていにんげん》の力《ちから》で分析《ぶんせき》して説《と》く事《こと》は出来《でき》ない。それはその人《ひと》の徳相応《とくそうおう》の光明《こうみょう》に依《よ》って味《あじ》わうものであると思《おも》います。

（『神の国』　大正十五年五月号）

四、人類愛善の世界的使命

(一)、自己愛と愛善

本日《ほんじつ》ここに「人類愛善会《じんるいあいぜんかい》」創立満《そうりつまん》十周年《しゅうねん》の記念大祭《きねんたいさい》を挙行《しっこう》する事《こと》になりましたが、本《ほん》会《かい》が出来《でき》ましたのは、大正《たいしょう》十四年《ねん》六月《がつ》でありました。

何故《なぜ》に「愛善会《あいぜんかい》」が出来《でき》たかと云《い》いますと、私《わたし》が大正《たいしょう》十三年《ねん》の旧正月《きゅうしょうがつ》に蒙古入《もうこい》りをいたしましたが、満州及《まんしゅうおよ》び蒙古《もうこ》・支那《しな》その他《た》の状態《じょうたい》を考《かんが》えますのに、今《いま》の総《すべ》ての国民《こくみん》は疲《つか》れ切《き》って居《お》る。そうして道《みち》を求《もと》めて道《みち》がなく、生活《せいかつ》には脅《おびや》かされ、また色々《いろいろ》な暴力《ぼうりょく》の圧迫《あっぱく》に苦《くる》しみ弱肉強食《じゃくにくきょうしょく》の状態《じょうたい》を呈《てい》して居《お》るのを、まざまざとみせつけられたのです。それで、これは世界万民《せかいばんみん》が一つの兄弟姉妹《きょうだいしまい》となって、同《おな》じ道《みち》に進《すす》まない事《こと》には、この世界《せかい》の平和《へいわ》幸福《こうふく》を来《き》たす事《こと》は出来《でき》ないと、深《ふか》く感《かん》じた次第《しだい》です。

いずれの国民《こくみん》も、言葉《ことば》は通《つう》じなくとも——個人々々《こじんこじん》と交際《こうさい》して見《み》ると、我《わ》が同胞《どうほう》も、蒙《もう》古人《こじん》も、支那人《しなじん》も、満州人《まんしゅうじん》も、同《おな》じ心持《こころも》ちをもっている事《こと》を深《ふか》く覚《さと》ったのです。個人《こじん》としては、世界各国民共《せかいかくこくみんとも》に我《わ》が同胞《どうほう》と同《おな》じ様《よう》になれますが、国際間《こくさいかん》としては、国際問題《こくさいもんだい》が起《おこ》ると、どうしても世界一般《せかいいっぱん》の為《ため》にと云《い》う心《こころ》をなくして、自分《じぶん》の国《くに》の為《ため》にという精神《せいしん》が起《お》きて来《く》る。これは吾々《われわれ》が、いつも『霊界物語《れいかいものがたり》』その他《た》で述《の》べて居《お》ります通《とお》り、所謂《いわゆる》「自己愛《じこあい》」というもので、本当《ほんとう》の愛善《あいぜん》ではない。要《よう》するに結局《けっきょく》「自己愛《じこあい》」の愛悪《あいあく》になって来《く》るのです。「神《かみ》は愛也《あいなり》」という事《こと》を、昔《むかし》からキリストその他《た》の宗教《しゅうきょう》が云《い》うて居《お》りますが、神《かみ》の愛《あい》は即《すなわ》ち愛《あい》と善《ぜん》である。また愛《あい》すると云《い》うても、無茶苦茶《むちゃくちゃ》に愛《あい》する余《あま》り、「自己愛《じこあい》」のために他人《たにん》の財物《ざいぶつ》を愛《あい》したり、他人《たにん》の妻女《さいじょ》を愛《あい》したりする事《こと》は、これは皆愛悪《みなあいあく》であります。今日《こんにち》の世《よ》の中《なか》は、互《たが》いに鎬《しのぎ》をけずって居《お》りますが、「国家《こっか》の為《ため》に、国家《こっか》の為《ため》に」と各自《かくじ》に云《い》うて居《お》る。これを、「世界人類《せかいじんるい》の為《ため》に」と云《い》う様《よう》にならねば、世《よ》の中《なか》に本当《ほんとう》の平和《へいわ》は出来《でき》ぬのです。

日本人《にほんじん》は「日本《にほん》の為《ため》に」、日本人丈《にほんじんだけ》がよくなったらよいという冷淡《れいたん》な性質《せいしつ》を表《あらわ》して来《く》る。支那人《しなじん》は支那人丈《しなじんだけ》がよくなればよい、満州人《まんしゅうじん》は満州人丈《まんしゅうじんだけ》がよくなればよいという事《こと》になって、決《けっ》して「世界《せかい》の為《ため》に」と云《い》う、そこ迄進《まですす》んで来《こ》ない。英国《えいこく》は英国《えいこく》、またイタリーはイタリー丈《だけ》、これは皆総《みなすべ》て「自己愛《じこあい》」であって、神様《かみさま》の御目《おんめ》からご覧《らん》になれば、「愛悪《あいあく》」というものです。

故《ゆえ》に吾々《われわれ》は、どうしても世界《せかい》の愛善《あいぜん》でなくてはならないと感《かん》じて居《お》るのです。

(二)、人類愛善

先《さき》に大正《たいしょう》十年《ねん》の七月《がつ》からは、エスペラントを研究《けんきゅう》する事《こと》になりましたが、これも、エスペラントの精神《せいしん》は言葉《ことば》が通《つう》じないが為《ため》に互《たが》いに要《い》らざる争論《そうろん》が出来《でき》、衝突《しょうとつ》が出来《でき》て、世《よ》の中《なか》に紛争《ふんそう》が絶《た》えない。それ故《ゆえ》に言葉《ことば》を統一《とういつ》したいと云《い》うので、ゼーメンホフ博士《はかせ》（＝ザメンホフ　ポーランドの眼科医。言語学者。１８８７年エスペラントを発表。１８５９〜１９１７年）がエスペラントをこしらえたのでありますが、その精神《せいしん》は言葉《ことば》でなくして、本当《ほんとう》の目的《もくてき》は、「人類愛善《じんるいあいぜん》」にあったのです。

併《しか》しながら世界《せかい》は中々広《なかなかひろ》いので、それ程努力《ほどどりょく》しても五年《ねん》や十年《ねん》では、本当《ほんとう》の完成《かんせい》を来《き》たす事《こと》は出来《でき》ないのです。吾々《われわれ》は、どうしても「人類愛善《じんるいあいぜん》」でなければ、この世界《せかい》の本当《ほんとう》の平和《へいわ》・本当《ほんとう》の幸福《こうふく》は求《もと》められないという事《こと》を感《かん》じましたが故《ゆえ》に、蒙古《もうこ》から帰《かえ》る早々《そうそう》「人類《じんるい》愛善会《あいぜんかい》」なるものを創立《そうりつ》したのです。

「人類愛善会《じんるいあいぜんかい》」は、外《ほか》に向《む》ってこの皇道《こうどう》を説《と》く、愛善《あいぜん》を説《と》く「皇道大本《こうどうおほもと》」の精神《せいしん》と「人《じん》類愛善会《るいあいぜんかい》」の精神《せいしん》は同《おな》じ事《こと》で、少《すこ》しも違《ちが》わない。けれども「皇道大本《こうどうおほもと》」の名《な》は、余《あま》りに誤《ご》解《かい》されて居《お》りますので、その時代《じだい》は「人類愛善《じんるいあいぜん》」と名《な》を変《か》えて、海外《かいがい》に向《む》う事《こと》にしたのです。併《しか》し言霊学上《ことたまがくじょう》、語源《ごげん》を調《しら》べますと、人《じん》の「人《ひと》」という言葉《ことば》は「オ」になり、「類《るい》」は「ホ」になり、「愛《あい》」は「モ」になり、「善《ぜん》」は「ト」になるのです。そうすると言霊《ことたま》から云《い》えば、「人類愛善会《じんるいあいぜんかい》」と云《い》う事《こと》は、矢張《やは》り「大本《おほもと》」という事《こと》になります。

(三)、人類愛善の世界的高揚

「人類愛善会《じんるいあいぜんかい》」を創立《そうりつ》した時《とき》には、色々田舎《いろいろいなか》の新聞《しんぶん》などに、「人類愛善会《じんるいあいぜんかい》」というものを、また「王仁《おに》」が拵《こしら》えて、あれは看板《かんばん》の塗替《ぬりか》えをやって居《お》るのだという事《こと》を書《か》いて居《お》りました。あれはそういう意味《いみ》にとられても、仕方《しかた》がないのです。新《あたら》しい「人類愛善会《じんるいあいぜんかい》」という名《な》により、信者以外《しんじゃいがい》の人《ひと》でも、また宗教《しゅうきょう》の如何《いかん》を問《と》わず、学者無学者《がくしゃむがくしゃ》を問《と》わず、高下《こうげ》を問《と》わず、総《すべ》てこれに賛成《さんせい》する人《ひと》を「人類愛善会員《じんるいあいぜんかいいん》」とする方針《ほうしん》を以《もっ》て進《すす》んで来《き》ましたが、愛善会支部《あいぜんかいしぶ》も殆《ほとん》ど一千《せん》二、三百《びゃく》も出来《でき》た様《よう》な盛況《せいきょう》です。今後益々世界《こんごますますせかい》に向《むか》って、「人類愛《じんるいあい》善《ぜん》」の精神《せいしん》を宣伝拡張《せんでんかくちょう》しなくてはならないのです。

今日《こんにち》エチオピアとイタリーが紛争《ふんそう》して居《お》りますが、これも矢張《やは》り、英国《えいこく》その他《た》の国々《くにぐに》の傀儡《かいらい》であり、またそういう国々《くにぐに》の「自己愛《じこあい》」の犠牲《ぎせい》になって、踊《おど》らされて居《お》るのであって、決《けっ》して伊《イ》エ両国《りょうこく》のみが本当《ほんとう》に戦《たたか》って居《お》るのではない、これも「人類愛《じんるいあい》」が徹底《てってい》して居《お》ったならば、決《けっ》してこういう事《こと》はないのです。

(四)、富める者も貧しき者も

併《しか》しどうしても、人間《にんげん》と云《い》うものは、勝手気儘《かってきまま》が多《おお》くて、自分《じぶん》の得意時代《とくいじだい》には、失意時《しついじ》代《だい》の人《ひと》の事《こと》を構《かま》わないものです。失意時代《しついじだい》になって初《はじ》めて、人《ひと》の難儀《なんぎ》・苦労《くろう》が分《わか》って来《く》る。故《ゆえ》にどれ程叫《ほどさけ》んでも、得意時代《とくいじだい》にある人《ひと》は、中々大本《なかなかおほもと》の教《おしえ》も、「人類愛善《じんるいあいぜん》の主旨《しゅし》」も耳《みみ》に入《はい》らんのです。

キリストの聖書《せいしょ》にも「富《と》める者《もの》の信仰《しんこう》に入《はい》るのは、針《はり》の穴《あな》にラクダを通《とお》す程六《ほどむず》ケしい」と書《か》いてある。実《じつ》にこれは至言《しげん》であります。何《なに》か一つの躓《つまず》きがあり、何《なに》かあって進退谷《しんたいきわ》まった時《とき》に、初《はじ》めて神《かみ》に手《て》を合《あ》わすのであって、そうならなければ、金《かね》が神様《かみさま》だと思《おも》い、自分《じぶん》の智慧《ちえ》が神様《かみさま》だと思《おも》い、色々《いろいろ》と誤解《ごかい》して居《お》って本当《ほんとう》の道《みち》にはいらず、死後《しご》の霊魂《れいこん》は必《かなら》ず地獄《じごく》へ落《お》ちる様《よう》な憐《あわ》れな人《ひと》が多《おお》いのです。

故《ゆえ》に吾々《われわれ》の「人類愛善会《じんるいあいぜんかい》」は、富《と》める人《ひと》も、矢張《やは》り六ケ《むずか》しとせずして、何処迄《どこまで》も愛善《あいぜん》の精神《せいしん》になって導《みちび》いて、そうして精神上《せいしんじょう》の憐《あわ》れな方《かた》を、天国《てんごく》に救《すく》わねばならないと思《おも》うのです。物質《ぶっしつ》に富《と》める人《ひと》は、精神上《せいしんじょう》の徳《とく》に光《ひか》りが乏《とぼ》しく、また物質《ぶっしつ》に乏《とぼ》しい人《ひと》は、精神上《せいしんじょう》の光《ひか》りに富《と》んでいるのです。

人間《にんげん》というものは、何程長生《なにほどながい》きしても先《ま》ず百歳前後《ひゃくさいぜんご》であります。本当《ほんとう》に長生《ながい》きしようと思《おも》えば、百《ひゃく》三十歳迄《さいまで》行《い》ける。けれども、これは、百《ひゃく》三十歳迄《さいまで》生《い》きようと思《おも》うと、子供《こども》の時《とき》から赤《あか》ん坊《ぼう》の心《こころ》で続《つづ》いて来《こ》ぬと中々《なかなか》行《ゆ》かない。吾々如《われわれごと》き者《もの》は、世《よ》の中《なか》の色々《いろいろ》な風波《ふうは》に乗《じょう》ぜられ、せめられ、そうして自然《しぜん》を余程損《よほどそこ》ねて、先《ま》ず六十年《ねん》の間《あいだ》に、二十年《ねん》や三十年《ねん》の生命《いのち》を損《そん》して居《お》るのです。併《しか》し乍《なが》ら、これは心得《こころえ》一つで、取《と》り返《かえ》されない事《こと》もないのです。で、この「人類愛善《じんるいあいぜん》」の精神《せいしん》は、「皇道大本《こうどうおほもと》」の精神《せいしん》と同《おな》じ事《こと》で、肉体的《にくたいてき》の生命《いのち》もなるべく永《なが》らえ、そしてその生命《いのち》のある中《なか》に愛善《あいぜん》の為《ため》、世界愛善《せかいあいぜん》の神業《しんぎょう》に尽《つ》くしたいのです。

またこの短《みじか》い人生《じんせい》に於《お》いて、力一杯《ちからいっぱい》善い事《よこと》をしておいて、限《かぎ》り無《な》き無量寿《むりょうじゅ》の天界《てんかい》へ行《い》って、そして無限《むげん》の活動《かつどう》をしたいという目的《もくてき》が、即《すなわ》ち吾々《われわれ》の目的《もくてき》です。

故《ゆえ》に愛《あい》すると云《い》うても、これは本当《ほんとう》の高所大所《こうしょたいしょ》から見《み》て、人類《じんるい》というものを本《もと》に置《お》いてやらなかったならば、動《やや》もすれば、偏狭《へんきょう》な愛《あい》になり、「自己愛《じこあい》」になり易《やす》いのです。「自己《じこ》愛《あい》」は、一名《めい》「地獄愛《じごくあい》」と云《い》うのであります。中々愛《なかなかあい》という事《こと》は、何《なん》でも愛《あい》なり、金《かね》を見《み》ても愛《あい》する、花《はな》を見《み》ても愛《あい》する、別嬪《べっぴん》を見《み》ても愛《あい》する。けれどもその中《なか》に愛善《あいぜん》と愛悪《あいあく》という事《こと》がありますから、愛善《あいぜん》という事《こと》は神《かみ》の愛《あい》であって、極《ご》く公平無私《こうへいむし》な一つも無理《むり》のない愛《あい》を愛善《あいぜん》と云《い》います。今日《こんにち》の「愛《あい》」というているのは、大抵愛悪《たいていあいあく》であります。故《ゆえ》に愛善会《あいぜんかい》員《いん》は、愛善《あいぜん》の精神《せいしん》を以《もっ》て、天地《てんち》を浄化《じょうか》する事《こと》に努《つと》められん事《こと》を希望《きぼう》します。

私《わたし》が蒙古《もうこ》に行《い》った時《とき》に、蒙古人《もうこじん》にも接《せっ》し、また銃殺《じゅうさつ》にも遭《あ》いかけ、油《あぶら》をかけて焼殺《やきころ》されようともしましたが、それでもその時《とき》の官吏《かんり》（=役人。官人。官員）・監視人《かんしにん》・警察官《けいさつかん》は、個人《こじん》としては、蒙古人《もうこじん》でも何《なん》でも、非常《ひじょう》に親切《しんせつ》でありました。これを考《かんが》えますと、この「人類愛《じんるいあい》善《ぜん》」の精神《せいしん》が徹底《てってい》したならば、こちらが本当《ほんとう》の「人類愛善《じんるいあいぜん》」の精神《せいしん》をもってかかったならば、如何《いか》なる国《くに》の国民《こくみん》も手《て》をつないで、兄弟《きょうだい》の如《ごと》く姉妹《しまい》の如《ごと》く世《よ》の中《なか》は太平《たいへい》に治《おさ》まるものと、私《わたし》は固《かた》く信《しん》じて居《お》るのであります。故《ゆえ》に国民同士《こくみんどうし》が鎬《しのぎ》を削《けず》り、互《たが》いに悪《にく》み争《あらそ》う様《よう》なことは、実《じつ》に「人類愛善《じんるいあいぜん》」の精神上《せいしんじょう》、或《あるい》は「皇道大本《こうどうおほもと》」の精神《せいしん》から、矛盾《むじゅん》した事《こと》と考《かんが》えるのです。

どうかこの精神《せいしん》をもって、愛悪《あいあく》にならぬ様《よう》、偏狭愛《へんきょうあい》にならぬ様《よう》に、自己愛《じこあい》にならぬ様《よう》に、国民《こくみん》と云《い》わず、世界人類一般《せかいじんるいいっぱん》に向《むか》って働《はたら》きかけて貰《もら》いたいと思《おも》うのであります。

（『真如の光』　昭和十年八月号）

五、平和への指標　至聖団

ブラバーサはスバッフォードに伴《ともな》われて、アメリカン・コロニーへと歩《ほ》を運《はこ》んだ。百《ひゃく》人《にん》ばかりの信者《しんじゃ》が、祭壇《さいだん》の前《まえ》で一生懸命《いっしょうけんめい》になって祈願《きがん》を凝《こ》らす最中《さいちゅう》であったので、老紳士《ろうしんし》と共《とも》に末席《まっせき》の方《ほう》から礼拝《れいはい》をなし、天下万民《てんかばんみん》のために一日《にち》も早《はや》く聖主《せいしゅ》の降臨《こうりん》されて神業《しんぎょう》を開《ひら》きたもう日《ひ》の来《き》たれかしと祈《いの》りつつあった。

一同礼拝《いちどうれいはい》を終《おわ》って、珍《めずら》しき客《きゃく》の、スバッフォードの傍《かたわ》らに端座《たんざ》せるを見《み》て不思議《ふしぎ》の眉《まゆ》をひそめて眺《なが》めている。スバッフォードは一同《いちどう》に向《むか》い、言葉静《ことばしず》かに、

「皆《みな》さま、このお方《かた》は高砂島《たかさごじま》から神命《しんめい》を奉《ほう》じて遥々《はるばる》お越《こ》しになったブラバーサという聖師《せいし》ですよ。僧院《そういん》ホテルに御宿泊《ごしゅくはく》の方《かた》だが、メシヤ再臨《さいりん》の先駆《せんく》として御出張《ごしゅっちょう》になったのですから、お互《たが》いに親《した》しく交際《こうさい》をさして戴《いただ》こうじゃありませぬか」

一同《いちどう》はこの言葉《ことば》に生《い》き復《かえ》ったような面色《かおいろ》をうかべて、異口同音《いくどうおん》に「サンキュウ　サンキュウ」と連呼《れんこ》するのであった。

○

ブラバーサは一同《いちどう》に向《むか》い厚《あつ》く礼《れい》をかえし、かつ一場《いちじょう》の挨拶的演説《あいさつてきえんぜつ》を始《はじ》めかけた。

「御一同様《ごいちどうさま》、私《わたくし》は最前聖師《さいぜんせいし》の御紹介下《ごしょうかいくだ》さった如《ごと》く、高砂島《たかさごじま》から神命《しんめい》を帯《お》びてメシヤ再臨《さいりん》の先駆《せんく》として派遣《はけん》されましたルート・バハー団《だん》の宣伝使《せんでんし》ブラバーサと申《もう》す者《もの》でございます。八千《せん》マイルの海洋《かいよう》を渡《わた》り漸《ようや》く昨日《きのう》の夕方《ゆうがた》、尊《とうと》きエルサレムの停車場《ていしゃじょう》へと安着《あんちゃく》いたしました。ところが、初《はじ》めての当地《とうち》の到着《とうちゃく》にて土地《とち》の勝手《かって》も分《わか》らず、いかにして橄欖山《かんらんざん》へ行《ゆ》こうかと心配《しんぱい》しながら、夕暮《ゆうぐれ》の大道《だいどう》を歩《あゆ》んでおりますと、貴団《きだん》の信者《しんじゃ》マリヤ様《よう》に図《はか》らずも途中《とちゅう》にお目《め》にかかり、カトリックの僧院《そういん》ホテルへ案内《あんない》していただきました上《うえ》、夜分《やぶん》にもかかわらず市中《しちゅう》の案内《あんない》までしていただき、慕《した》わしき橄欖山《かんらんざん》まで参拝《さんぱい》さしてもらいましたのは、全《まった》く貴《き》団《だん》の公平無私《こうへいむし》にしてよく神様《かみさま》の大御心《おおみこころ》を体得《たいとく》し遊《あそ》ばしたその賜《たまもの》と、深《ふか》く深《ふか》く感謝《かんしゃ》いたした次第《しだい》でございます。

加《くわ》うるに御親切《ごしんせつ》なるスバッフォード聖師《せいし》までが、わざわざホテルまで御訪問下《ごほうもんくだ》さいまして、いろいろと結構《けっこう》な御教訓《ごきょうくん》を承《うけたまわ》り、貴団《きだん》の純《じゅん》なる信仰《しんこう》の模様《もよう》と愛《あい》の結晶《けっしょう》ともいうべき美《うる》わしき生活《せいかつ》の有様《ありさま》を拝聴《はいちょう》しまして、感涙《かんるい》に咽《むせ》びました。悪魔横行《あくまおうこう》の暗黒《あんこく》なる世界《せかい》にも、貴団《きだん》のごとき真善美愛《しんぜんびあい》の聖《せい》なる団体《だんたい》が造《つく》られてあるかと思《おも》えば、神様《かみさま》の仁慈《じんじ》の大御心《おおみこころ》と周到《しゅうとう》なる御経綸《ごけいりん》とには感謝《かんしゃ》せざるを得《え》なくなって参《まい》りました。私《わたくし》も今日《きょう》は神様《かみさま》の仁愛《じんあい》の光《ひかり》に照《て》らされまして、大神《おほかみ》の愛《あい》の深《ふか》く尊《とうと》きことを悟《さと》りましたが、世界《せかい》の人類《じんるい》はイザ知《し》らず、私《わたくし》の出生《しゅっしょう》した高砂島《たかさごじま》などは今《いま》より五十年前《ねんまえ》までは、お話《はな》しするさえも恥《は》ずかしいような状態《じょうたい》でございました。

キリストの愛《あい》、孔子《こうし》の仁《じん》、仏陀《ぶつだ》の慈悲《じひ》などと申《もう》すことは、私《わたくし》どもに取《と》っては非常《ひじょう》に神秘《しんぴ》的《てき》な了解《りょうかい》し難《がた》い、到底凡人《とうていぼんじん》の手《て》の届《とど》かぬ高遠《こうえん》なもののように教《おし》えられてきたものでございます。各宗各教《かくしゅうかくきょう》の宣教者《せんきょうしゃ》があまりに神仏《しんぶつ》の教《おしえ》に勿体《もったい》をつけ過《す》ぎて、仁《じん》だの愛《あい》だの慈悲《じひ》などの神理《しんり》を、この世《よ》の外《ほか》のもののようにしてしまったのです。しかるに天運循環《てんうんじゅんかん》の神律《しんりつ》に由《よ》って、神《かみ》の御国《みくに》と称《とな》えられた極東《きょくとう》の高砂島《たかさごじま》に厳瑞二柱《げんづいふたはしら》の救世主《きゅうせいしゅ》あらわれ玉《たま》いて、高大《こうだい》博遠《はくえん》なる愛《あい》は、私《わたくし》どもに極《きわ》めて手近《てぢか》いもの親《した》しきものにして、日々《にちにち》の生活《せいかつ》から放《はな》そうとしても放《はな》され得《え》ないものとなったのです。何《なん》と有難《ありがた》い尊《とうと》いことでございましょう。御一同《ごいちどう》様《さま》も、また愛《あい》の真諦《しんたい》をよう体得遊《たいとくあそ》ばされ、キリストの再臨《さいりん》を誠心誠意待望《せいしんせいいたいぼう》されつつ、国籍《こくせき》と宗教《しゅうきょう》の障壁《しょうへき》を脱却《だつきゃく》して聖団《せいだん》を創立《そうりつ》されましたことは、天下万民《てんかばんみん》のために実《じつ》に広大無限《こうだいむげん》の大神業《だいしんぎょう》だと考《かんが》えまして、貴団《きだん》の御精神《ごせいしん》のあることに感謝《かんしゃ》しおかない次第《しだい》でございます。

○

自国《じこく》の恥《はじ》を申《もう》し上《あ》げるではありませぬが、今日《こんにち》は国籍《こくせき》や宗教《しゅうきょう》の如何《いかん》に関係《かんけい》なく、「世界《せかい》人類愛《じんるいあい》」の上《うえ》より御参考《ごさんこう》のため一言申《いちごんもう》し上《あ》げたいと思《おも》います。貴団《きだん》の方々《かたがた》や現今《げんこん》の若《わか》い人《ひと》達《たち》には、ほとんど想像《そうぞう》もできないほどに我生国高砂島《わがしょうこくたかさごじま》は、三百諸侯《びゃくしょこう》の小《ち》さい敵国《てきこく》に分割《ぶんかつ》されておりましたのが、今《いま》より僅《わず》か五十年以前《ねんいぜん》の状態《じょうたい》でありました。甲州《こうしゅう》と乙州《おつしゅう》とはおろか、同《おな》じ乙州《おつしゅう》でもアールとセンダーとにおいても、シェルとアンターとの間《あいだ》においても、全《まった》く敵国《てきこく》の状態《じょうたい》で、いわゆる郷関《きょうかん》を一歩《ぽ》出《い》ずるが最後《さいご》、生命《せいめい》の保証《ほしょう》が出来《でき》ないような実《じつ》情《じょう》でございました。それればかりか、各自腰《かくじこし》に秋水《しゅうすい》を帯《お》び、家《いえ》を出《い》ずれば男子《だんし》は七人《にん》の敵《てき》ありと覚悟《かくご》しているのが武士道《ぶしどう》の尊《とうと》いところと言《い》われ、神国魂《しんこくみたま》の精華《せいか》としられておりました。

　また武士《ぶし》は切捨《きりす》て御免《ごめん》といって、平民《へいみん》を切《き》り殺《ころ》すぐらいなことは武士《ぶし》の普通《ふつう》の特権《とっけん》とさえ見《み》られておったのです。現《げん》に今《いま》より三十年前《ねんまえ》にあっても、甲州人《こうしゅうじん》とか乙州人《おつしゅうじん》とかいう言語《げんご》には、如何《いか》にヨソヨソしい意味《いみ》をもっておったのです。また今日《こんにち》と言《い》えども「官吏《かんり》」とか、「平民《へいみん》」とかいう言葉《ことば》には、一種《いっしゅ》の強固《きょうこ》な障壁《しょうへき》が築《きず》かれてあるような感《かん》じを与《あた》えております。私《わたくし》どもの父《ちち》すなわち維新《いしん》の戦《たたか》いに参加《さんか》した人達《ひとたち》は、常《つね》に私《わたくし》どもの子供《こども》の時分《じぶん》は、それでも他《た》の町村内《ちょうそんない》の子供《こども》に対《たい》しては一種《いっしゅ》の敵意《てきい》を持《も》って町村《ちょうそん》と町村《ちょうそん》との子供《こども》に喧嘩《けんか》はあまり珍《めずら》しいものではありませぬでした。他町村《たちょうそん》の子供《こども》を見《み》て石瓦《いしがわら》を投《な》げつけ、怪我《けが》をさせて快哉《かいさい》を叫《さけ》ぶことなぞは普通《ふつう》のことと知《し》られておりました。それぐらいだから、維新前《いしんぜん》すなわち三百諸侯《びやくしょこう》の各地《かくち》に割拠《かっきょ》して絶《た》えず争《あらそ》っていた時代《じだい》は、なかなか殺伐《さつばつ》なものであったことは、古老《ころう》の談話《だんわ》を聞《き》いてみれば驚《おどろ》かされるくらいであります。

　それが今日《こんにち》では子供《こども》の喧嘩《けんか》でさえ頗《すこぶ》る珍《めずら》しくなって来《き》ました。町村《ちょうそん》の子供《こども》と町村《ちょうそん》の子供《こども》とが互《たが》いに敵視《てきし》するようなことは、今日《こんにち》の子供《こども》には想像《そうぞう》がつかないようになりました。

これは何《なん》の為《ため》かと考《かんが》えてみれば、高砂島《たかさごじま》の三百諸侯《びゃくしょこう》の我利我利連《がりがりれん》が、一天万乗《いってんばんじょう》の大君《おおぎみ》の思召《おぼしめ》しによって何《いず》れも前非《ぜんぴ》を悔《く》い、帰順《きじゅん》の誠《まこと》を輸《いた》して大君《おおぎみ》の下《もと》に畏服《いふく》し、一切《いっさい》を投《な》げ出《だ》してしまったからでありましょう。それがために人心大《じんしんおお》いに和《やわ》らぎ、四方平等的《しほうびょうどうてき》の精神《せいしん》が国民《こくみん》の間《あいだ》に貫流《かんりゅう》するようになったのでございます。何《なに》が野蛮《やばん》だと言《い》っても、たがいに敵《てき》意《い》を持《も》って争《あらそ》うほど野蛮《やばん》なことはありますまい。

ゆえに野蛮人《やばんじん》とはその親愛《しんあい》の範囲《はんい》の極《きわ》めて狭小《きょうしょう》なるものを意味《いみ》し、文明人《ぶんめいじん》とは親愛《しんあい》の範囲《はんい》の極《きわ》めて広大《こうだい》なるを意味《いみ》するものとすれば、貴団《きだん》のごときは実《じつ》に世界《せかい》に先《さき》んじて文明《ぶんめい》の中《なか》の大文明《だいぶんめい》の花《はな》を開《ひら》かせ玉《たも》うたものと、衷心《ちゅうしん》より感謝《かんしゃ》にたえない次第《しだい》でございます。

○

大慈大悲《だいじだいひ》の大神様《おほかみさま》は、全地上《ぜんちじょう》の世界《せかい》をして天国浄土《てんごくじょうど》となし、万民《ばんみん》に安息《あんそく》と栄光《えいこう》を与《あた》えんがために三千年《ぜんねん》の御経綸《ごけいりん》を遊《あそ》ばして、今《いま》や高砂島《たかさごじま》に聖蹟《せいせき》を垂《た》れ玉《たま》いました。そして大神《おほかみ》の元《もと》のお屋敷《やしき》たるこのエルサレムに御降臨遊《ごこうりんあそ》ばす、その準備《じゅんび》として瑞《みづ》の御魂《みたま》の聖主《せいしゅ》を下《くだ》し、万民《ばんみん》の罪《つみ》を贖《あがな》いたもうこととなったのでございます。また神《かみ》の選民《せんみん》たるイスラエル民族《みんぞく》の方々《かたがた》が主唱者《しゅしょうしゃ》となって各国《かっこく》の人々《ひとびと》をこの聖地《せいち》に集《あつ》め、メシヤの再臨《さいりん》を信《しん》じてアメリカン・コロニーの如《ごと》き立派《りっぱ》な殿堂《でんどう》を作《つく》られておられることは、私《わたくし》にとりまして実《じつ》に何《なん》とも言《い》えぬ有難《ありがた》い嬉《うれ》しい頼《たの》もしいことだか判《わか》りませぬ。願《ねが》わくは私《わたくし》もこの聖団員《せいだんいん》の一人《いちにん》に加《くわ》えていただきますれば、身《み》の光栄《こうえい》これに過《す》ぎませぬ。あゝ惟神霊幸倍坐世《かむながらたまちはえませ》」

と拍手《はくしゅ》のうちに勇《いさ》まし気《げ》に降壇《こうだん》した。老紳士《ろうしんし》は直《ただ》ちに登壇《とうだん》して、

○

「ただいま聖師《せいし》のお話《はなし》によって、今回《こんかい》の聖地御出向《せいちごしゅっこう》も了解《りょうかい》いたしました。この団員《だんいん》も定《さだ》めて私《わたし》と同《おな》じ御意見《ごいけん》だと思《おも》います。個々分立《ここぶんりつ》して日《ひ》に夜《よ》に争闘《そうとう》の絶間《たえま》がなかったという高《たか》砂島《さごじま》が、今《いま》より五十年以前《ねんいぜん》において統一《とういつ》せられ、また厳瑞二柱《げんづいふたはしら》の救世主《きゅうせいしゅ》が現《あら》われたもうたのも、メシヤ再臨世界一体《さいりんせかいいったい》の大神様《おほかみさま》の深遠《しんえん》なる御経綸《ごけいりん》でございましょう。国内《こくない》のすべての障壁《しょうへき》が取《と》り除《のぞ》かるることによって、今日《こんにち》の向上《こうじょう》と繁栄《はんえい》を来《き》たすことになった以上《いじょう》は、な

おも進《すす》んで世界中《せかいじゅう》が争闘《そうとう》を止《や》めて相親愛《あいしんあい》し、各国《かっこく》、各人種《かくじんしゅ》などいう「根本的敵愾心《こんぽんてきてきがいしん》」を取《と》り去《さ》ることによって、人類《じんるい》の文化《ぶんか》は神聖《しんせい》なものとなり、これと同時《どうじ》にその福利《ふくり》の程度《ていど》も大変《たいへん》に高《たか》めらるること疑《うたが》いなき真理《しんり》であります。

要《よう》するに吾々《われわれ》お互《たが》いの親愛《しんあい》の範囲《はんい》の大小《だいしょう》によって、野蛮《やばん》ともなり文明《ぶんめい》ともなるのです。世界《せかい》の平和《へいわ》を来《き》たさんがため、すなわち五六七《みろく》の神政出現《しんせいしゅつげん》のためには、「各国国民間《かっこくこくみんかん》の有形《ゆうけい》と無形《むけい》の大障壁《だいしょうへき》」を第《だい》一番《ばん》に取《と》り除《のぞ》かねば駄目《だめ》です。この挙《きょ》に出《い》でずして世界《せかい》の平和《へいわ》、五六七《みろく》神政《しんせい》の成就《じょうじゅ》を夢《ゆめ》みるは恰《あたか》も器具《きぐ》を別々《べつべつ》にして、水《みず》の融合《ゆうごう》を来《き》たさんとするものと同様《どうよう》の愚挙《ぐきょ》ではありますまいか。それゆえ吾々団体員《われわれだんたいいん》は世界《せかい》に率先《そっせん》して平和《へいわ》の真諦《しんたい》を示《しめ》し、メシヤ再臨《さいりん》の準備《じゅんび》に従事《じゅうじ》しておるものでございます。

今日《こんにち》は高砂島《たかさごじま》の聖師《せいし》の御来着《ごらいちゃく》によって、私《わたくし》は神界《しんかい》の御経綸《ごけいりん》の洪大無辺《こうだいむへん》なるに感喜《かんき》のあまり、ここに一言蕪辞《いちごんぶじ》を述《の》べ御挨拶《ごあいさつ》に代《か》えました。どうか団員諸氏《だんいんしょし》もこの聖師《せいし》と共《とも》に空前《くうぜん》絶後《ぜつご》の大神業《だいしんぎょう》の完成《かんせい》に尽《つく》されんことを希望《きぼう》いたします」

と悠然《ゆうぜん》として演壇《えんだん》を下《くだ》った。団員一同《だんいんいちどう》は拍手《はくしゅ》してスバッフォード聖師《せいし》の説《せつ》に賛同《さんどう》し、和気《わき》藹々《あいあい》として堂《どう》に溢《あふ》れるばかりであった。

〇

今《いま》までうつむき勝《が》ちで感涙《かんるい》に咽《むせ》んでいたマグダラのマリヤは、やおら身《み》を起《おこ》してツカツカと演壇《えんだん》の上《うえ》に立《た》ち上《あ》がり、謹厳《きんげん》な態度《たいど》をもって一場《いちじょう》の演説《えんぜつ》を始《はじ》めかけた。一同《いちどう》は拍手《はくしゅ》してマリヤの講演《こうえん》を迎《むか》えた。

「私《わたし》はただいま両聖師《りょうせいし》の御演説《ごえんぜつ》を承《うけたまわ》りまして、大《おお》いに心強《こころづよ》く感《かん》じました。海洋万里《かいようばんり》の遠方《えんぽう》から遥々《はるばる》お越《こ》しになり、エルサレムの停車場前《ていしゃじょうまえ》の街路《がいろ》において妾《わたし》と会合《かいごう》されましことは、実《じつ》に奇蹟中《きせきちゅう》の奇蹟《きせき》だと考《かんが》えます。

ブラバーサ様《さま》は全《まった》く神様《かみさま》の御使命《ごしめい》を帯《お》び、メシヤ再臨《さいりん》の先駆《せんく》として御光来《ごこうらい》になったことは、寸毫《すんごう》も疑《うたが》う余地《よち》はございませぬ。妾《わたし》は皆《みな》さまと共《とも》に世界万民《せかいばんみん》のために、聖師《せいし》の光臨《こうりん》（=他人の来訪の尊敬語）を祝《しゅく》し且《か》つ満腔《まんこう》の喜悦《きえつ》にたえないのでございます。メシヤの降臨《こうりん》キリストの再臨《さいりん》、五六七神政成就《みろくしんせいじょうじゅ》とは名称《めいしょう》こそ変《かわ》っておりますが、要《よう》するに同《おな》じ意味《いみ》だと考《かんが》えます。かかる目出度《めでた》き世界《せかい》になるのも全《まった》く神様《かみさま》の御経綸《ごけいりん》でございますが、その神業《しんぎょう》に奉仕《ほうし》する生《いき》宮《みや》が現《あら》われなくてはなりませぬ。

まず第《だい》一に神《かみ》の子《こ》の生宮《いきみや》たる吾々《われわれ》は、世界《せかい》にあらゆる「有形無形《ゆうけいむけい》」、この二つの大《だい》なる障壁《しょうへき》を取《と》り除《のぞ》かねばなりませぬ。「有形的障害《ゆうけいてきしょうがい》の最大《さいだい》なるものは対外的戦備《たいがいてきせんび》（警察的武備《けいさつてきぶび》は別《べつ》）と国家的領土《こっかてきりょうど》の閉鎖《へいさ》」とであります。

また「無形《むけい》の障壁《しょうへき》の最大《さいだい》なるものとは、すなわち国民《こくみん》および人種間《じんしゅかん》の敵愾心《てきがいしん》だと思《おも》います。また宗教団《しゅうきょうだん》と宗教団《しゅうきょうだん》との間《あいだ》の敵愾心《てきがいしん》」だと思《おも》います。この世界的《せかいてき》の有形《ゆうけい》の大障壁《だいしょうへき》を除《のぞ》くためには、まず無形《むけい》の障壁《しょうへき》から取《と》り除《のぞ》いてかからねばならないと思《おも》います。聖《せい》キリストは「天国《てんごく》は爾曹《なんじ》の内《うち》に在《あ》り」と言《い》われています。

聖《せい》アブデュル・バハーは、「世界《せかい》の平和《へいわ》は人々《ひとびと》の心《こころ》の内《うち》に建《た》てられねばならぬ」と教《おし》えられています。仏陀《ぶつだ》は「慈悲《じひ》の心《こころ》を十方世界《じっぽうせかい》に拡《ひろ》めて限界《げんかい》を設《もう》けるな」と教《おし》えられています。ツルク聖主《せいしゅ》の御示教《ごじきょう》も、まず第一《だい》に「世界人類《せかいじんるい》の和合《わごう》をもって五六七神政成就《みろくしんせいじょうじゅ》の絶対条件《ぜったいじょうけん》」としておられます。神聖《しんせい》とか精神《せいしん》とか霊的《れいてき》とか申《もう》すことは、別《べつ》に不可思議《ふかしぎ》な神秘《しんぴ》なものでは無《な》く、人類愛《じんるいあい》の心《こころ》すなわち他《た》の国民《こくみん》や人種《じんしゅ》に対《たい》して少《すこ》しの障壁《しょうへき》も築《きず》かず、胸襟《きょうきん》を披《ひら》いて、自分《じぶん》の友人《ゆうじん》に対《たい》すると同様《どうよう》に「友愛《ゆうあい》の心《こころ》」を持《も》つことでございます。この障壁《しょうへき》をなす唯一《ゆいいつ》の根元《こんげん》は「自己心《じこしん》と自我心《じがしん》」です。幸《さいわ》いに我《わ》が聖団《せいだん》は自己自愛《じこじあい》の心《こころ》を脱《だつ》却《きゃく》し、ただ何事《なにごと》も大神様《おほかみさま》の御心《みこころ》に任《まか》す人々《ひとびと》の集《あつ》まりでございますから、大神様《おほかみさま》も御嘉賞《ごかしょう》遊《あそ》ばして遥々《はるばる》と高砂島《たかさごじま》から聖師《せいし》を招《まね》き、我々《われわれ》の聖団《せいだん》に与《あた》えて下《くだ》さったものと厚《あつ》く深《ふか》く感謝《かんしゃ》する次第《しだい》であります。アーメン」

マリヤはここまで演《えん》じおわり、一同《いちどう》に向《む》かって軽《かる》く一礼《れい》しながら壇《だん》を降《くだ》る。拍手《はくしゅ》の声《こえ》は急霰《きゅうさん》のごとく場《じょう》の外《そと》まで響《ひび》き渡《わた》っている。あゝ惟神霊幸倍坐世《かむながらたまちはえませ》。

（『霊界物語』第六四巻上 第五章「至聖団」、大正十二年七月十日　旧五月二十七日口述）

第七編　出口聖師と歌祭り

一、歌祭り公演速記記録（昭和十年十月三十一日於明光殿）

貧農の子として生れた出口聖師は祖母うのさんから言霊学を教えられ、小学校に通うことわずか3年の後に、代用教員となるなど神童と呼ばれる。15才の頃より19才まで丁稚奉公に使われ、心の楽しみに風雅の道に心よせ、流行する「川柳」「冠句」「俳句」「狂歌」などを詠じ、「冠句会」では巻頭を四十余度、「只人あらじ」と噂される。その後園部の南陽寺で岡田惟平翁《おかだこれひらおう》に「国学」、「惟神の道」、「歌祭り」を師事されたのが「短歌」への始まりとされる。

出口聖師は「宗教即芸術」を高唱し、「芸術は宗教の母なり」と提唱されますが、一般の芸術とは趣が異なります。その芸術とは「今日の社会に行わるゝ如きものをいったのではない。造化の偉大なる力によりて造られたる天地間の森羅万象は、いずれも皆神の芸術的産物である。この大芸術者、すなわち造物主の内面的真態に触れ、神とともに悦楽し、神とともに生き、神とともに動かんとするのが真の宗教でなければならぬ」、と天地万有を造り出した神に触れ、神と共に生きることを意味する。この天地人三才が絵画、仏画、書、作陶、作歌等、また浄瑠璃、農業、商業、牧畜、建設、建築、庭師、医療、宗教、科学、著作等、その全体が宗教であり芸術である。

短歌集は、小社関係の出版物だけでも『故山の夢』、『霧の海』、『青嵐』など11点、『讃美歌』、『朝嵐』、『言華　上・下』、『伊都能売道歌』、『天祥地瑞』（全9巻）等がある。その他『霊界物語』の中には、短歌を自由に駆使し、万葉調から自由律、道歌、地名・人名・名所読み込み歌、雑誌には「いろは歌」、「密意詠み込み歌」、「歌日記」の類がある。

昭和初期には「明光社」を設立し歌誌『明光』、『月光』、『月明』、皇道大本の各機関誌、それに当時の短歌結社百社以上に毎月投稿され、また個人宛など総数の把握は難しい。

これら十数万におよぶ歌の数々や作品は出口聖師の神の表現であり本体と言える。信者には、詠歌を神業として大々的に奨励し、豊かな歌心こそ神様に捧げる何よりの真心とされ、神を愛し神に親しみ、そして教典『霊界物語』に親しむことにより、心に天国を開く源泉となります。

出口聖師の「歌祭り」の復活はこれらの長い間の準備の結晶されるもので、人々を天国に救う大きな意味がある。そして「歌祭り」は第二次大本弾圧事件（昭和10年12月8日）が起る直前の10月31日に亀岡・天恩郷で執行され、その後石川県の北陸別院と島根別院で行われ、続いて全国各地で行われる予定が中断される。

素盞嗚尊が歌われた「八雲神歌」には、大蛇を退治したけれど世界各国には八重雲が十重二十重に漂っている。国と国、民族と民族、人種、宗教、政治、経済等、八重垣が残っている。この八重垣を払ってしまいたいものだ、という意味と、誠の神様の聖域を悪魔から守るという、所謂「維摩《ゆいま》の法城《ほうじょう》（方丈）」、「亀山法城」の意味がある。

「歌祭《うたまつ》り」ということに就《つ》いて一言申《いちごんもう》し上《あ》げます。日本《にほん》の和歌《わか》の道《みち》、即《すなわ》ち敷島《しきしま》の道《みち》のはじまりというものは、素盞嗚尊《すさのをのみこと》が出雲《いずも》の簸《ひ》の川《かわ》の川上《かわかみ》で八岐大蛇《やまたおろち》を退治《たいじ》されて、ほっと一息《ひといき》おつきになられた。その時《とき》に、お祝《いわ》いとして詠《よ》まれた歌《うた》が

「八雲立《やくもた》つ出雲八重垣《いづもやへがき》つまごみに八重垣作《やへがきつく》るその八重垣《やへがき》を」

の歌《うた》であります。

この御歌《みうた》の意味《いみ》は言霊《ことたま》によって解釈《かいしゃく》すると、「出雲八重垣《いずもやえがき》」というのは「いづくも」のことで「どこの国《くに》も」ということですが、つまり、大蛇《おろち》は退治《たいじ》したけれども、まだ世界各《せかいかっ》国《こく》には八重垣《やえがき》が築《きず》かれ、そして八雲《やくも》が立《た》ち昇《のぼ》っている。「八雲《やくも》」と云《い》うのは「いやくも」ということで、この「いやくも」をすっかり祓《はら》わねばならないし、また、この垣《かき》も祓《はら》わねばならない。

今日《こんにち》も「八重垣《やえがき》」は沢山《たくさん》あります。日本《にほん》の物《もの》を外国《がいこく》に持《も》って行《ゆ》こうと思《おも》えば、「税関《ぜいかん》」という八重垣《やえがき》が出来《でき》て居《お》る。「つまごみに」というのは、日本《にほん》の国《くに》は「秀妻《ほつま》の国《くに》」というので、日本《にほん》の国《くに》もまた一緒《いっしょ》になって「八重垣《やえがき》」を作《つく》っているということであって、これは世界万民《せかいばんみん》が一つになって、一天《てん》、一地《ち》、一君《くん》の政治《せいじ》にならなくてはこの「八重垣《やえがき》」は取払《とりはら》われないのです。「八雲《やくも》」を祓《はら》い、「八重垣《やえがき》」を取《と》り祓《はら》ってはじめて一天《てん》、一地《ち》、一君《くん》の世《せ》界《かい》になるのです。これが一つの意味《いみ》でありますが、もう一つの意味《いみ》があります。

神様《かみさま》がお鎮《しず》めになっているその神様《かみさま》を中心《ちゅうしん》として「八重垣《やえがき》」を築《きず》く、その「八重垣《やえがき》」は「瑞垣《みづがき》」という意味《いみ》になり外《そと》から悪魔《あくま》が入《はい》れない、ここでは神様《かみさま》を守《まも》る「ひもろぎ」となるのです。

悪《わる》い方《ほう》から云《い》えば、最前《さいぜん》云《い》うたように、そこら中《じゅう》に垣《かき》を拵《こしら》え、自分《じぶん》の国《くに》に都合《つごう》のよいように垣作《かきつく》りをする。これは他《ほか》から入《は》れない「八重垣《やえがき》」でありまして、今日《こんにち》の蘇満国境《そまんこっきょう》あたりは、この「八重垣《やえがき》」をどちらの側《がわ》からも作《つく》っている。また、別《べつ》の意味《いみ》では、天皇陛下《てんのうへいか》のあらせらるる宮城《きゅうじょう》のように幾重《いくえ》にも「垣《かき》」をして御守護申《ごしゅごもう》し上《あ》げる八重垣《やえがき》を作《つく》ることで、非常《ひじょう》に尊《とうと》いお方《かた》の守護《しゅご》の「垣《かき》」となるのです。

八重垣《やえがき》（八雲《やくも》）も、幾重《いくえ》にも紫雲《しうん》が靉靆《あいたい》（＝雲の盛んなさま。また、暗いさま）している意味《いみ》にもなるし、また真黒《まっくろ》な雲《くも》が二重《ふたえ》にも包囲《ほうい》しているという意味《いみ》にもなります。

それでこの歌《うた》は「八重垣作《やえがきつく》るその八重垣《やえがき》を」で切《き》れていて、後《あと》がまだ残《のこ》っているのです。内外《ないがい》を問《と》わず悪《わる》い方《ほう》の「その八重垣《やえがき》を」取払《とりはら》わねばならないので、残《のこ》しておいた最後《さいご》の

「を」の字《じ》で治《おさ》まっているのです。

○

さて、仁徳天皇《にんとくてんのう》（＝第16代・313～399年）の御宇《ぎょう》（＝天子の治め給う御世）までの古典《こてん》を調《しら》べますと、「歌垣《うたがき》に立《た》つ」ということが、時々《ときどき》見当《みあた》るのであります。「何々《なになに》の皇子《みこ》歌垣《うたがき》に立《た》たせ給《たも》うて詠《うた》い給《たま》わく……」とある。

「歌垣《うたがき》」というのは、歌《うた》を書《か》いて、それを「垣《かき》」にしてあるもので、今日《こんにち》のこれ（歌垣《うたがき》を示《しめ》され）がそれであります。それで「歌祭《うたまつ》り」というのは、この歌垣《うたがき》を中心《ちゅうしん》として、自《じ》分《ぶん》の村々《むらむら》で年《ねん》に一遍《いっぺん》づつ行《い》ったのです。そうして、平素《へいそ》からの村人間《むらびとかん》の怨《うら》み、妬《ねた》み、または一家《いっか》のもめごと、夫婦喧嘩《ふうふげんか》とか、そうした村内《そんない》に於《お》ける今迄《いままで》のいざこざを、この「歌祭《うたまつ》り」によって神様《かみさま》の御心《みこころ》をなごめると共《とも》に、村人《むらびと》の心持《こころも》ちを和《なご》め、一切《いっさい》の罪悪《ざいあく》を祓《はら》ってしまう、つまり八重雲《やえぐも》を祓《はら》ってしまうという「平和《へいわ》な祭《まつ》り」です。

その祭《まつ》りによって総《すべ》てが、流《なが》れ河《かわ》で尻《しり》を洗《あろ》うたように綺麗《きれい》になるのです。

○

また、若《わか》き男女《だんじょ》に致《いた》しましても昔《むかし》は自由結婚《じゆうけっこん》でありました。それで、歌祭《うたまつ》りの時《とき》に、一方《いっぽう》の男《おとこ》から思《おも》う女《おんな》に歌《うた》いかけるそれが嫌《きらい》だったら女《おんな》は歌《うた》い返《かえ》さない、この人《ひと》と思《おも》ったら歌《うた》い返《かえ》すのです。この「言霊《ことたま》」ということは、「真言《しんごん》」とも書《か》くのであって、「真言《しんごん》」ということは、云《い》うた事《こと》は一切違《いっさいたが》えないということです。つまり一切嘘《いっさいうそ》は云《い》わないのが「真言《しんごん》」です。――一言《ひとこと》で云《い》えば、それは違《たが》えさせられない。それで、一度《ど》、歌《うた》によって歌《うた》を返《かえ》したならばその女《おんな》は一生涯《いっしょうがい》その人《ひと》の妻《つま》になったことになったのです。その場所《ばしょ》で一言《ひとこと》いうと、それで一切《いっさい》は決《き》まったのです。また今迄《いままで》のいざこざも、「歌祭《うたまつ》り」に列《れっ》して歌《うた》を献上《けんじょう》した以上《いじょう》はそれですっかり流《なが》れたのです。

しかしながら、この「歌祭《うたまつ》り」も、源頼朝《みなもとのよりとも》が鎌倉《かまくら》に幕府《ばくふ》を開《ひら》き武家《ぶけ》の世《よ》になってからは、絶《た》えてしまって、宮中《きゅうちゅう》に「歌会《うたかい》」が残《のこ》っていた位《くらい》なものです。

それから、あの定家卿《ていかきょう》がはじめて小倉山《おぐらやま》の二尊院《にそんいん》という処《ところ》で「歌祭《うたまつ》り」をされた。その時《とき》には故人《こじん》の歌《うた》も新《あたら》しい人《ひと》の歌《うた》も集《あつ》めてその中《なか》から百首選《ひやくしゆえら》んだのが「百人一首《ひやくにんいつしゆ》」となったのです。

しかし、定家卿《ていかきよう》のやられたのは山城《やましろ》の国《くに》の小倉山《おぐらやま》という小暗《こぐら》い山《やま》であったが、今日《こんにち》の「歌祭《うたまつ》り」は、明光殿《めいこうでん》という明《あき》らかに光《ひか》っている御殿《ごてん》で、処《ところ》も花明山《かめやま》という明《あき》らかな山《やま》です。この花明山《かめやま》の明光殿《めいこうでん》において「歌祭《うたまつ》り」が行《おこな》われたのでありますからすべての会員及《かいいんおよ》び皇大神《すめおほかみ》を奉斎《ほうさい》する諸氏《しよし》は、今日限《きようかぎ》り、如何《いか》なるもつれがあっても何《なに》があっても、この祭《まつ》りに列《れつ》した以上《いじよう》は、すっかり河《かわ》に流《なが》さんと、神様《かみさま》の御神罰《ごしんばつ》が当《あた》ることになって居《お》るのです。

○

私《わたし》は、古典《こてん》の中《なか》に「歌垣《うたがき》の中《なか》に立《た》たせ給《たも》う」と沢山《たくさん》ある事《こと》に就《つ》いて、何処《どこ》の国学者《こくがくしや》に聞《き》いても判《わか》らなかったのですが、その時《とき》に、今日《こんにち》はもう故人《こじん》となられましたが、私《わたし》の二十三才《さい》の時《とき》に歌《うた》をはじめて教《おし》えてくれました岡田惟平翁《おかだこれひらおう》という国学者《こくがくしや》がおられました。その人《ひと》に、歌垣《うたがき》の作《つく》り方《かた》から、具《つぶ》さに、こういう工合《ぐあい》にして祭《まつ》り、またこういう歴史《れきし》があるものだと聞《き》かされたのです。

その後《ご》一遍《いっぺん》どうかして「歌祭《うたまつ》り」をしたいと思《おも》って居《お》りましたが本日《ほんじつ》ここに目出度《めでた》く行《おこな》うことが出来《でき》ました。ここに集《あつ》まった歌《うた》の中《なか》から『百人一首《ひゃくにんいっしゅ》』を拵《こしら》える考《かんが》えです。一回《かい》ではとても百人一首《ひゃくにんいっしゅ》は出来《でき》ないから、年《とし》を重《かさ》ねて百人一首《ひゃくにんいっしゅ》を作《つく》り、後世《こうせい》に残《のこ》る、『小倉《おぐら》山百人一首《やまひゃくにんいっしゅ》』ではなくて『花明山百人一首《かめやまひゃくにんいっしゅ》』を拵《こしら》えたいと思《おも》っておるのです。

○

「天地開明春」
出口王仁三郎染筆

それから今《いま》、弓太鼓《ゆみだいこ》をトントンと叩《たた》きました、これは、素盞嗚尊《すさのをのみこと》が須賀宮《すがのみや》にお入《はい》りになった、この大海原《おおうなばら》、即《すなわ》ち地上世界《ちじょうせかい》を全部治《ぜんぶおさ》めらるる処《ところ》の責任《せきにん》を伊邪那岐尊《いざなぎのみこと》からお任《まか》せになられたに就《つ》いて、非常《ひじょう》に御心労遊《ごしんろうあそ》ばしたのです。

朝鮮《ちょうせん》や、出雲《いずも》の方《ほう》は平定《へいてい》したが更《さら》に八十国《やそくに》の雲霧《くもきり》を祓《はら》い、八重垣《やえがき》を取払《とりはら》うには、どうしたら宜《よろ》しかろうか、大抵《たいてい》の事《こと》ではない、と心配《しんぱい》に沈《しず》んで、腕《うで》を組《く》んで、うつむいて居《お》られる時《とき》に櫛稲田姫様《くしなだひめさま》が、弓《ゆみ》を桶《おけ》にくくり付《つ》けて、それをポンポンと叩《たた》かれた、それが弓太鼓《ゆみだいこ》の濫觴《らんしょう》です。その音《おと》を聞《き》いて素盞嗚尊《すさのをのみこと》は心《こころ》を和《なご》めて、そうして「八雲立《やくもた》つ……」の御歌《みうた》が出来《でき》たのです。その音《おと》を聞《き》いて非常《ひじょう》に勇《いさ》ましい御心《みこころ》になり、御喜《およろこ》びになられた時《とき》に「八《や》雲立《くもた》つ……」と出《で》たのです。

それが、後《のち》には一絃琴《いちげんきん》になり、二絃琴《にげんきん》になり、八絃琴《はちげんきん》になり、今日《こんにち》の沢山絃《たくさんげん》のある琴《こと》が出来《でき》たのです。更《さら》に、右《みぎ》と左《ひだり》に侍女神《じじょがみ》が居《お》りましたが、これは手撫槌《てなづち》と足撫槌《あしなづち》になぞらえて両《りょう》わきに二人居《ふたりお》ったのです。しかし本当《ほんとう》の手撫槌《てなづち》、足撫槌《あしなづち》は、こんな若《わか》い人《ひと》ではない、本当《ほんとう》はお爺《じい》さんとお婆《ばあ》さんであるけれども、吾々《われわれ》は更生《こうせい》せねばならぬので、爺《じい》さん婆《ばあ》さんではいかんから若《わか》い人《ひと》に坐《すわ》って貰《もら》ったのです。

弓《ゆみ》をポンポン鳴《な》らしたのは櫛稲田姫《くしなだひめ》の代《かわ》りです。私《わたし》の話《はなし》は是《ここ》で終《おわ》りと致《いた》します。

二、歌祭りの御歌

敷島《しきしま》の大和《やまと》みうたを詠《よ》みよみて　神素盞鳴《かむすさのを》の神偲《かみしの》ぶかな

須賀《すが》の宮八雲《みややくも》の歌《うた》のなかりせば　敷島《しきしま》の道栄《みちさか》えざらまし

素盞鳴《すさのを》の神《かみ》の尊《みこと》のつくらしし　三十一文字《みそひともじ》は言霊《ことたま》の本《もと》よ

書《しょ》や歌《うた》に筆走《ふではし》らせて天地《あめつち》の　神《かみ》のいさをを吾《われ》は開《ひら》くも

天地《あめつち》の神《かみ》を和《なご》むる敷島《しきしま》の　歌《うた》こそ人《ひと》の詠《よ》むべきものなる

三、歌祭献詠歌　大出口旺仁三郎

八雲《やくも》立《た》つ出雲《いづも》の歌《うた》を詠《よ》まれたる　神《かみ》の御祭《みまつり》行《おこな》ふ今日《けふ》かな
遠《とほ》き近《ちか》き歌人《うたびと》たちの集《あつ》まりて　明光殿《めいくわうでん》に歌祭《うたまつり》すも
千早振《ちはやふ》る神代《かみよ》は正《まさ》に巡《めぐ》りきて　昔《むかし》の敷島《しきしま》よみがへりける
しきしまの道《みち》の尊《とふと》さ知《し》る人《ひと》の　今日《けふ》の祭《まつり》の華《はなや》かなるかも
千早振《ちはやふ》る神代《かみよ》に素尊《すそん》おはさずば　敷島《しきしま》の道《みち》は開《ひら》けざるらむ
天地《あめつち》の神《かみ》の心《こころ》を勇《いさ》ますも　皆《みな》しきしまの歌《うた》の稜威《みいづ》なり
曲神《まがかみ》も正《ただ》しき歌《うた》の言霊《ことたま》に　煙《けむり》となりて消《き》え失《う》するなり
歌《うた》よめば心《こころ》の雲《くも》も晴《は》れゆきて　この世《よ》楽《たの》しく栄《さか》ゆるものなり
明光《めいくわう》を見《み》むと思《おも》へば敷島《しきしま》の　道《みち》あゆむこそ誠《まこと》なりけり
常闇《とこやみ》の世《よ》に明光《めいくわう》の道《みち》なくば　人《ひと》は残《のこ》らず鬼《おに》となるべし

石《いそ》の上古《かみふる》き昔《むかし》の御手振《みてぶ》りを　清《きよ》くうつせる歌祭《うたまつり》かな

八雲立《やくもた》つ出雲《いづも》の歌《うた》の御心《みこころ》を　悟《さと》りて吾《われ》は道《みち》につくすも

昔《むかし》より中絶《ちゅうぜつ》したる歌《うた》まつり　起《おこ》して御代《みよ》を照《て》らさむと思《おも》ふ

皇神《すめかみ》の日々《ひび》の守《まも》りに明光《めいくわう》の　歌《うた》いやますますに進《すす》みゆくなり

日《ひ》の本《もと》の民《たみ》と生《うま》れし神子《みこ》こそは　並《なら》べて和歌《わか》をば詠《よ》むべかりける

敷島《しきしま》の歌《うた》に親《した》しむ心《こころ》あれば　罪《つみ》わざはひもおのづ消《き》えゆく

しきしまの歌《うた》に賑《にぎ》はふ花明山《くわめやま》の　明光殿《めいくわうでん》の華《はなや》かなるかも

をちこちの国《くに》の歌人《うたびと》あつまりて　歌《うた》の祭《まつり》に仕《つか》ふる清《すが》しさ

敷島《しきしま》の歌《うた》よむ人《ひと》ぞ日《ひ》の本《もと》の　神《かみ》の御子《みこ》たる品《しな》を持《も》つなり

歌《うた》よまぬ人《ひと》の心《こころ》は何《なん》となく　朝《あし》た夕《ゆふ》べの淋《さび》しきものなり

外国《とつくに》の振《ふ》りに習《なら》はぬ敷島《しきしま》の　歌《うた》こそ日本《にほん》の宝《たから》なりけり

昔《むかし》より幾十万首《いくじゅうまんしゅ》の歌《うた》あれど　八雲《やくも》の調《しら》べに優《すぐ》るものなし

素盞嗚《すさのを》の神《かみ》の御歌《みうた》の調《しら》べこそ　生言霊《いくことたま》の鏡《かがみ》なりけり

素盞嗚《すさのを》の神《かみ》の御歌《みうた》のなかりせば　敷島《しきしま》の道伝《みちつた》はらざるべし

素盞嗚《すさのを》の神《かみ》の御《み》あとを慕《した》ひつつ　吾《わ》が明光《めいくわう》は歌《うた》をひろむる

敷島《しきしま》の道《みち》ふみわけて十年《ねん》に　満《み》つる今日《けふ》こそ歌祭《うたまつり》すも

昔《むかし》より歌《うた》よむ人《ひと》は沢《さは》あれど　神《かみ》に叶《かな》へる歌人《うたびと》すくなし

願《ねが》はくば神《かみ》の守《まも》りの深《ふか》くして　千代《ちよ》に明光栄《めいくわうさか》えさせ給《たま》へ

すたれたる歌《うた》の祭《まつり》を起《おこ》したる　今日《けふ》の生日《いくひ》は目出度《めでた》かりけり

秋高《あきたか》き明光殿《めいくわうでん》の歌祭《うたまつり》　出雲《いづも》の神《かみ》のいさをし思《おも》ふ

天地《あめつち》にわだかまり居《を》る八岐大蛇《やまたおろち》　きためし神《かみ》は歌《うた》の祖《おや》なり

国々《くにぐに》の八重《やへ》の垣根《かきね》を打《う》ち払《はら》ひ　神代《かみよ》を開《ひら》かす瑞《みづ》の大神《おほかみ》

日《ひ》の本《もと》の昔《むかし》の御代《みよ》の国風《くにぶり》に　今立直《いまたてなほ》す歌祭《うたまつり》かな

（昭和十年十月三十一日　『明光』昭和十年十二月号）

第八編　新時代への切り替え

一、三千年と五十年（『月照山』一三五頁）

昭和10年12月8日、島根鳥取方面にご巡教中の出口聖師は、宍道湖畔に近い「皇道大本島根本苑」に滞在中「第二次大本弾圧事件」に遭遇し、オリオンの星座に囚われの身となる。京都刑務所、大阪刑務所に収監され昭和17年8月7日、２４３５日（6年8カ月間）ぶりに保釈出所となり、ここ亀岡市中矢田町岸ノ上の「熊野館」にお帰りになられる。

出獄後間もなくオリオンの星座を回顧され歌集『朝嵐』を詠まれ、また昭和17年後半から19年末にかけて『月照山』（３９００余首）を詠じる。

この時はまだ未決で、終戦近い困難な時代、神様の次の経綸の扉が開かれ、世の中が新しく生れ代ることを歌にて示される。

五十年君国《ねんくんこく》のため世《よ》のために　闇照《やみて》らさんと道《みち》を説《と》きたり

厳《いづ》みたま瑞《みづ》のみたまの宣《の》りたまふ　言霊《ことたまい》生きて世《よ》は驚《おどろ》けり

大御教示《おほみのりしめ》したまひそ神言《かみごと》は　毛筋《けすぢ》の横巾《よこはば》さへも違《たが》はす

お土《つち》より上《あが》りしものは大根《だいこん》の　赤葉《あかば》の一葉《ひとは》も尊《とふと》しとしれ

五十年《ねん》の地上《ちじやう》の準備《じゅんび》の神業《わざ》了《を》へて　十八年《ねん》は第《だい》一年《ねん》となれり

大千世界《だいせんせかい》ただ一輪《いちりん》の白梅《しらうめ》の　花《はな》かほる神代《みよ》は遠《とほ》からすなりけり

みろく神世《しんよ》に出《いで》てまさん時《とき》ちかみ　天地《てんち》も海《うみ》も動《うご》き初《そ》めたり

昭和歴《せうわれき》十八年《ねん》の元旦《がんたん》は　五十年準備《ねんじゅんび》の充《み》てる日《ひ》にそある

御経綸《ごけいりん》三千年《ぜんねん》に充《み》ちぬるは　明治《めいじ》の二十四年《ねん》（1891）なりける

昭和《せうわ》十八年《ねん》の年《とし》より三千年《ぜんねん》の　いよいよ経綸《しぐみ》の幕《まく》は上《あ》がれり

三千年《ぜんねん》と五十年《ねん》にて切替《きりか》への　準備全《じゅんびまつた》く出来上《できあが》りける

世《よ》の中《なか》の総《すべ》ての人《ひと》を愛《あい》すてふ　人《ひと》の心《こころ》は真水《ましみづ》のことし

生《い》ける神《かみ》を忘《わす》れて死《し》せる神々《かみがみ》を　斎《いつ》ける国《くに》にそ災《わざは》ひなるかな

根《ね》を断《た》ちて葉《は》を枯《か》らせとは狂津日《まがつひ》の　情《なさけ》を知《し》らぬ世迷《よまよ》ひ言《ごと》なり

三千年《ぜんねん》一度《ど》に開《ひら》く白梅《しらうめ》の　花咲《はなさ》きみちて実《みの》るとき来《く》る

二、讃美歌（『霊界物語』第六一巻第一六四）

大正12（1923）年5月に『霊界物語』第61・62巻「讃美歌」は口述される。皇道大本では、昭和10（1935）年の第二次大本弾圧事件までこの『讃美歌』二冊を朝夕の礼拝、また祭典に活用されていた、その中の一節

（一）、心《こころ》おごれる国人達《くにびとたち》も　いづの御神《みかみ》によく仕《つか》へ
瑞《みづ》の御霊《みたま》に頼《たよ》り来《く》る　よき日《ひ》を早《はや》く来《き》らせたまへ

（二）、栄《さか》えの夢《ゆめ》に酔《よ》ひ果《は》てし　泡《あわ》なすきみも村肝《むらきも》の
心《こころ》おどろき馳《は》せ来《きた》り　命《いのち》の主《きみ》を世柱《よはしら》と
仰《あふ》ぐ神代《かみよ》を速《すみ》やかに　来《き》らせたまへ惟神《かむながら》

御前《みまへ》に平伏《ひれふ》し願《ね》ぎまつる

(三)、剣《つるぎ》も太刀《たち》も大砲《おほづつ》も　軍《いくさ》の鑑《ふね》も武夫《もののふ》も
用《よう》なき御代《みよ》にかへしまし　平和《やすき》と栄光《さかえ》と歓喜《よろこび》を
此《こ》の世《よ》に来《き》たす瑞御霊《みづみたま》　ミロクの神《かみ》の大神《おほまへ》に
心清《こころきよ》めて願《ね》ぎまつる

(四)、いとも尊《たふと》き奇《くしび》なる　神《かみ》の御業《みわざ》を畏《かしこ》みて
栄《さか》えつきせぬ大御名《おほみな》を　国人《くにびと》おのおの称《たた》へあげ
恵《めぐ》みの教《をしへ》を完全《まつぶさ》に　語《かた》り広《ひろ》めさせたまへかし

三、大弾圧を越えて吉岡温泉発言

(『朝日新聞』朝刊　昭和二十年十二月三十日)

出口聖師は、昭和20年12月8日「事件解決報告祭」を終えて、保養のため10日から翌年1月6日まで28日間、鳥取県の吉岡温泉に逗留。大阪・朝日新聞本社による取材を受ける。その時のインタビュー記事、左記（一）が12月30日の新聞に掲載され、それ以外に信徒が拝聴された記録を（二）に掲載する。この資料によるとただの人間を神として祀っていることの誤り、本当の平和は全世界の軍備が撤廃するとき、またアメリカは強靭だがベトナムに侵攻する様な二流国になるなど、神の警告が話される。

（一）、朝日新聞に掲載された吉岡発言

「預言的中〃火の雨が降るぞよ」＝新しき神道を説く出口王仁三郎翁＝

【鳥取発】去《さ》る昭和十年《ねん》十二月《がつ》八日《か》大本教《おほもときょう》弾圧《だんあつ》の際検挙《さいけんきょ》されてから本年《ほんねん》九月《がつ》八日《か》開放《かいほう》されるまで十箇年間《かねんかん》沈黙《ちんもく》していた大本教教祖《おほもときょうきょうそ》出口《でぐち》王仁三郎《おにさぶろう》氏《し》は七十五歳《さい》の衰《おとろ》えもみせず、獄中生活《ごくちゅうせいかつ》でかゝった軽《かる》い神経痛《しんけいつう》の保養《ほよう》のため、いま鳥取市街《とっとりしがい》吉岡温泉《よしおかおんせん》で静養《せいよう》している。敗戦日本《はいせんにほん》の冷厳《れいげん》（＝落ち着いておごそかなこと）な姿《すがた》がどう映《えい》じたか、神道《しんどう》の変革《へんかく》や信教《しんきょう》の自由《じゆう》は…

……獄中生活《ごくちゅうせいかつ》の思出《おもいで》をまじえて語《かた》る同教祖《どうきょうそ》の弁《べん》

「自分《じぶん》は支那事変前《しなじへんまえ》から第二次世界大戦《だいじせかいたいせん》の終《おわ》るまで囲《かこ》われの身《み》となり、綾部《あやべ》の本部《ほんぶ》をはじめ全国四千《ぜんこくせん》にのぼった教会《きょうかい》を全部叩《ぜんぶたた》き壊《こわ》されてしまった。しかし信徒《しんと》は教義《きょうぎ》を信《しん》じ続《つづ》けて来《き》たので、すでに大本教《おほもときょう》は再建《さいけん》せずして再建《さいけん》されている。ただこれまでのような大《おお》きな教会《きょうかい》はどこにもたてない考《かんが》えだ。治安維持法違反《ちあんいじほういはん》は無罪《むざい》となったが執行猶予《しっこうゆうよ》となった不《ふ》敬罪《けいざい》は実《じつ》につまらぬことで「御光《みひかり》は昔《むかし》も今《いま》も変《かわ》らぬが、大内山《おおうちやま》にかゝる黒雲《くろくも》」という浜口《はまぐち》内閣時代《ないかくじだい》の愚政《ぐせい》をうたったものを持出《もちだ》し、「これはお前《まえ》が天皇《てんのう》になるつもりで信者《しんじゃ》を煽動《せんどう》した不敬《ふけい》の歌《うた》だ」といい出《だ》し、黒雲《くろくも》とは浜口内閣《はまぐちないかく》のことだといったが、どうしても通《とお》らなかった。自分《じぶん》はただ全宇宙《ぜんうちゅう》の統一平和《とういつへいわ》を願《ねが》うばかりに、日本《にほん》の今日《こんにち》あることはすでに幾回《いくかい》と予言《よげん》したが、そのため弾圧《だんあつ》をうけた〝火《ひ》の雨《あめ》が降《ふ》るぞよ、火《ひ》の雨《あめ》が降《ふ》るぞよ〟のお告《つげ》げも実際《じっさい》となって日本《にほん》は負《ま》けた。これからは神道《しんどう》の考《かんが》え方《かた》が変《かわ》ってくるだろう。国教《こっきょう》としての神道《しんどう》がやかましくいわれているが、これは今《いま》までの解釈《かいしゃく》が間違《まちが》っていたもので、民主主《みんしゅしゅ》義《ぎ》でも神《かみ》に変《かわ》りがあるわけはない。たゞ本当《ほんとう》の存在《そんざい》を忘《わす》れ、自分《じぶん》の都合《つごう》のよい神社《じんじゃ》を偶像《ぐうぞう》化《か》してこれを国民《こくみん》に無理《むり》に崇拝《すうはい》させたことが、日本《にほん》を誤《あやま》らせた。殊《こと》に日本《にほん》の官国幣社《かんこくへいしゃ》の祭《さい》神《じん》が神様《かみさま》でなく唯《ただ》の人間《にんげん》を祀《まつ》っていることが間違《まちが》いの根本《こんぽん》だった。しかし大和民族《やまとみんぞく》は絶対《ぜったい》に亡《ほろ》びるものでない。日本《にほん》の敗戦《はいせん》の苦《くる》しみはこれからで、年毎《としごと》に困難《こんなん》が加《くわ》わり寅年《とらどし》の昭和《しょうわ》二十五年《ねん》（＝朝鮮戦争勃発）までは駄目《だめ》だ。いま日本《にほん》は軍備《ぐんび》はすっかりなくなったが、これは世《せ》界平和《かいへいわ》の先駆者《せんくしゃ》としての尊《とうと》い使命《しめい》が含《ふく》まれている。本当《ほんとう》の世界平和《せかいへいわ》は全世界《ぜんせかい》の軍備《ぐんび》が撤廃《てっぱい》したときにはじめて実現《じつげん》され、いまその時代《じだい》が近《ちか》づきつゝある」

(二)、吉岡御啓示録　信徒ご面会時の御言葉

聖師　この物《もの》の不自由《ふじゆう》な時《とき》によう来《き》たなアー。平和《へいわ》な時《とき》となったんで段々物《だんだんもの》が豊《ゆたか》になり、食《た》べ物《もの》も余《あま》る程《ほど》できるようになる。しかし、安心《あんしん》するなよ、大三災害《だいさんさいがい》はこれからじゃ。大《だい》小《しょう》の地主《じぬし》がなくなり、農地《のうち》は解放《かいほう》される。植民地《しょくみんち》は弱肉強食《じゃくにくきょうしょく》の産物《さんぶつ》、白人《はくじん》であろうと

黒人《こくじん》であろうと、一切平等《いっさいびょうどう》でなければならない。霊《れい》ほど大切《たいせつ》なものはない。植民地《しょくみんち》の解《かい》放運動《ほううんどう》が起《お》こり、世界中《せかいじゅう》の植民地《しょくみんち》や属国《ぞっこく》は続々《ぞくぞく》と独立《どくりつ》する。

アメリカは斜陽化《しゃようか》し、二流国《にりゅうこく》となり、アメリカはその政策《せいさく》を捨《す》てずベトナムに手《て》を出《だ》して、上《あ》げも下《さ》しもならん事《こと》になり、遂《つい》には日本《にほん》にさえ商戦《しょうせん》に敗《ま》けたり、眼中《がんちゅう》にもなかった国《くに》に頭《あたま》を下《さ》げたりする事《こと》になる。この国《くに》は統一《とういつ》され強大国《きょうたいこく》となる。アメリカは「腐《くさ》っても鯛《たい》じゃ」とその膨大《ぼうだい》な軍事力《ぐんじりょく》を過信《かしん》しとったら、アメリカが勝《かち》と皆思《みなおも》うておるがナー……。

今度《こんど》は神様《かみさま》とソ連《れん》との戦争《せんそう》じゃ。原子爆弾《げんしばくだん》など神様《かみさま》の眼《め》から見《み》たら線香花火《せんこうはなび》に等《ひと》しい。だが、悪魔《あくま》は今《いま》の原爆《げんばく》の何千倍《なんぜんばい》（＝アメリカの水爆「ブラボー」１０００倍。旧ソ連「ツアーリ・ボンバ３３００倍）もある奴《やつ》や、毒素弾《どくそだん》、生物弾《せいぶつだん》など最終兵器《さいしゅうへいき》を作《つく》るので大三災《だいさんさい》はこれからだぜ、本当《ほんとう》の火《ひ》の雨《あめ》じゃ。

お筆先《ふでさき》に「世界《せかい》の人民三分《じんみんぶ》になるぞよ」とあるのは三割《わり》の事《こと》ではない。ホンマの三分《ぶ》じゃ。三分《ぶ》ところか二分《ぶ》も難《むずか》しい。神様《かみさま》のお力《ちから》はその最終兵器《さいしゅうへいき》の何万倍《なんまんばい》、否無限《いなむげん》である故《ゆえ》、神様《かみさま》のご守護《しゅご》があれば、こんな物《もの》は無効《むこう》じゃ……。何処《どこ》に居《い》ても救《すく》われる。兇党界《きょうとうかい》でさえ、火伏《ひぶせ》の法《ほう》と言《い》うのがあって、火中《かちゅう》を平気《へいき》で歩《ある》いたりする。これは日本《にほん》の行者《ぎょうじゃ》や山伏《やまぶし》の専売《せんばい》特許《とっきょ》ではなく、印度《インド》やマレーにもある。

神様《かみさま》は言霊《ことたま》の力《ちから》だけで一人《ひとり》でも多《おお》く、否世界中《いなせかいじゅう》の人間《にんげん》を助《たす》けたいばかりに御苦労《ごくろう》なさっておられる。しかし、お筆先《ふでさき》にも「やむを得《え》ずの事《こと》が出来致《しゅったいいた》すぞよ」とあるし、「おそしはやしはあるなれど、筆先《ふでさき》に出《だ》した事《こと》は毛筋《けすじ》の横巾《よこはば》も間違《まちが》いはないぞよ」とある。

○立替《たてかへ》を指折《ゆびを》り数《かぞ》へ松虫《まつむし》の　冬《ふゆ》の霜先《しもさき》あはれなるかな

○立替《たてかへ》を世人《よびと》の事《こと》とな思《おも》ひそ　立替《たてかへ》するは己《おの》がみたまぞ

との神歌《しんか》もある。立替《たてかえ》がいつ来《こ》ようと人間《にんげん》はすべてに最善《さいぜん》を尽《つく》しておかねばイカン。神様《かみさま》第一《だい》として、よく働《はたら》き、少《すこ》しでも神様《かみさま》にご苦労《くろう》をかけん様《よう》にすべきじゃ。先《ま》ず自分《じぶん》の心《こころ》を立《た》て替《か》えて心《こころ》に天国《てんごく》を形《かたち》づくり、家《いえ》に世《よ》に天国浄土《てんごくじょうど》を作《つく》るため、努力《どりょく》するのが「行《ぎょう》」じゃ。「行《ぎょう》」とは断食《だんじき》をして滝《たき》に打《う》たれたり、逆立《さかだ》ちして山《やま》を登《のぼ》ったりする事《こと》が決《けっ》して正《ただ》しい「行《ぎょう》」ではない。

山《やま》は木《き》を切《き》った後《あと》は必《かなら》ず苗木《なえき》を植《う》えんとなアー。

山《やま》は緑《みどり》に、田《た》は黄色《きいろ》く実《みの》り、家《いえ》は美《うつく》しく、家内和合《かないわごう》、屋敷《やしき》には花《はな》や庭木《にわき》を植《う》えて庭園《ていえん》を造《つく》る。この場合《ばあい》、松《まつ》（赤松《あかまつ》）と梅《うめ》は一、二本《ほん》づつでも植《う》える。墓地《はかち》は花壇《かだん》の如《ごと》くするのが天国《てんごく》の相《そう》、理想《りそう》じゃが。そして月《つき》に一度《ど》は氏神様《うじがみさま》と墓地《はかち》に参拝《さんぱい》すればよい。これでこそ信《しん》者《じゃ》じゃ。

大峠《おおとうげ》となったら食物《しょくもつ》どころか酸素《さんそ》さえ乏《とぼ》しくなることがある。その時《とき》は、土《つち》に横穴《よこあな》を掘《ほ》って、うつ伏《ぶ》せとなり、梅漬《うめづ》けを口《くち》に含《ふく》んでジットしておればよい。また、女松《めまつ》（黒松《くろまつ》は松《まつ》に似《に》た木《き》じゃ…）の葉《は》をシガンでおったら飢《う》えを凌《しの》げる。故《ゆえ》に土地《とち》のある人《ひと》は、家族《かぞく》が一年中頂《ねんじゅういただ》ける梅漬《うめづ》けを確保《かくほ》するだけの梅《うめ》の木《き》を植《う》えておくことじゃ、但《ただ》し、梅《うめ》を漬《つ》けるのに色素《しきそ》を使《つか》わず、シソを使《つか》うことじゃ。シソには梅《うめ》に含有《がんゆう》しておらん栄養分《えいようぶん》を持《も》っていて梅《うめ》にしみ込《こ》むのでなアー。梅《うめ》は消化《しょうか》したらアルカリ性《せい》となり、血液《けつえき》の酸化《さんか》を防《ふせ》ぐので健康上《けんこうじょう》よいから、毎日《まいにち》一つ以上《いじょう》は頂《いただ》くがよろしい。火《ひ》を大切《たいせつ》にする人《ひと》はあるが、お土《つち》やお水《みず》の神聖《しんせい》を知《し》らず、山《やま》の境界《きょうかい》を争《あらそ》ったり、水喧嘩《みずげんか》をしたりする者《もの》がある。奪《うば》った山《やま》の木《き》で建《た》てたお宮《みや》や、奪《うば》った畑《はたけ》で作《つく》った果物《くだもの》、盗《ぬす》った水《みず》で作《つく》ったお米《こめ》をお供《そな》えするな、お供《そな》え物《もの》は清《きよ》らかな物《もの》でないとイカン。獣肉《けものにく》などは絶対《ぜったい》に悪《わる》いが、エスキモーが供《そな》えるトナカイの肉《にく》は御笑納《ごしょうのう》あそばされる。また、日本人《にほんじん》でも、深山《しんざん》で働《はたら》いておって、牛肉《ぎゅうにく》の缶詰《かんづめ》一つしかないとする、そこで止《や》むを得《え》ずお詫《わ》びをして、その牛缶《ぎゅうかん》をお供《そな》えした場合《ばあい》は、神様《かみさま》はこれを光輝《ひかりかがや》くお米《こめ》と換《か》えて下《くだ》さって受《う》け取《と》って下《くだ》さる。要《よう》は真心《まごころ》じゃ。ただし、牛肉《ぎゅうにく》を絶対食《ぜったいた》べるなと言《い》うのではない。ケモノは人間《にんげん》を見《み》たら腹《はら》を見《み》せるもの故《ゆえ》、お尻《しり》や大腿《だいたい》に肉《にく》が着《つ》き、鳥《とり》は腹《はら》に、魚《さかな》は背中《せなか》についている。人間《にんげん》は万物《ばんぶつ》の長《ちょう》のこと故《ゆえ》、これ等《ら》を活用《かつよう》するよう神様《かみさま》がそうなさってある。

お土《つち》やお水《みず》を穢《けが》して何《なん》とも思《おも》わん人間《にんげん》ばかりじゃ。お土《つち》は神様《かみさま》のお体《からだ》であり、お水《みず》は血液《けつえき》じゃ。

農家《のうか》は自分《じぶん》の田《た》よりも先《さき》に他家《たけ》の田《た》の水《みず》を心配《しんぱい》し合《あ》い、商人《あきんど》は薄利《はくり》で、工業家《こうぎょうか》は損益《そんえき》を超越《ちょうえつ》してよい品《しな》を造《つく》る、という風《ふう》な人間《にんげん》ばかりであったら世《よ》の中《なか》は平和《へいわ》なんじゃがなナー。

○

神様第《かみさまだい》一、利他主義《りたしゅぎ》こそ天国形勢《てんごくけいせい》の基本《きほん》じゃ。労働《ろうどう》は天国《てんごく》を怠惰《たいだ》（＝おこたること）は地獄《じごく》を造《つく》る。健康《けんこう》は天人《てんにん》の相《そう》。故《ゆえ》に身体《からだ》を大切《たいせつ》にして暴飲暴食《ぼういんぼうしょく》を慎《つつし》み、疲《つか》れた時《とき》は休養《きゅうよう》をとって楽《たの》しく暮《く》らすがよい。鍼灸医術《しんきゅういじゅつ》は火《ひ》と水《みず》の御守護《ごしゅご》による療法《りょうほう》、故《ゆえ》に万病《まんびょう》を治《なお》すことができる。金属《きんぞく》はその精水《せいすい》、故《ゆえ》に金属水《きんぞくすい》といい、三尺《じゃく》の秋水《しゅうすい》とか汚血《おけつ》を瀉《しゃ》し清血《せいけつ》を補《ほ》して病《やまい》を治《なお》すの法《ほう》、故《ゆえ》に補瀉迎随《ほしゃげいずい》の法《ほう》ともいう。

「書《か》いたものは残《のこ》るが、言《い》うたことは消《き》えるさかい文句《もんく》があったら口《くち》で言《い》うこっちゃ」という人《ひと》があるが、これは神様《かみさま》の実在《じつざい》を知《し》らん故《ゆえ》じゃ。言《い》うた事《こと》は空中《くうちゅう》に録音《ろくおん》されている。蓄音器《ちくおんき》のようになアー。そやさかい暴言《ぼうげん》や悪《わる》い言葉《ことば》は吐《は》かん事《こと》じゃ、言葉《ことば》ほど大切《たいせつ》なものはない。言霊《ことたま》ほど大切《たいせつ》なものはない。

神様《かみさま》の御恩《ごおん》を感謝《かんしゃ》し朝夕拝《ちょうゆうはい》をすることが最高《さいこう》の善行《ぜんこう》じゃ。神様《かみさま》の実在《じつざい》を認《みと》めん人間《にんげん》に善《ぜん》人《にん》はない。天地《てんち》は神様《かみさま》のお体《からだ》であり、自分《じぶん》が神様《かみさま》の中《なか》に生《い》きさして頂《いただ》いている事実《じじつ》が判《わか》った人間《にんげん》に悪《わる》いことはできんのじゃ。神様《かみさま》の実在《じつざい》を知《し》る人間《にんげん》ばかりの世《よ》が即《すなわ》ちミロクの世《よ》じゃさかいになアー。世界《せかい》を一家《いっか》にするというのは、単《たん》なる理想《りそう》だけではないのじゃさかいになアー。信者同志《しんじゃどうし》は特《とく》に仲《なか》ようして、会合所《かいごうしょ》や支部《しぶ》ができたら、月次祭《つきなみさい》には参集《さんしゅう》し、おかげ話《はなし》をし合《お》うたりして、信仰《しんこう》をかためてくれよ。そして日頃《ひごろ》の心《こころ》がけでもなアー。例《たと》えば、同《おな》じ品物《しなもの》を買《か》うのでも信者《しんじゃ》の家《いえ》で買《か》うとか、職員《しょくいん》を頼《たの》むのでも信者《しんじゃ》を雇《やと》うとかいう具合《ぐあい》にして細《こま》かいところに心《こころ》を使《つか》い、信者《しんじゃ》の繁栄《はんえい》は同時《どうじ》に大本《おほもと》の繁栄《はんえい》につながるのじゃさかい。排他主義《はいたしゅぎ》でも何《なん》でもない。長所《ちょうしょ》があれば短所《たんしょ》もあるのが普通《ふつう》の人間《にんげん》じゃ。信者同《しんじゃどう》志《し》まず一家《いっか》になってくれ。それを実行《じっこう》してくれよ。毎日《まいにち》『大本神諭《おほもとしんゆ》』と『霊界物語《れいかいものがたり》』を拝読《はいどく》して神様《かみさま》のお心《こころ》を知《し》るのが天国《てんごく》へ行《ゆ》く近道《ちかみち》じゃ。年《ねん》に一度《ど》は本部《ほんぶ》へ参拝《さんぱい》するのがよい。本部《ほんぶ》から出《だ》す書籍《しょせき》に眼《め》を通《とお》し気《き》を配《くば》っておれば、神様《かみさま》のお声《こえ》が聞《き》こえる。

どんなことがあっても大本《おほもと》を離《はな》れなよ。石《いし》に噛《かぶ》り付《つ》いても神様《かみさま》の元《もと》から去《さ》らんようになアー。

大本《おほもと》の親舟《おやぶね》に乗《の》った安心《あんしん》さ。

来《く》るべき世《よ》に逢《あ》う時《とき》の準備《じゅんび》こそ信仰力《しんこうりょく》に勝《まさ》るものなし、信仰《しんこう》は理論《りろん》ではない。神《かみ》を信《しん》ずることである。

○この秋《あき》は雨《あめ》か嵐《あらし》か知《し》らねども
今日《けふ》のつとめに田草取《たくさと》るなり

○白米《はくまい》は分析《ぶんせき》せずとも喰《ぐ》へるなり
身魂《みたま》の糧《かて》なる信仰《しんかう》も同《おな》じ

第九編　瑞言録

一、神の経綸

神《かみ》は全大宇宙《ぜんだいうちゅう》を造《つく》り、宇宙《うちゅう》の花《はな》とし実《み》として人間《にんげん》を造《つく》った。人間《にんげん》は神《かみ》の精霊《せいれい》をやどし、神《かみ》に代《か》わって地上《ちじょう》の世界《せかい》はいうもさらなり、宇宙一切霊界《うちゅういっさいれいかい》までも支配《しはい》せしむることとしたのである。しかるに人間《にんげん》はただ地上《ちじょう》のみの経綸者《けいりんしゃ》として生《う》まれてきたもののように思《おも》っている。現代《げんだい》の科学《かがく》に心酔《しんすい》している人間《にんげん》たちは、人《ひと》はいずこより来《き》たり、いずこへ去《さ》るということさえも明《あき》らかにわかっていない。

大極《たいきょく》といい、自然《しぜん》といい、大自然《だいしぜん》といい、上帝《じょうてい》または天帝《てんてい》と言《い》い、阿弥陀《あみだ》と称《とな》え、ゴッドというも、みな無始無終《むしむしゅう》、無限絶対《むげんぜったい》の普遍《ふへん》の霊《れい》・力《りょく》・体《たい》を指《さ》したものである。ゆえに神《かみ》とか大自然《だいしぜん》とかいうものは、宗教家《しゅうきょうか》のいうごとく、絶対的《ぜったいてき》の全知全能者《ぜんちぜんのうしゃ》でない。地上《ちじょう》の花《はな》たる人間《にんげん》を疎外《そがい》しては、神《かみ》の全知全能《ぜんちぜんのう》もあったものではない。けれども神《かみ》は全知全能《ぜんちぜんのう》なるがゆえに、人《ひと》を地上《ちじょう》に下《くだ》して天地経綸《てんちけいりん》の用《よう》をなさしめている。神《かみ》と人《ひと》と相《あい》まって、はじめて全知全能《ぜんちぜんのう》の威力《いりょく》が発揚《はつよう》されるのである。

○

数百万年《すうひゃくまんねん》の太古《たいこ》より因蘊化醇《いんうんかじゅん》されたる宇宙《うちゅう》も、人間《にんげん》を地上《ちじょう》に下《くだ》し、これに霊《れい》と力《ちから》を与《あた》えて各《かく》その任《にん》を全《まっと》うせしめたから、今日《こんにち》のやや完全《かんぜん》なる宇宙《うちゅう》が構成《こうせい》されたのである。神《かみ》は山《さん》河草木《かそうもく》をある力《ちから》によりて造《つく》り出《だ》したが、しかしながら人間《にんげん》の活動《かつどう》が加《くわ》わらなかったならば、依然《いぜん》として山河草木《さんかそうもく》は太初《たいしょ》のままで、すこしも進歩発達《しんぽはったつ》はしていないのである。自然《しぜん》に生《は》えた山野《さんや》の草木《くさき》、果実《かじつ》はきわめて小《ちい》さく、きわめて味《あじ》がわるい。瑞穂《みづほ》の国《くに》の稲穂《いなほ》といえども、はじめ地上《ちじょう》に発生《はっせい》したものは、わずかに三つぶか十つぶの籾《もみ》を稲田《いなだ》に植《う》えたのに過《す》ぎない。それを人間《にんげん》が色々《いろいろ》と工夫《くふう》して今日《こんにち》のごとき立派《りっぱ》な稲穂《いなほ》を作《つく》り出《だ》すようになったのである。その他一切万事《たいいっさいばんじ》みな人間《にんげん》の力《ちから》の加《くわ》わっていないものはない。しかしながら人間《にんげん》は独力《どくりょく》では働《はたら》きはできない。いずれも神《かみ》の分霊分魂《ぶんれいわけみたま》が体内《たいない》にやどって、地上《ちじょう》の世界《せかい》を現状《げんじょう》まで開発《かいはつ》させたのである。人間《にんげん》は神《かみ》とともに働《はたら》いて天国《てんごく》をつくり、浄土《じょうど》もつくり、文明《ぶんめい》の世《よ》もつくるのである。この原理《げんり》を忘《わす》れて、ただ神仏《しんぶつ》さえ信仰《しんこう》すれば全知全能《ぜんちぜんのう》だからどんなことでも神《かみ》が聞《き》いてくれるように思《おも》うのは、迷信《めいしん》、妄信《もうしん》のはなはだしきものといわねばならぬ。

○

神《かみ》の造《つく》った宇宙《うちゅう》には一つの不思議《ふしぎ》なる意志《いし》がある。その意志《いし》によって人間《にんげん》は人間《にんげん》を統《す》べ、魚族《ぎょぞく》は魚族《ぎょぞく》を統《す》べ、鳥類《ちょうるい》、虫《むし》けらに至《いた》るまで、一々指導者《しどうしゃ》がこしらえてある。しかしながら釈迦《しゃか》の云《い》ったように、地上《ちじょう》にミロクが出現《しゅつげん》するまでは、この天地間《てんちかん》は未完成時代《みかんせいじだい》であって、真《しん》の人間界《にんげんかい》の指導者《しどうしゃ》がなかったのである。要《よう》するに宇宙《うちゅう》がまだそこまで進《すす》んでいなかったからである。

○

この無限絶対《むげんぜったい》なる宇宙《うちゅう》の完成《かんせい》は、今日《こんにち》まで五十六億七千万年《おくせんまんねん》を要《よう》している。故《ゆえ》にこれかの世《よ》の中《なか》は永遠無窮《えいえんむきゅう》であって、いつまで続《つづ》くか計算《けいさん》の出来《でき》ないほどのものである。天文学《てんもんがく》者《しゃ》なぞが、何億年《なんおくねん》すれば太陽《たいよう》の熱《ねつ》がなくなるとか、月《つき》がどうとか星《ほし》がどうとか云《い》っている論説《ろんせつ》なぞはとるにたらざる迷論《めいろん》である。いよいよ天地人《てんちじん》三才《さい》の完成《かんせい》する間際《まぎわ》であり、今《いま》や新時代《しんじだい》が生《うま》れんとする生《せい》の苦悶時代《くもんじだい》である。

○

今日《こんにち》まで色々《いろいろ》の、宗教家《しゅうきょうか》や聖人《せいじん》や学者《がくしゃ》などが現《あらわ》れて、宗教《しゅうきょう》を説《と》いたり、宇宙真理《うちゅうしんり》を説《と》いているが、いずれも暗中模索的《あんちゅうもさくてき》の議論《ぎろん》であって、一つとしてその真相《しんそう》を掴《つか》んだものはない。故《ゆえ》に今日《こんにち》まで、真《しん》の宗教《しゅうきょう》もなく、真《しん》の哲学《てつがく》もなく、真《しん》の政治《せいじ》も行《おこな》われていない。いよいよ宇宙一切《うちゅういっさい》の完成《かんせい》の時期《じき》になったのであるから、その過渡時代《かとじだい》に住《じゅう》する人間《にんげん》の目《め》からは、地上一切《ちじょういっさい》のものが破壊《はかい》され、滅亡《めつぼう》するように見《み》えるのである。

（『愛善苑』第三号　昭和二十一年七月一日号）

二、「顕幽一致」

すべて宇宙《うちゅう》の一切《いっさい》は「顕幽一致《けんゆういっち》」、「善悪一如《ぜんあくいちにょ》」にして、絶対《ぜったい》の善《ぜん》もなければ、絶対《ぜったい》の悪《あく》もない。従《したが》って又《また》、絶対《ぜったい》の極楽《ごくらく》もなければ、絶対《ぜったい》の苦艱《くかん》もないといってよいくらいだ。歓楽《かんらく》のうちに艱苦《かんく》があり、艱苦《かんく》のうちに歓楽《かんらく》の在《あ》るものだ。故《ゆえ》に根《ね》の国底《くにそこ》の国《くに》におちて、無限《むげん》の苦悩《くのう》を受《う》けるのは要《よう》するに、自己《じこ》の身魂《みたま》より産出《さんしゅつ》したるむくいである。また顕界《けんかい》の者《もの》の霊魂《れいこん》が常《つね》に霊界《れいかい》に通《つう》じ、霊界《れいかい》からは常《つね》に顕界《けんかい》と交通《こうつう》をたもち、幾百千万年《いくひゃくせんまんねん》といえどもかわることはない。天国《てんごく》も地獄《じごく》も、みな自己《じこ》の身魂《みたま》より顕出《けんしゅつ》する。

故《ゆえ》に世《よ》の中《なか》には、悲観《ひかん》を離《はな》れた楽観《らっかん》はなく、罪悪《ざいあく》と別立《べつりつ》したる真善美《しんぜんび》もない。苦痛《くつう》を除《のぞ》いては、真《しん》の快楽《かいらく》は求《もと》められるものでない。また凡夫《ぼんぷ》のほかに神《かみ》はない。言《げん》をかえていえば、善悪不二《ぜんあくふじ》（＝善悪に差別はない）にして正邪一如《せいじゃいちにょ》（＝正邪の真理は一つである）である。仏典《ぶってん》にいう、「煩悩即《ぼんのうそく》菩提《ぼだい》。生死即涅槃《せいしそくねはん》。娑婆即浄土《しゃばそくじょうど》。仏凡本来不二《ぶつぼんほんらいふじ》」である。神《かみ》の道《みち》からいえば、「神俗本来《しんぞくほんらい》不二《ふじ》」が真理《しんり》である。

仏《ぶつ》の大慈悲《だいじひ》というも、神《かみ》の道《みち》の恵《めぐ》み幸《さち》はいというも、凡夫《ぼんぷ》の欲望《よくぼう》というも、その本質《ほんしつ》においては大《たい》した変《かわ》りはない。凡俗《ぼんぞく》のもてる性質《せいしつ》そのままが神《かみ》であるといってよい。神《かみ》のもって居《お》られる性質《せいしつ》の全体《ぜんたい》が、皆《みな》ことごとく凡俗《ぼんぞく》にそなわって居《お》るといってよいのである。天国浄土《てんごくじょうど》と社会娑婆《しゃかいしゃば》とは、その本質《ほんしつ》において、すこしの差異《さい》もない。かくのごとく本質《ほんしつ》においては、全然同一《ぜんぜんどういつ》のものでありながら、なに故《ゆえ》に神俗《しんぞく》、浄穢《じょうえ》、正邪《せいじゃ》、善悪《ぜんあく》と分《わか》るゝのであろうか。

要《よう》するに、この本然《ほんぜん》の性質《せいしつ》を十分《じゅうぶん》に発揮《はっき》して、適当《てきとう》なる活動《かつどう》をすると、せぬの程度《ていど》に対《たい》して附《ふ》したる仮定的《かていてき》の符号《ふごう》に過《す》ぎないのだ。

善悪《ぜんあく》というものは、けっして一定不変《いっていふへん》のものではなく、時《とき》と処《ところ》と位置《いち》とによって、善《ぜん》も悪《あく》となり、悪《あく》も善《ぜん》となることがある。『道《みち》の大原《たいげん》』にいう。「善《ぜん》は天下公共《てんかこうきょう》のために処《しょ》し、悪《あく》は一人《ひとり》の私有《しゆう》に処《しょ》す正心徳行《せいしんとっこう》は善《ぜん》なり、不正無行《ふせいむこう》は悪《あく》なり」と何《なに》ほど善《よ》きことゝいえども、自己一人《じこひとり》の私有《しゆう》に処《しょ》するための善《ぜん》は、決《けっ》して真《しん》の善《ぜん》ではない。例《たと》え少々《しょうしょう》くらい悪《あく》があっても、天下公共《てんかこうきょう》のためになることなれば、これはやはり善《ぜん》といわねばならぬ。文王《ぶんおう》一《ひと》たび怒《いか》って天下《てんか》治《おさ》まる。怒《いか》るもまた可《か》なりというべしである。

これより推《お》し考《かんが》えるときは、小《ちい》さい悲観《ひかん》のとるに足《た》らざるとともに、勝論外道的《しょうろんげどうてき》の、暫《ざん》有的小楽観《ゆうてきしょうらっかん》もいけない。大楽観《だいらっかん》と大悲観《だいひかん》とは、結局《けっきょく》は同一《どういつ》に帰《き》するものであって、神《かみ》は大楽観者《だいらっかんしゃ》であると同時《どうじ》に、大悲観者《だいひかんしゃ》である。

凡俗《ぼんぞく》は小《しょう》なる悲観者《ひかんしゃ》であり、また小《しょう》なる楽観者《らっかんしゃ》である。社会《しゃかい》、娑婆《しゃば》、現界《げんかい》は、小苦《しょうく》小楽《しょうらく》の境界《きょうかい》であり、霊界《れいかい》は大楽大苦《だいらくだいく》の位置《いち》である。『理趣経《りしゅきょう》』には「大貧大痴《だいとんだいち》これ三摩地《さんまじ》（＝三昧）。これ浄菩提《じょうぼだい》（＝清らかな智悲。さとり）。淫欲是道《いんよくぜどう》」とあって、いわゆる当相即道《とうそうそくどう》の真諦《しんたい》である。禁欲主義《きんよくしゅぎ》はいけぬ、恋愛《れんあい》は神聖《しんせい》であるといってしかもこれを自然主義的《しぜんしゅぎてき》、本能的《ほんのうてき》で、即《すなわ》ち自己《じこ》と同大程度《どうだいていど》に決行《けっこう》し、満足《まんぞく》せんとするのが凡夫《ぼんぷ》である。これを拡充《かくじゅう》して宇宙大《うちゅうだい》に実行《じっこう》するのが神《かみ》である。

神《かみ》は三千世界《ぜんせかい》の蒼生《そうせい》は皆《みな》わが愛子《あいじ》と為《な》し、一さいの万有《ばんゆう》を済度《さいど》せんとするの大欲望《だいよくぼう》がある。凡俗《ぼんぞく》は我《わ》が妻子眷属《さいしけんぞく》のみを愛《あい》し、少《すこ》しも他《た》をかえりみないのみならず、自己《じこ》のみが満《まん》足《ぞく》し他《た》を知《し》らざるの小貧欲《しょうどんよく》を、ほしいままにするものである。

人《ひと》の身魂《みたま》そのものは本来《ほんらい》は神《かみ》である。故《ゆえ》に宇宙大《うちゅうだい》に活動《かつどう》し得《う》べき、天賦的本能《てんぷてきほんのう》を具備《ぐび》しておる。それでこの天賦《てんぷ》の本質《ほんしつ》なる智《ち》、愛《あい》、勇《ゆう》、親《しん》を開発《かいはつ》し実現《じつげん》するのが人生《じんせい》の本分《ほんぶん》である。これを善悪《ぜんあく》の標準論《ひょうじゅんろん》より見《み》れば自我実現主義《じがじつげんしゅぎ》とでもいうべきか。吾人《ごじん》の善悪両様《ぜんあくりょうよう》の動作《どうさ》が、社会人類《しゃかいじんるい》のため済度《さいど》のために、そのまま賞罰二面《しょうばつにめん》の大活動《だいかつどう》を呈《てい》するようになるものである。この大《だい》なる威力《いりょく》と活動《かつどう》とが即《すなわ》ち神《かみ》であり、いわゆる自我《じが》の宇宙的拡大《うちゅうてきかくだい》である。

いずれにしても、この分段生死《ぶんだんしょうじ》（＝寿命や形姿に差別や限界があるから分段という。凡夫の生死のあり方）の肉身《にくしん》、有漏雑染《うろざつせん》（＝迷いの煩悩に染まっている）の識心《しきしん》（＝正しい心の動き）を捨《す》てず、また苦穢濁悪不公平《くえじょくあくふこうへい》なる現社会《げんしゃかい》に離《はな》れずして、ことごとくこれを美化《びか》し、楽化《らっか》し、天国浄土《てんごくじょうど》を眼前《がんぜん》に実現《じつげん》せしむるのが、吾人《ごじん》の成神観《せいしんかん》であって、また一大眼目《いちだいがんもく》とするところである。

（『霊界物語』第一巻　第十二章「顕幽一致」、『愛善苑』第五号　昭和二十一年九月一日）

三、宗教宗派は異なるとも

宗教《しゅうきょう》は芸術《げいじゅつ》を生《う》み、芸術《げいじゅつ》はまた宗教《しゅうきょう》を生《う》む。芸術《げいじゅつ》は人生《じんせい》の花《はな》である。人生《じんせい》に宗教《しゅうきょう》及《およ》び芸術《げいじゅつ》なき時《とき》は、世《よ》の中《なか》は実《じつ》に寂寥《せきりょう》（＝ものさびしいさま）な無味乾燥《むみかんそう》なものでる。そして恋愛《れんあい》と信仰《しんこう》とは人生《じんせい》に欠《か》くべからざる真実《しんじつ》の果実《かじつ》である。

神仏《しんぶつ》やその他《た》宗教《しゅうきょう》を信仰《しんこう》するというのも、要《よう》するに恋愛《れんあい》を拡大《かくだい》したものであって、宇宙《うちゅう》の元霊《げんれい》たる独一真神《どくいつしんしん》を親愛《しんあい》するのを信仰《しんこう》といい、個人《こじん》を愛《あい》するを恋愛《れんあい》という。故《ゆえ》に恋愛《れんあい》と信仰《しんこう》とはその根底《ねそこ》を同《おな》じゅうし、ただ大小《だいしょう》の区別《くべつ》があるのみである。

いずれの宗教《しゅうきょう》も、社会人心《しゃかいじんしん》の改良《かいりょう》とか人類愛《じんるいあい》の実行《じっこう》とか、霊肉《れいにく》の救治《きゅうじ》とか、天国《てんごく》の楽園《らくえん》を地上《ちじょう》に建設《けんせつ》するとかいう趣旨《しゅし》の他《た》に出《い》ずるものでない。故《ゆえ》に往古今来《おうここんらい》（＝過去から現在）、幾多《いくた》の宗教《しゅうきょう》があらわれても、人生《じんせい》に光明《こうみょう》を与《あた》えるをもって目的《もくてき》とせないものはない。期《き》するところは同一《どういつ》の目的《もくてき》にむかって流《なが》れているものでる。

あめあられ雪《ゆき》や氷《こほり》とへだつれど　とくれば同《おな》じ谷川《たにかは》の水《みづ》

と古人《こじん》が歌《うた》ったのは至言《しげん》だと思《おも》う。いずれかの宗教《しゅうきょう》を信《しん》じ、一つの信仰《しんこう》をもっている人《ひと》は、どこともなく物《もの》やさしく懐《なつ》かしみがあり、そして一種《いっしゅ》の光明《こうみょう》に包《つつ》まれているような感《かん》じがするものである。

同《おな》じ宇宙唯一《うちゅうゆいいつ》の大神霊《だいしんれい》にむかって同《おな》じ神霊《しんれい》の愛《あい》に浴《よく》せんとする目的《もくてき》をもっている宗教《しゅうきょう》である以上《いじょう》は、眼目点《がんもくてん》さえ同《おな》じであれば、枝葉《えだは》にわたる宗教的儀式《しゅうきょうてきぎしき》や説《と》き方《かた》などは次《つ》ぎである。宗派及《しゅうはおよ》び信仰《しんこう》を異《こと》にする人々《ひとびと》に対《たい》する場合《ばあい》の自分《じぶん》の心《こころ》もちは、春《はる》の花見《はなみ》に行《い》った時《とき》、一方《いっぽう》には上戸《じょうこ》がおって酒《さけ》にひたり、「酒《さけ》なくてなんのおのれが桜《さくら》かな」といって一日《いちにち》の快楽《かいらく》をつくす人《ひと》と、竹《たけ》の皮《かわ》の握《にぎ》り飯《めし》をひらいて食《く》って居《お》る人《ひと》や、女《おんな》などの手《て》をひいて花《はな》の下《した》で他愛《たあい》なく戯《たわむ》れている人《ひと》があるように、いずれも目的《もくてき》は花見《はなみ》にあり、その人々《ひとびと》の嗜好《しこう》によって、千種万様《せんしゅまんよう》の自由自在《じゆうじざい》の快楽《かいらく》をつくしているようなもので、その目的《もくてき》さえ一つであれば別《べつ》にイヤな感《かん》じもせず、春風駘蕩《しゅんぷうたいとう》として面《おも》をやわらかに吹《ふ》くような感《かん》じがする。

また同《おな》じ共同風呂《きょうどうぶろ》に入《はい》って、温《あたた》かなゆったりとした気分《きぶん》にひたり、一人《ひとり》は詩吟《しぎん》をやり、一人《ひとり》は浪花節《なにわぶし》をうなり、一人《ひとり》は浄瑠璃《じょうるり》を語《かた》り、一人《ひとり》は端唄《はうた》を唄《うた》っているようなものである。何《いず》れも同《おな》じ風呂《ふろ》の中《なか》でありながら思《おも》い思《おも》いのことをいっている。

しかし人々《ひとびと》の嗜好《しこう》は変《かわ》って居《お》っても、温《あたた》かい風呂《ふろ》に浴《よく》し、身体《からだ》の垢《あか》を落《おと》し、爽快《そうかい》の気分《きぶん》を味《あじ》わう点《てん》においては一つである。また詩吟《しぎん》、浪花節《なにわぶし》、浄瑠璃《じょうるり》、端唄《はうた》など何《なに》を聞《き》いても気《き》分《ぶん》の悪《わる》いものではない。その時《とき》のような感《かん》じを自分《じぶん》はいつも持《も》っている。

宗教《しゅうきょう》をもたず信仰《しんこう》のない人《ひと》に接《せっ》した時《とき》は、たとえ自分《じぶん》の兄弟《きょうだい》であろうが子《こ》であろうが、何《なん》ともいえぬ淋《さび》しさがあり、また自分《じぶん》との間《あいだ》に薄《うす》い幕《まく》が張《は》られているような気分《きぶん》のするものである。

（『愛善苑』第六号　昭和二十一年十月一日）

四、宗教の帰一

(一)、争闘は真の宗教が解決

いつの世《よ》にも政治上《せいじじょう》、経済上《けいざいじょう》、社会上《しゃかいじょう》、各人種《かくじんしゅ》の間《あいだ》に闘争《とうそう》と苦悶《くもん》とが地上到《ちじょういた》る処《ところ》に行《おこな》われている。殊《こと》に宗教《しゅうきょう》の間《あいだ》にはこれが甚《はなは》だしい。宗教《しゅうきょう》の世界連合《せかいれんごう》、人類《じんるい》の宗教的同盟等《しゅうきょうてきどうめいなど》幾多試《いくたこころ》みられたが、その実際《じっさい》の活動《かつどう》に至《いた》っては容易《ようい》に行《おこな》われていない。

往昔宗教《おうせきしゅうきょう》といえば大変《たいへん》な勢《いきお》いで国家《こっか》の一切《いっさい》を挙《あ》げてその所説《しょせつ》を実践《じっせん》せんとしたものであるが、近代《きんだい》の宗教《しゅうきょう》は何《いず》れも形骸《けいがい》ばかりが徒《いたず》らに存《そん》するのみで何《なん》らの新《あたら》しい生命《せいめい》の萌芽《ほうが》を見出《みいだ》すことは出来《でき》ない。現代《げんだい》の宗教《しゅうきょう》は一日《にち》も早《はや》く自己《じこ》を革新《かくしん》して、宗教本来《しゅうきょうほんらい》の生命《いのち》を輝《かがや》かし平和《へいわ》のため、安心立命《あんしんりつめい》のため、既成宗教《きせいしゅうきょう》の殻《から》を脱《ぬ》いで新生《しんせい》せねば、到底今日《とうていこんにち》の乱《みだ》れきった人心《じんしん》を救《すく》うことは出来《でき》ないと思《おも》う。

各宗教家《かくしゅうきょうか》が時代《じだい》の推移《すいい》に眼《め》を醒《さ》まし、キリスト教《きょう》は仏教《ぶっきょう》の教義《きょうぎ》と相通《あいつう》じ、仏教《ぶっきょう》はキリスト教《きょう》の教義《きょうぎ》と一致《いっち》する点《てん》に気《き》が付《つ》き、衆生済度《しゅじょうさいど》の精神《せいしん》が互《たが》いに相映写《あいえいしゃ》し、信真《しんしん》と愛善《あいぜん》の本義《ほんぎ》を覚《さと》り、世界同胞《せかいどうほう》の真意義《しんいぎ》が了解《りょうかい》されなくては、もはや宗教《しゅうきょう》は駄目《だめ》である。この真諦《しんたい》が宗教家《しゅうきょうか》に真《しん》に理解《りかい》されたならば、ここに始《はじ》めて形相《ぎょうそう》の上《うえ》において闘争《とうそう》や苦悶《くもん》や嫉視《しっし》がやんで、互《たがい》にその精神《せいしん》の実現《じつげん》に力《つと》むることになって来《く》る。これさえ出来《でき》れば今日《こんにち》の経済上《けいざいじょう》、政治上《せいじじょう》、人種上《じんしゅじょう》の争闘《そうとう》は畢竟無意義《ひっきょうむいぎ》のものだということが分明《ぶんめい》になる。どうしてもここまで漕《こ》ぎつけねば社会《しゃかい》の真実《しんじつ》の霊的《れいてき》、智的進歩《ちてきしんぽ》は期《き》せられない。社会一切《しゃかいいっさい》の争闘《そうとう》は、すべて真《しん》の宗教《しゅうきょう》によってのみ解決《かいけつ》せらるゝものである。

(二)、宗教帰一への前程条件

世界《せかい》の統一《とういつ》を武力《ぶりょく》や権力《けんりょく》でやった場合《ばあい》は、先《さき》に力《ちから》が出《で》た時《とき》はまた一方《いっぽう》を圧倒《あっとう》して争乱《そうらん》の絶間《たえま》なく、永久《えいきゅう》の平和《へいわ》を招来《しょうらい》することは望《のぞ》まれない。だからどうしても世界《せかい》の同胞《どうほう》が精神《せいしん》的《てき》、宗教的《しゅうきょうてき》、道義的《どうぎてき》に結合《けつごう》することが何《なに》よりも一番大切《ばんたいせつ》である。

「愛善苑《あいぜんえん》」で唱導《しょうどう》する宗教帰一《しゅうきょうきいつ》は各宗教《かくしゅうきょう》に統合《とうごう》するの意《い》ではない。各々《おのおの》の意志想念《いしそうねん》が違《ちが》っているように各々《おのおの》の宗教《しゅうきょう》も違《ちが》っているのであるから、大《おお》きな目《め》で見《み》た場合《ばあい》は名称《めいしょう》は神《かみ》であろうが、仏《ほとけ》であろうが、キリストであろうが何《なん》でもよいのである。すべての宗教《しゅうきょう》団体《だんたい》や思想界《しそうかい》が宗教《しゅうきょう》の本質《ほんしつ》、即《すなわ》ち信真《しんしん》と愛善《あいぜん》に帰一《きいつ》したならば、回教《かいきょう》でもキリスト教《きょう》でも精神《せいしん》と精神《せいしん》とは宗派《しゅうは》、民族《みんぞく》、国境《こっきょう》を超《こ》えて統一結合《とういつけつごう》されたことになるわけである。

この宗教帰一《しゅうきょうきいつ》の前提《ぜんてい》として現代宗教《げんだいしゅうきょう》は真《しん》の宗教《しゅうきょう》にかえることが緊要《きんよう》なのである。即《すなわ》ち各々《おのおの》の宗教《しゅうきょう》が形式《けいしき》や教義《きょうぎ》の枝葉末節《えだはまっせつ》である説《と》き方《かた》に拘泥《こうでい》したり、或《ある》いは誤《あやま》った信仰《しんこう》から自我《じが》を張《は》っていては宗教《しゅうきょう》はいつまでたっても帰一《きいつ》しない。よろしく各宗教家《かくしゅうきょうか》は現下《げんか》の世界人類《せかいじんるい》の希求《ききゅう》が奈辺《なへん》にあるかに想《おも》いを致《いた》し宗教帰一《しゅうきょうきいつ》への鋭《するど》い自己反省《じこはんせい》をなすべきであろう。

（『愛善苑』第八号　昭和二十一年十二月一日）

五、愛善魂

「愛善魂《あいぜんだましい》」とは、宇宙《うちゅう》の本源《ほんげん》たる主神《しゅしん》の精神《せいしん》と合一《ごういつ》した心《こころ》である。至仁至愛《しじんしあい》の大精神《だいせいしん》にして何事《なにごと》にも心《こころ》を配《くば》り行届《ゆきとど》き、凶事《きょうじ》に逢《あ》うとも大山《たいざん》の如《ごと》く微躯《びく》ともせず物質欲《ぶっしつよく》を断《た》ちて、精神《せいしん》はいとも安静《あんせい》な心《こころ》である。天《てん》を相手《あいて》として凡人《ぼんじん》と争《あらそ》わず、如何《いか》なる災禍《さいか》に逢《あ》うも、艱《かん》苦《く》を嘗《な》めるも、意《い》に介《かい》せず、幸運《こううん》に向《むか》うも油断《ゆだん》せず、生死一如《しょうじいちにょ》にして昼夜《ちゅうや》の往来《おうらい》する如《ごと》く、世事一切《せじいっさい》を神《かみ》の大道《だいどう》に任《まか》せ、好《この》みも無《な》く憎《にく》みもなさず義《ぎ》を重《おも》んじて常《つね》に安静《あんせい》なる魂《たましい》が「愛善魂《あいぜんだましい》」である。

常《つね》に心中《しんちゅう》長閑《のどか》にして川水《かわみず》の流《なが》るゝ如《ごと》く、末《すえ》に至《いた》るほど深《ふか》くなりつゝ自然《しぜん》に四海《しかい》に達《たっ》し、我意《がい》を起《おこ》さず、才知《さいち》を頼《たよ》らず、天《てん》の時《とき》に応《おう》じて神意《しんい》に随《したが》って天下公共《てんかこうきょう》のために活動《かつどう》し、万難《ばんなん》に撓《たわ》まず屈《くっ》せず、無事《ぶじ》にして善《ぜん》を行《おこな》うを「愛善魂《あいぜんだましい》」という。

奇魂《くしみたま》（＝智慧）よく活動《かつどう》する時《とき》は大人《うし》の行《おこな》い備《そな》わり、真《しん》の智者《ちしゃ》となり、物《もの》をもって物《もの》を見極《みきわ》め、己《おの》れに等《ひと》しからん事《こと》を欲《よく》せずして、身魂《みたま》（＝身と魂）共《とも》に平静《へいせい》である。小人《しょうじん》というものは自己《じこ》を本《ほん》として物《もの》を見《み》、自己《じこ》の等《ひと》しからんことを欲《ほっ》するが故《ゆえ》に、常《つね》に心中《しんちゅう》静《しず》かならず、これを「体主霊従《たいしゅれいじゅう》」の精神《せいしん》という。今《いま》の世《よ》の中一般《なかいっぱん》の心《こころ》は皆《みな》この心《こころ》である。

誠《まこと》の「愛善魂《あいぜんだましい》」のある人民《じんみん》はそのこころ平素内《へいそうち》にのみ向《む》かい、己《おの》れの独《ひと》り知《し》る所《ところ》を慎《つつし》み、己《おの》れの力量《りきりょう》、才覚《さいかく》を人《ひと》に知《し》られんことを求《もと》めず、天地神明《てんちしんめい》の道《みち》に従《したが》い交《まじ》わり神《かみ》の代表《だいひょう》となって善言美辞《ぜんげんびじ》を用《もち》い、光風霽月《こうふうせいげつ》（＝さわやかに吹きわたる風）の如《ごと》き人格《じんかく》を具《そな》えて、自然《しぜん》に世《よ》に光輝《こうき》を放《はな》つ身魂《みたま》である。心神常《しんしんつね》に空虚《くうきょ》にして一点《てん》の私心無《ししんな》ければとこしえに胸中《きょうちゅう》に天国《てんごく》あり。何事《なにごと》も優《すぐ》れ勝《まさ》りたる行動《こうどう》を好《この》み、善者《ぜんしゃ》を喜《よろこ》び友《とも》となし、劣《おと》り汚《よご》れたるを憐《あわれ》み、且《か》つ恵《めぐ》む。富貴《ふうき》を欲《よく》せず羨《うらや》まず、貧賤《ひんせん》を厭《いと》わず侮《あなど》らず、ただただ天下《てんか》のために至善《しぜん》をつくすことのみに焦心《しょうしん》す。この至心至情《ししんしじょう》（＝誠実な心、人情）こそ「愛善魂《あいぜんだましい》」の発動《はつどう》である。

わが身富貴《みふうき》に処《しょ》しては世《よ》のために心魂《しんこん》を捧《ささ》げ、貧《ひん》に処《しょ》しては簡易《かんい》の生活《せいかつ》に甘《あま》んじ、欲望《よくぼう》を制《せい》し、仮《かり》にも他害《たがい》せず、自暴自棄《じぼうじき》せず天命《てんめい》を楽《たの》しみて自己応分《じこおうぶん》の天職《てんしょく》を守《まも》る。これこそ

「愛善魂《あいぜんだましい》」の発動《はつどう》である。

天下修斎《てんかしゅうさい》のためには決《けっ》してあわてず騒《さわ》がず、身魂《みたま》常《つね》に洋々《ようよう》として大海《たいかい》の如《ごと》く、天《てん》の空《むな》しゅうして鳥《とり》の飛《と》ぶに任《まか》すが如《ごと》く、海《うみ》の広《ひろ》くして魚《さかな》の踊《おど》るに従《したが》うが如《ごと》き不動《ふどう》の精神《せいしん》を常《つね》に養《やしな》う。これが愛善世界実現成就《あいぜんせかいじつげんじょうじゅ》の天業《てんぎょう》（＝天帝の事業）に奉仕《ほうし》する身魂《みたま》の行動《こうどう》でなければならない。

凡人《ぼんじん》の見《み》て善事《ぜんじ》となすことにても、神《かみ》の法《ほう》に照《て》らして悪《あく》となすことにても、神《かみ》の誠《まこと》の道《みち》

「瑞月懸天空」
出口王仁三郎染筆

に照《て》らして善《よ》きことは勇《いさ》みてこれを遂行《すいこう》すべし。天意《てんい》（＝天帝・造化の神の心）に従《したが》い大業《たいぎょう》（＝大きな事業。重大な事業）をなさんとするものは一匹《ぴき》の虫《むし》と雖《いえど》も妄《みだ》りにこれを傷害《しょうがい》せず、至仁至愛《しじんしあい》にして万有《ばんゆう》を保護《ほご》し世《よ》の乱《みだ》れに乗《じょう》じて望《のぞ》みを興《おこ》さぬ至粋至純《しすいしじゅん》の精神《せいしん》を保《たも》つ、これが誠《まこと》の「愛善《あいぜん》魂《だましい》」の発動《はつどう》である。

（『愛善苑』第一三号　昭和二十二年五月十五日）

六、人生の本義

人生《じんせい》の目的《もくてき》はけっして、現界《げんかい》の幸福《こうふく》と歓楽《かんらく》を味《あじ》わうのみではない。すべての人間《にんげん》は幸福《こうふく》および歓楽《かんらく》のみに執着《しゅうちゃく》して苦悩《くのう》と災厄《さいやく》を逃《のが》れんとのみ焦慮《しょうりょ》し自愛的方向《じあいてきほうこう》に熱中《ねっちゅう》しているようだ。しかし神様《かみさま》が人間《にんげん》を世界《せかい》に創造《そうぞう》したもうた使命《しめい》は、決《けっ》して人間《にんげん》が現界《げんかい》における生涯《しょうがい》の安逸《あんいつ》をはからしむるが如《ごと》き浅薄《せんぱく》なものではない。人間《にんげん》は神様《かみさま》の目的経綸《もくてきけいりん》をよくよく考察《こうさつ》して、どこまでも善徳《ぜんとく》を積《つ》み信真《しんしん》の光《ひかり》をあらわし、神《かみ》の生宮《いきみや》、天地経綸《てんちけいりん》の御使《おつか》いとなって、三界《さんかい》のために大々的活動《だいだいてきかつどう》をしなくてはならないものである。

また人間《にんげん》には直接天国《ちょくせつてんごく》より天人《てんにん》の霊子《れいし》を下《くだ》して生《うま》れしめたもうたものもあり、あるいは他《た》の動物《どうぶつ》より霊化《れいか》して生《うま》れたものもある。大神《おほかみ》は始《はじ》めて世界《せかい》に生物《せいぶつ》を造《つく》りたもうや、黴《ばい》菌《きん》にはじまり、蘚苔《せんたい》となり草木《くさき》となり進《すす》んで動物《どうぶつ》を造《つく》りたもうた。まず虫《むし》となり魚《さかな》となり貝《かい》となり鳥《とり》となり獣《けもの》となり、最後《さいご》に人間《にんげん》を生《う》みだしたまい、神《かみ》はみずから生物《せいぶつ》を改良《かいりょう》して動物産生《どうぶつさんせい》の終《おわ》りに、すべての長所《ちょうしょ》を具備《ぐび》して理想《りそう》のまゝに人間《にんげん》を造《つく》られたといっている学《がく》者《しゃ》もある。

動物発生《どうぶつはっせい》の前後《ぜんご》に関《かん》する問題《もんだい》は読者《どくしゃ》の判断《はんだん》に任《まか》すことゝして、すべて人間《にんげん》は大神《おほかみ》の無限《むげん》の力《ちから》を賦与《ふよ》され智能《ちのう》を授《さず》けられている以上《いじょう》は、日夜《にちや》これを研《みが》いて啓発《けいはつ》し、神《かみ》の境域《きょういき》に到達《とうたつ》し得《う》る資質《ししつ》を具有《ぐゆう》しているものである。

春生《はるしょう》じて夏枯《なつか》るゝ草《くさ》も、朝《あさ》に生《うま》れて夕《ゆう》べに死《し》するかげろうのごとき小動物《しょうどうぶつ》も、種子《しゅし》と子孫《しそん》を残《のこ》さないものは一つもない。動植物《どうしょくぶつ》は生《しょう》じては枯《か》れ、枯《か》れては生《しょう》じ、生《うま》れては死《し》に、死《し》しては生《い》きる。幾百千万歳《いくひゃくせんまんざい》おなじ神業《しんぎょう》を繰返《くりかえ》させたもうものである。

人間《にんげん》の生死問題《せいしもんだい》も、宇宙《うちゅう》の主宰《しゅさい》なる大神《おほかみ》の御目《おんめ》より御覧《ごらん》になる時《とき》は、万年《まんねん》の昔《むかし》も万年《まんねん》の未来《みらい》も少《すこ》しも変《かわ》りはないのである。かの草《くさ》を見《み》るも茎《くき》となり、葉《は》となり、花《はな》となり、実《み》となる。草《くさ》の本体《ほんたい》は果《はた》していずれにあるか。昆虫《こんちゅう》を見《み》るも幼虫《ようちゅう》となり、蝶蛾《ちょうが》となり、樹間《じゅかん》の卵《たまご》となる。生《せい》の本体《ほんたい》はそも何物《なにもの》ぞ。卵《たまご》は虫《むし》の初《はじ》めにしてまた虫《むし》の終《おわ》りである。初卵《ういらん》は終卵《おな》と同じものか、異《こと》なれるものか、詮《せん》じつめれば単《たん》に一体《いったい》の変化《へんか》にすぎない、人間《にんげん》もまたこれに類《るい》する変化《へんか》は免《まぬが》れ得《え》ない。幼《よう》たり老《おい》いたり死《し》たるも一体《いったい》の変化《へんか》のみ、宇宙《うちゅう》の万物《ばんぶつ》は神《かみ》の生成《せいせい》以来《いらい》幾万年間《いくまんねんかん》一体《いったい》にして、幾万年《いくまんねん》の未来《みらい》に到《いた》るも変《かわ》るものではない。

吾人《ごじん》は神《かみ》が生成《せいせい》したまいし祖先来《そせんらい》の肉体《にくたい》にして幾万年《いくまんねん》の未来《みらい》までもこれを伝承《でんしょう》しうるものである。

すべて生物《せいぶつ》に死《し》の関門《かんもん》があるのは、神様《かみさま》が進化《しんか》の手段《しゅだん》としてほどこしたもうところの神《かみ》の御慈愛《ごじあい》である。死《し》なきものは固着《こちゃく》して変《かわ》ることがない。もし人生《じんせい》に死《し》の関門《かんもん》なきときは、人間《にんげん》もなく子孫《しそん》もないものとなる。

生物《せいぶつ》は死《し》あるをもって生殖《せいしょく》の機能《きのう》を有《ゆう》するものである。ゆえに死《し》なるものは生物《せいぶつ》の最《もつと》も悲哀《ひあい》とするところなれども、これまた惟神《かむながら》の摂理《せつり》である。しかし人間《にんげん》は他《た》の動物《どうぶつ》とことなり、死後《しご》はじめて霊界《れいかい》に入《い》り復活《ふっかつ》して天国《てんごく》の生涯《しょうがい》をいとなむものなれば人間《にんげん》の現肉体《げんにくたい》の生《せい》命《めい》はただその準備《じゅんび》にほかならないことを知《し》らねばならぬ。

人間社会《にんげんしゃかい》において往古《おうこ》より今日《こんにち》にいたるまで霊魂《れいこん》の帰着《きちゃく》について迷《まよ》うことひさしく、あるいは天国《てんごく》を説《と》きあるいは幽冥《ゆうめい》を説《と》き三界《さんかい》を説《と》く宗教家《しゅうきょうか》は今日《こんにち》まで幾万《いくまん》あったか知《し》れない。しかしいまだ一として徹底的《てっていてき》に宇宙《うちゅう》の真相《しんそう》、人生《じんせい》の本義《ほんぎ》を説《と》いたものはない。

「みろく出現《しゅつげん》してはじめて苦集滅道《くしゅうめつどう》を説《と》き三界《さんかい》を照破《しょうは》し、道法礼節《どうほうれいせつ》を開示《かいじ》す」とは先聖《せんせい》既《すで》にいうところである。

人《ひと》は天地経綸《てんちけいりん》の司宰者《しさいしゃ》にしていわゆる天地《てんち》の花《はな》、神《かみ》の生宮《いきみや》たる以上《いじょう》は単《たん》に他《た》の動物《どうぶつ》のごとく卑怯《ひきょう》なるものではない。神《かみ》に変《かわ》って天地《てんち》のために活動《かつどう》すべきものである。

私《わたし》が「愛善苑《あいぜんえん》」を設立《せつりつ》した趣旨《しゅし》もまた人生《じんせい》の本義《ほんぎ》を世人《せじん》に覚悟《かくご》せしめ、宗教的情操《しゅうきょうてきじょうそう》を豊《ゆた》かにし時代《じだい》の悪弊《あくへい》をはらい清《きよ》め地上《ちじょう》に天国《てんごく》をたて、人間《にんげん》の死後《しご》はただちに天界《てんかい》に復活《ふっかつ》し人生《じんせい》の大本分《だいほんぶん》をつくさしめ、神《かみ》の御目的《おんもくてき》にかなわしめんとするの微意《びい》にほかならないものである。

（『愛善苑』第九号　昭和二十二年一月一日）

七、先祖と子孫

一、人《ひと》は祖《そ》に基《もと》づくものである。その身《からだ》は実《じつ》に父母《ふぼ》ありて生《う》む所《ところ》のものである。

二、最上《さいじょう》の祖宗《そそう》はすなわち父母《ふぼ》である。推量《おしはか》りてこれをその始《はじ》めの時《とき》にさかのぼりて考《かんが》える時《とき》は、すなわち第《だい》一世《せい》は果《は》たして誰《だれ》の生《う》むところであろうか。必《かなら》ずその第《だい》一世《せい》は父《ふ》母《ぼ》の生《う》むところにあらずして、全智全能《ぜんちぜんのう》の真《しん》の神《かみ》ありてその父母《ふぼ》を造《つく》りたまいし事《こと》は明《あき》らかになって来《く》るのである。鳥獣草木虫族《ちょうじゅうくさきむしけら》にいたるまで皆《みな》その先祖《せんぞ》は、この全智《ぜんち》全能《ぜんのう》の神《かみ》の造《つく》りたまうところであるという事《こと》は動《うご》かすべからざる道理《どうり》である。

三、上帝《じょうてい》は一霊《れい》四魂《こん》をもって心《こころ》を造《つく》りたまい、これを世《よ》の中《なか》のあらゆる活物《かつぶつ》に配《くば》り与《あた》えたまうのである。一霊《れい》とは直日《なおひ》の霊《れい》である。四魂《こん》とは荒魂《あらみたま》、和魂《にきみたま》、幸魂《さちみたま》、奇魂《くしみたま》の四つの魂《たましい》である。地主《ちしゅ》すなわち大国魂《おおくにたま》は三元《げん》八力《りき》をもって体《からだ》をつくりこれを万有《ばんゆう》に与《あた》えたまう。三元《げん》とは剛柔流《ごうじゅうりゅう》にして、八力《りき》とは動静解凝引弛合分《どうせいかいぎょういんちごうぶん》の八つの力《ちから》をいう。

四、ゆえに人《ひと》の霊《れい》を守《まも》るところのものはその人《ひと》の体《からだ》である。その人《ひと》の体《からだ》を守《まも》るものは又《また》その人《ひと》の霊《れい》である。他《ほか》に神《かみ》がありてこれを守《まも》りたまうのではないのである。これ即《すなわ》ち上《じょう》帝《てい》の命《めい》ずるところの真理《しんり》である。

五、解《わか》りやすく言葉《ことば》を換《か》えて言《い》う時《とき》は、田吾作《たごさく》の霊《れい》を守《まも》るものは田吾作《たごさく》の体《からだ》であるし、田《た》吾作《ごさく》の体《からだ》を守《まも》るものは又田吾作《またたごさく》の霊《れい》である。ゆえに他《ほか》に特別《とくべつ》に神《かみ》がありて田吾作《たごさく》の体《からだ》や霊《れい》を守《まも》るのではないのである。我々《われわれ》の先祖《せんぞ》はこの真《しん》の父母《ふぼ》より造《つく》られたものであるから第《だい》二の祖先《そせん》である。第《だい》一の祖先《そせん》は神《かみ》である。遠津御祖《とおつみおや》は第《だい》二の祖先《そせん》である。

六、吾人《ごじん》は先祖《せんぞ》の体《からだ》の続《つづ》きである。また我等《われら》の子《こ》や孫《まご》は我等《われら》の体《からだ》の続《つづ》きである。先祖《せんぞ》は我《われ》等《ら》の体《からだ》の始《はじ》まりで、子《こ》や孫《まご》は我等《われら》の終《おわ》りである。先祖《せんぞ》と我《われ》の身《み》と子孫《しそん》とは同《おな》じ体《からだ》をなし、もって生存《せいぞん》を不滅《ふめつ》になさんとするのである。我身《わがみ》は先祖《せんぞ》と子孫《しそん》との体《からだ》を繋《つな》ぎ保《たも》つところの鎖《くさり》であることを悟《さと》るがゆえに、その先祖《せんぞ》を崇《あが》めその子孫《しそん》を守《まも》るのである。

七、先祖《せんぞ》は昔《むかし》の吾《われ》であり、吾《われ》はこの世《よ》の先祖《せんぞ》である。子孫《しそん》は未来《みらい》の吾《われ》である。ゆえに吾《われ》の身《み》は独《ひと》りのものではないから、祖先《そせん》のためには道《みち》を守《まも》り力《ちから》をつくし、子孫《しそん》のためには十《じゅう》分《ぶん》に善《ぜん》をつくし徳《とく》を積《つ》まねばならぬ。

（『道之大本』明治三十八年頃）

八、天地の冥加

苑主「労働《ろうどう》だけが働《はたら》くことのように思《おも》うが、筆《ふで》をとって働《はたら》くもの、新聞《しんぶん》とか雑誌《ざっし》を出《だ》すもの、あるいは本《ほん》を著述《ちょじゅつ》するものが、一番《ばん》の労働《ろうどう》や。私《わたし》は、一切《いっさい》の労働《ろうどう》をしてきた。百《ひゃく》姓《しょう》もやれば車引《くるまひ》きにも行《い》ったし、でっちもすれば、人《ひと》の雇《やと》いにも行《い》ったし、何《なに》から何《なに》まで、労働《ろうどう》という労働《ろうどう》はみなした。そのなかには雪《ゆき》のふる寒《さむ》い日《ひ》や、夏《なつ》の暑《あつ》いさいちゅうには、ずいぶん苦《くる》しかったが、晩《ばん》に戻《もど》ってきて、風呂《ふろ》に入《はい》ると、すっかりなおる。しかし物《もの》を考《かんが》えたり、著述《ちょじゅつ》するぐらい頭《あたま》を疲《つか》らすものはない。一晩《ばん》ぐらい寝《ね》たかて頭《あたま》がなおらへん。一番《ばん》の労働《ろうどう》は、文筆《ぶんぴつ》に親《した》しむものだ。それだから絵《え》かきや小説家《しょうせつか》が、金《かね》を何程《なにほど》出《だ》しても、書《か》かんと遊《あそ》んでおったり、芸者《げいしゃ》に呆《ほう》けたりして一冊《さつ》をこしらえる。ふつうやったらそうせな出来《でき》やせん。外《そと》の仕事《しごと》であったら出来《でき》る。労働《ろうどう》なら、毎月時間《まいつきじかん》をきめてやるから楽《らく》だ。

それから大臣《だいじん》とか、あゝゆう役《やく》はなみたいていの労働《ろうどう》ではないそうだ。私《わたし》はお鯉《こい》さんに聞《き》いたが、桂《かつら》さんが「私《わたし》はもう死《し》ぬ」といわれたほどや。総理大臣《そうりだいじん》したら、寿命《じゅみょう》がちぢまるそうや。面会《めんかい》ばっかりで、新聞読《しんぶんよ》む暇《ひま》もない。それをせなんだら、なんとか、かとか悪《わる》くいわれるから、とてもでないそうだ……。

みなが一生懸命仕事《いっしょうけんめいしごと》をしたら、一日《にち》に一時間働《じかんはたら》いたら、らくに食《く》うて行《ゆ》けるのだ。現在《げんざい》では八時間労働《じかんろうどう》やとか、六時間労働《じかんろうどう》やとかいうておるけれど、そんなに働《はたら》く人《ひと》は少《すく》ない。八時間《じかん》、時間《じかん》をつぶしても働《はたら》きゃせん。八時間《じかん》のうち、二時間以上休息《じかんいじょうきゅうそく》している」

記者「そうすると各自《かくじ》が覚醒《かくせい》するより、しょうがないわけですか」

苑主「みんなが自覚《じかく》せないかん。日本《にほん》の根本経済政策《こんぽんけいざいせいさく》を実行《じっこう》したら、なんでもないけれども、それには頭《あたま》からなおして行《ゆ》かなあかん。それをやったら、金《かね》はなんぼでも出来《でき》るけれども、今《いま》の人間《にんげん》は冥加《みょうが》（＝目に見えぬ神仏の助力）ということを一寸《ちょっと》も知《し》らんからいかん。月日《つきひ》と土《つち》の恩《おん》を知《し》れというが、それを知《し》らないものばかりだ。月日《つきひ》と土《つち》の御恩《ごおん》を本当《ほんとう》に体得《たいとく》するもんでなかったら、経済《けいざい》は立直《たちなお》らへん」

記者「各自《かくじ》が自覚《じかく》して月日《つきひ》と土《つち》の御恩《ごおん》がわかってくれば、経済組織《けいざいそしき》は自然《しぜん》になおるでしょうか」

苑主「直《なお》ってくるが、教育《きょういく》から変《か》えてしまわなければいかん教育《きょういく》が根本問題《こんぽんもんだい》や。教育《きょういく》さえ良《よ》けりゃ政治《せいじ》もひとりでに直《なお》ってくる。人心《じんしん》が変《か》わってくれば、政治《せいじ》はまるでおもちゃみたようなもんや。人心《じんしん》が悪《わる》いから、善《よ》い政治《せいじ》を実行《じっこう》しても効果《こうか》があがってこない。誰《だれ》が出《で》たかてあかん。根本問題《こんぽんもんだい》は、やはり天地《てんち》の御恩《ごおん》を知《し》るのが一番《ばん》だ。天地《てんち》の冥加《みょうが》を知《し》らなんだら、善《よ》い政治《せいじ》は出来《でき》やせん」（『愛善苑』第一五号　昭和二十二年六月十五日）

九、幸福は与えられるが満足は与えられぬ

何《なん》ぼ「愛善苑《あいぜんえん》」でも、すべての人《ひと》に幸福《こうふく》を与《あた》えられても満足《まんぞく》は与《あた》えられない。何故《なぜ》かといえば、すべての物質《ぶっしつ》は有限的《ゆうげんてき》であるから、人間《にんげん》の無限《むげん》の欲望《よくぼう》を満足《まんぞく》さすことは出来《でき》ない。たとえば十万円《まんえん》の財産《ざいさん》が出来《でき》ると百万円《ひゃくまんえん》の財産家《ざいさんか》になりたくなり百万円《ひゃくまんえん》が出来《でき》たら千万円《せんまんえん》になりたい、一億円《おくえん》になりたいというように、満足《まんぞく》というものは与《あた》えられるものではない。幸福《こうふく》というものは与《あた》えられる。誰《だれ》も彼《かれ》も身魂《みたま》相応《そうおう》に幸福《こうふく》というものは与《あた》えることが出来《でき》、

味《あじ》わうこともできる。

しかし、満足《まんぞく》だけは与《あた》えられない。満足《まんぞく》という奴《やつ》は一寸無理《ちょっとむり》な奴《やつ》です。宗教《しゅうきょう》なるものは平和《へいわ》と幸福《こうふく》を与《あた》えるためであって満足《まんぞく》を与《あた》えるためではない。『霊界物語《れいかいものがたり》』にも天国《てんごく》もあり、地獄《じごく》も説《と》いてある。それは人《ひと》の精神状態《せいしんじょうたい》をあゝいう風《ふう》に説《と》いてあるけれども、愛善《あいぜん》の道《みち》に大悟徹底《だいごてってい》すれば地獄《じごく》も八衢《やちまた》もない。徹底《てってい》しないからそういうものが出来《でき》て来《く》るのである。

今《いま》までの宗教《しゅうきょう》は男児《だんじ》の睾丸《こうがん》を割去《かっきょ》して去勢《きょせい》する道具《どうぐ》だ。睾丸《こうがん》を抜《ぬ》いてしまって卑屈《ひくつ》な人間《にんげん》にしてしまう。睾丸《こうがん》を抜《ぬ》くと牛《うし》の暴《あば》れる奴《やつ》も暴《あば》れない。人《ひと》を突《つ》き殺《ころ》さない。その代《か》わり活動《かつどう》が鈍《にぶ》い。その様《よう》に人間《にんげん》も活動《かつどう》が鈍《にぶ》くなる。それは信仰《しんこう》の堕落《だらく》である。すべて恐喝《きょうかつ》文句《もんく》が多《おお》いから恐怖心《きょうふしん》をすぐに養《やしな》う、信仰《しんこう》するのは安心立命《あんしんりつめい》のためであって、恐怖心《きょうふしん》を起《お》こすために信仰《しんこう》するのではない。

少《すこ》し私《わたし》の考《かんが》えは脱線《だっせん》して居《お》るか知《し》らんが、社会《しゃかい》に害《がい》を与《あた》えぬ限《かぎ》り何《なに》をしても神《かみ》は罰《ばっ》することはないと思《おも》う。

また元《もと》より罰《ばつ》する気《き》づかいはないのだから、害毒《がいどく》を与《あた》えると社会《しゃかい》から憎《にく》まれて罰《ばつ》せられるけれども神その物からは罰《ばつ》は与《あた》えない。

世《よ》の中《なか》が至粋至純《しすいしじゅん》であれば神様《かみさま》の教《おしえ》は要《い》らぬのである。世《よ》が乱《みだ》れて人々《ひとびと》が互《たが》いに悪み、妬《ねた》み、誇《ほこ》りなどする世《よ》の中《なか》となっているからして、中《なか》にも日本人《にほんじん》はそんな癖《くせ》が多《おお》く、いわゆる島国根性《しまぐにこんじょう》であって外国《がいこく》からも探偵気分《たんていきぶん》が多《おお》いと言《い》われる状態《じょうたい》で、他人《たにん》の非《ひ》を探《さが》すことを痛快事《つうかいごと》と考《かんが》えるような癖《くせ》があるのである。他人《たにん》の悪《わる》いと思《おも》う所《ところ》は直接《ちょくせつ》その人《ひと》に忠告《ちゅうこく》をして、決《けっ》して他人《たにん》の非《ひ》を言《い》わぬに限《かぎ》るのである。

即《すなわ》ち「善言美詞《ぜんげんびし》」に限《かぎ》るのである。さればとて「巧言令色《こうげんれいしょく》」とは違《ちが》うのである。「善言《ぜんげん》美詞《びし》」は愛《あい》に発《はっ》するものでなければならぬ。愛《あい》は善《ぜん》のため愛《あい》のための愛《あい》であって、決《けっ》して自己《じこ》のための愛《あい》であってはならぬ。国《くに》のためというのも自己愛《じこあい》の拡張《かくちょう》であってはならぬ、もっと大《おお》きい世界愛《せかいあい》、万有愛《ばんゆうあい》の神愛《しんあい》でなければなぬのである。

（『愛善苑』第一四号　昭和二十二年六月一日）

○何事《なにごと》もかみのおしへにまかすこそ
　ひとの誠《まこと》のこゝろなりけり

○雷鳴《らいめい》もとほきに避《さ》けぬことたまの
　天照《あまて》る神《かみ》のこえの稜威《みいづ》に

○産土《うぶすな》のかみを大事《だいじ》にするいへは
　万世《よろづよ》までもとみさかえ行《ゆ》く

○八嶋国《やしまぐに》つまゝぎ兼《か》ねて遠方《をちかた》の
　神《かみ》のくにまでねらふ曲霊《まがたま》

（『伊都能売道歌』みいづ舎刊）

第十編　新しい時代を迎えて「新生愛善苑」へ

一、第二次大本弾圧事件解決奉告祭挨拶

（昭和二十年十二月八日　綾部・彰徳殿にて）　出口伊佐男

本日《ほんじつ》は戦争勃発《せんそうぼっぱつ》の日《ひ》（＝昭和16年12月8日、日本軍真珠湾攻撃）として、国民《こくみん》の、全人類《ぜんじんるい》の忘《わす》るゝことのできない日《ひ》でありますとともに、大本《おほもと》（＝皇道大本）としても、天下《てんか》の耳目《じもく》を聳動《しょうどう》せしめた「大本《おほもと》事件《じけん》の記念《きねん》の日《ひ》」であります。昭和《しょうわ》十年《ねん》十二月《がつ》八日《か》朝《あさ》まだき、全国一斉《ぜんこくいっせい》に大検挙《だいけんきょ》を始《はじ》められ、大本教団《おほもときょうだん》を絶滅《ぜつめつ》せんと大嵐《おおあらし》は吹《ふ》きまくったのであります。明治《めいじ》二十五年《ねん》の大本発端《おほもとほったん》以来《らい》四十有余年《ゆうよねん》、発展《はってん》に発展《はってん》を重《かさ》ねました大本《おほもと》も一朝《いっちょう》にして姿《すがた》は変《かわ》りすべての運動《うんどう》は中絶《ちゅうぜつ》、綾部《あやべ》、亀岡《かめおか》の神苑《しんえん》は跡形《あとかた》もなく破壊《はかい》せられ、全国《ぜんこく》の別院分院《べついんぶんいん》また同《おな》じ運命《うんめい》となり、数《すう》十万《まん》の信者達《しんじゃたち》はいばらの道《みち》、遠《とお》い遠《とお》いいばらの道《みち》を歩《あゆ》まねばならなかったのであります。その間《あいだ》における感慨《かんがい》は筆舌《ひつぜつ》に尽《つ》くすことはできません。一日《にち》も早《はや》く明《あか》るい日《ひ》の来《く》ることをどんなに待《ま》ちこがれたことでありましょう。遂《つい》にその日《ひ》は来《き》たのです。

昭和《しょうわ》二十年《ねん》九月《がつ》八日《か》、大審院《だいしんいん》の判決《はんけつ》により、天恩《てんおん》あまねく、関係《かんけい》の者一同白日《ものいちどうはくじつ》の身《み》となって頂《いただ》くことができました。

○

この喜《よろこ》びを迎《むか》えますと直《ただ》ちに山崎亀岡警察署長《やまざきかめおかけいさつしょちょう》さんの御《ご》斡旋《せっかん》と亀岡町理事者方《かめおかちょうりじしゃかた》の御決意《ごけつい》により元《もと》「天恩郷《てんおんきょう》」の土地《とち》を亀岡《かめおか》より無条件返還《むじょうけんへんかん》して頂《いただ》くこととなり、次《つい》で当綾部町《とうあやべちょう》に於《つ》きましては、町会議員《ちょうかいぎいん》の廣田《ひろた》さん達《たち》、亦樋ノ本綾部警察《またひのもとあやべけいさつ》署長《しょちょう》さん等《ら》の御尽力《ごじんりょく》と赤見坂町長《あかみざかちょうちょう》さん始《はじ》め町並《まちなら》びに町村長会《ちょうそんちょうかい》の有力者《ゆうりょくしゃ》の方達《かたたち》の御理解《ごりかい》と絶大《ぜつだい》なる御好意《ごこうい》によりまして、私《わたし》どもの日夜念頭《にちやねんとう》を去《さ》らなかったこの綾部神苑《あやべしんえん》の地《ち》も無条件返還《むじょうけんへんかん》して頂《いただ》くことになりました。

このように、十年《ねん》を経《へ》まして瞬《またた》く間《あいだ》に、悉《ことごと》くの問題《もんだい》は解決《かいけつ》いたしました。この喜《よろこ》びを神様《かみさま》にご報告感謝申上《ほうこくかんしゃもうしあ》げますと共《とも》に、又私《またわたし》どもの不注意《ふちゅうい》の為《ため》にこうした事件《じけん》の起《お》きましたことを神様《かみさま》にお詫《わ》び申上《もうしあ》げ、本日《ほんじつ》こゝにお祭《まつり》をさして頂《いただ》きました。尚《なお》十年間《ねんかん》の事件中既《じけんちゅうすで》に亡《な》くなられ方《かた》、今日《きょう》この喜《よろこ》びをともに迎《むか》えることの出来《でき》なかった関係《かんけい》の人々《ひとびと》たち、その他多《たお》くの祖霊様《それいさま》をお慰《なぐさ》め申《もう》したいと慰霊祭《いれいさい》を行《おこな》わせて頂《いただ》くこととなりましたが、この度《たび》のお祭《まつり》は充分《じゅうぶん》なる設備《せつび》が出来《でき》ませんでしたため内輪《うちわ》だけでさしていただくつもりで、全国《ぜんこく》への通知《つうち》を差控《さしひか》えたのです。

然《しか》るにどうして聞《き》き伝《つた》えられましたか、遠《とお》くは北海道《ほっかいどう》、或《あるい》は四国九州《しこくきゅうしゅう》の端々《はしばし》から、こうして堂《どう》にあふるゝばかり皆様《みなさま》がお参《まい》り下《くだ》さいました。その抑《おさ》え難《がた》きお喜《よろこ》びの気持《きも》ちを察《さっ》し、私《わたし》ども又感激《またかんげき》に堪《た》えない次第《しだい》です。

〇

さて今後私《こんごわたし》どもはどういうふうに進《すす》んで行《ゆ》くべきか、この機会《きかい》に簡単《かんたん》に申《もう》し述《の》べて見《み》たいと思《おも》います。

今直《いまただ》ちに本格的《ほんかくてき》に進《すす》むには色々《いろいろ》の準備《じゅんび》が必要《ひつよう》です。先《ま》ず第《だい》一に形《かたち》を作《つく》ることよりも魂《たましい》を作《つく》り上《あ》げるということです。私《わたし》どもの心《こころ》の準備《じゅんび》、心《こころ》の用意《ようい》が出来《でき》なければ如何《いか》に形《かたち》が元《もと》の如《ごと》くなりましても、重《かさ》ねて又神様《またかみさま》にお詫《わ》び申上《もうしあ》げなければならないようなことになるのです。過去《かこ》の事件《じけん》に対《たい》する黒白《くろしろ》は、既《すで》に明《あき》らかになりました。しかし私《わたし》どもは当時《とうじ》の弾圧《だんあつ》に対《たい》し当局《とうきょく》を恨《うら》む気持《きも》ちは毛頭無《もうとうな》いのであります。時《とき》の勢《いきお》いであったのでありましょう。私《わたし》どもはこれを天《てん》の試練《しれん》、神様《かみさま》の試練《しれん》として、どうしても経《へ》なければならなかった道《みち》であると考《かんが》えなければならぬのであります。

やはり私《わたし》どもに注意《ちゅうい》の足《た》りなかった所《ところ》があったのでしょう。神様《かみさま》のおぼしめしにそわない点《てん》が微塵《みじん》でもあったとすれば神様《かみさま》はそれを許《ゆる》される筈《はず》はない。我々《われわれ》は他《た》を責《せ》めるよりも深《ふか》く自《みずか》らを省《かえり》みなければならない。神様《かみさま》は深《ふか》い深《ふか》い御心《みこころ》の下《もと》に私《わたし》どもに実《じつ》に尊《とうと》い試練《しれん》を与《あた》えて下《くだ》さったのです。今日《こんにち》この喜《よろこ》びを迎《むか》えて、有頂天《うちょうてん》になっていては、折角《せっかく》の十年間《ねんかん》の尊《とうと》い神様《かみさま》のおぼしめしが無意味《むいみ》になってしまいます。

自分《じぶん》では正《ただ》しい、自分《じぶん》ではこれで誰《だれ》よりも最《もっと》も優《すぐ》れた信仰《しんこう》だと考《かんが》えておりましても、未《いま》だどこに向《むか》って何《なに》か足《た》りない所《ところ》がありはせぬか、考《かんが》えが及《およ》ばなかった所《ところ》はないかと深《ふか》く省《かえり》みて、成《な》る程《ほど》あれなればこそと他《ほか》からも認《みと》められ、又《また》どんな人《ひと》がどう考《かんが》えようとも、自分自身《じぶんじしん》が神様《かみさま》の御前《おんまえ》に恥《は》ずかしくないだけの信仰《しんこう》、これを内面深《ないめんふか》く掘《ほ》り下《さ》げ考《かんが》えさしていただいて始《はじ》めて本当《ほんとう》のものが出来《でき》るのであります。

その意味《いみ》で、今日《こんにち》までは尊《とうと》い準備《じゅんび》の時代《じだい》であったと思《おも》うのです。これからが本当《ほんとう》の歩《あゆ》みの出来《でき》る時《とき》になったのです。この機会《きかい》に私《わたし》どもは他《た》をかれこれ申《もう》しますよりも、深《ふか》く自《みずか》らを省《かえり》みて本当《ほんとう》の歩《あゆ》みをさせて頂《いただ》かなければならないと思《おも》うのです。その準備《じゅんび》の時代《じだい》においては、皆様方《みなさまがた》の信仰《しんこう》は自由《じゆう》の形式《けいしき》に於《お》いてして頂《いただ》ければ結構《けっこう》です。それですから従来《じゅうらい》の如《ごと》き本部《ほんぶ》とか別院《べついん》、分院《ぶんいん》、分所支部等《ぶんしょしぶなど》の名称《めいしょう》は用《もち》いません。

ただこの神苑《しんえん》は「梅松苑《ばいしょうえん》」と命名《めいめい》せられました。神殿《しんでん》は建設《けんせつ》せられません。此度土地《このたびとち》返還《へんかん》に当《あた》り町《まち》の非常《ひじょう》な御好意《ごこうい》によりまして当方《とうほう》に寄付《きふ》していただきました、この建物《たてもの》これは元《もと》「武徳殿《ぶどくでん》」と称《しょう》されておったのですが、此度《このたび》こちらで「彰徳殿《しょうとくでん》」と命名《めいめい》せられました。この建物《たてもの》とこの下《した》に弓道場《きゅうどうじょう》の建物《たてもの》があります。この二つの建物《たてもの》を町《まち》から寄付《きふ》して下《くだ》さったのです。これがなければ今日《こんにち》のお祭《まつ》りも野天《のてん》でさして頂《いただ》くより外《ほか》なかったのですが町《まち》の御寄附《ごきふ》により本日《ほんじつ》この喜《よろこ》びを此処《ここ》に於《お》いて共《とも》に迎《むか》えることが出来《でき》るようになったのです。

〇

さて、信仰《しんこう》の上《うえ》に於《お》いては、自由《じゆう》な形式《けいしき》をとることになったのですが、近《ちか》く亀岡《かめおか》を根拠《こんきょ》として、「愛善苑《あいぜんえん》」という「世界平和《せかいへいわ》を目標《もくひょう》とする人類愛善運動《じんるいあいぜんうんどう》」を起《おこ》すことになったのです。「愛善苑《あいぜんえん》」は、大正《たいしょう》十四年《ねん》六月《がつ》に創立《そうりつ》せられました「人類愛善運動《じんるいあいぜんうんどう》」の趣旨《しゅし》をそのまゝ実地《じっち》に行《ゆ》こうというのであります。その趣旨《しゅし》は改《あらた》めて申《もう》すまでもないことですが、今日《こんにち》の国内《こくない》の情勢《じょうせい》、世界《せかい》の情勢《じょうせい》から見《み》まして、この運動《うんどう》は最《もっと》も切実《せつじつ》に要求《ようきゅう》せられているものです。終戦後《しゅうせんご》の国内情勢《こくないじょうせい》はまことに悲惨《ひさん》でありまして、一切《いっさい》の問題《もんだい》を互《たが》いに敵視《てきし》し闘争《とうそう》を以《もっ》て解決《かいけつ》しょうとしているのであります。そうした闘争《とうそう》の結果《けっか》による解決《かいけつ》というものは、永《えい》遠《えん》の平和《へいわ》を得《え》る道《みち》ではないと信《しん》ずるのです。

世《よ》の中《なか》というものはただ理論《りろん》ばかり理屈《りくつ》ばかりで片《かた》づくものではありません。そこには理論《りろん》を超《こ》えた魂《たましい》と魂《たましい》のつながり、愛《あい》と愛《あい》との交《まじ》わりによって理屈《りくつ》で解決出来《かいけつでき》ないものが解決出来《かいけつでき》るのです。愛善《あいぜん》とは最高《さいこう》の愛《あい》、最《もっと》も高《たか》き深《ふか》い大《おお》きな愛《あい》であります。神様《かみさま》の御心《みこころ》、それこそ愛善《あいぜん》そのものであります。神様《かみさま》の御心《みこころ》をそのまま心《こころ》として我々《われわれ》の家庭《かてい》の問題《もんだい》も、社会《しゃかい》の問題《もんだい》も、今後《こんご》は種々変転《しゅじゅへんてん》するであろう国際的《こくさいてき》な問題《もんだい》も、各々《おのおの》の立場々々《たちばたちば》を正《ただ》しく理《り》解《かい》し信《しん》じ合《あ》い愛《あい》し合《あ》い、神様《かみさま》の御心《みこころ》に見直《みなお》し聞直《ききなお》してすべてを解決《かいけつ》して行《ゆ》く、これが永遠《えいえん》の世界平和《せかいへいわ》を実現《じつげん》し得《う》る唯一《ゆいいつ》の道《みち》であるというのが我々《われわれ》の信念《しんねん》であります。

○

そのためには私《わたし》どもは宗教《しゅうきょう》というもの、信仰《しんこう》というものを正《ただ》しく理解《りかい》しなければなりません。今日世界《こんにちせかい》には様々《さまざま》な宗教《しゅうきょう》があります。いずれの宗教《しゅうきょう》も悉《ことごと》く神様《かみさま》の救《すく》いの大《おお》御心《みこころ》からその時代《じだい》その所《ところ》に応《おう》じて出現《しゅつげん》させられておるものであります。それですべての宗教《しゅうきょう》は元《もと》は一つであり、「万教《ばんきょう》は同根《どうこん》」である、これが真理《しんり》であります。

この真理《しんり》に目覚《めざ》めてお互《たが》いの「垣《かき》」を取外《とりはず》し互《たが》いに手《て》を握《にぎ》り合《あ》って平和日本《へいわにほん》の実現《じつげん》のために、平和世界《へいわせかい》の建設《けんせつ》のために邁進《まんしん》しょう、これが我々《われわれ》の信念《しんねん》であり主張《しゅちょう》なのです。ただいずれの宗団《しゅうだん》、いずれの宗派《しゅうは》に属《ぞく》しておりましても、その宗教《しゅうきょう》に於《お》いて正《ただ》しき理解《りかい》正《ただ》しき信仰《しんこう》をつかむのでなければなりません。

故《ゆえ》に私《わたし》どもの主張《しゅちょう》は、いずれの宗教《しゅうきょう》でも、それによって安心《あんしん》し得《え》られるならば、その道《みち》によってお進《すす》みなさい。人間《にんげん》には信仰《しんこう》が必要《ひつよう》で、宗教的《しゅうきょうてき》な信念《しんねん》が無《な》くしてはこの前途《ぜんと》に横《よこ》たわる難関《なんかん》を突破《とっぱ》することは出来《でき》ないということです。こういう広々《ひろびろ》とした心《こころ》、正《ただ》しい自由《じゆう》な気持《きも》ちに於《お》いて、ともに手《て》を取《と》り合《あ》って平和《へいわ》の為《ため》に御奉公《ごほうこう》さしていただき度《た》いと思《おも》うのです。

それですから「愛善苑《あいぜんえん》」に於《つ》きましては、信仰《しんこう》の有無《うむ》に拘《かか》わらず、宗教宗派《しゅうきょうしゅうは》の如何《いかん》に拘《かか》わらず、牧師《ぼくし》も僧侶《そうりょ》も、どんな人達《ひとたち》も「愛善《あいぜん》」ということに共鳴《きょうめい》せられる方々《かたがた》は共《とも》に往来《おうらい》して大《おお》いに語《かた》り合《あ》うというのであります。そうして今後《こんご》の行《ゆ》くべき道《みち》を明《あき》らかにしてお互《たが》いにしっかり協力《きょうりょく》して進《すす》んで行《ゆ》こうというのです。

その「愛善苑《あいぜんえん》」の主張《しゅちょう》、動《うご》きをやはり『愛善苑《あいぜんえん》』という雑誌《ざっし》に載《の》せ、それを明年春頃《みょうねんはるごろ》から発行《はっこう》さしていただきますから、皆様方《みなさまがた》はそれも見《み》て頂《いただ》き度《た》いのです。これを読《よ》んで行《ゆ》けば自《おの》ずからその精神《せいしん》が解《わか》るようになる筈《はず》です。なるべく色々《いろいろ》の殻《から》を作《つく》らないように、形《けい》式《しき》に捉《とら》われないように、煩鎖《ぼんさ》な役員《やくいん》の顔《かお》などを並《なら》べないように、実質的《じっしつてき》に皆一家《みないっか》となって進《すす》んで頂《いただ》こうと種々準備致《しゅじゅじゅんびいた》して居《お》ります。

○

この運動《うんどう》は、先《ま》ず我々《われわれ》の心《こころ》の中《なか》に愛善《あいぜん》の世界《せかい》を開《ひら》き、又我々《またわれわれ》の家庭《かてい》を愛善《あいぜん》の家《いえ》とし、我々《われわれ》の郷土日本《きょうどにほん》の国《くに》を、更《さら》に全世界《ぜんせかい》を「愛善《あいぜん》の苑《その》」と化《か》するという大理想《だいりそう》の下《もと》に進《すす》ましていただき度《た》いのであります。これが深《ふか》い神様《かみさま》の思召《おぼしめ》しだと存《ぞん》じまして、皆様方《みなさまがた》にもそのお気持《きも》ちで、どうか今後《こんご》の「愛善苑《あいぜんえん》」の運動《うんどう》につき全面的《ぜんめんてき》なお力添《ちからぞ》え、御活動《ごかつどう》をお願《ねが》い致《いた》し度《た》いと思《おも》います。詳《くわ》しいことは『愛善苑《あいぜんえん》』その他今後《たこんご》は種々通信等《しゅじゅつうしんとう》の連絡《れんらく》によって皆様方《みなさまがた》に分《わか》って頂《いただ》けるように致《いた》し度《た》いと存《ぞん》じます。………。

（『愛善苑』創刊号　昭和二十一年四月一日）

二、愛善苑主意書

人類《じんるい》は今《いま》や新《あたら》しい天地《てんち》を迎《むか》えようとしています。科学《かがく》の進歩《しんぽ》は物質文明《ぶっしつぶんめい》のいちじるしい発達《はったつ》をもたらしましたが、また、戦争《せんそう》のわざわいをいよいよ大《だい》ならしめ、人心《じんしん》をしてますます不安《ふあん》ならしめました。ここに人類《じんるい》は深《ふか》く反省《はんせい》すると共《とも》にその本性《ほんしょう》に目《め》ざめ、世界恒久平和《せかいこうきゅうへいわ》の実現《じつげん》に向《むか》って進《すす》みはじめました。

そもそも宇宙《うちゅう》の本源《ほんげん》は神《かみ》であります。神《かみ》の愛《あい》は万有《ばんゆう》にあまねく一さいを生《い》かし育《そだ》てています。人類《じんるい》はひとしく神《かみ》の子《ご》であり四海《しかい》は同胞《どうほう》であります。この本義《ほんぎ》に立《た》ちかえり、あらゆるへだてを超《こ》えて神《かみ》の心《こころ》を心《こころ》とする愛善《あいぜん》の世界《せかい》を実現《じつげん》することは、万人霊性《まんにんれいせい》のおのずからなる願《ねが》いであり人類最高《じんるいさいこう》の理想《りそう》であります。

この霊性《れいせい》をひらき人類《じんるい》をその本然《ほんぜん》にみちびき永遠《えいえん》の生命《いのち》をあたえるものは真《まこと》の宗教《しゅうきょう》であります。宗教《しゅうきょう》が新《あたら》しい文化《ぶんか》の根源《こんげん》となり政治《せいじ》、経済《けいざい》、教育《きょういく》、芸術《げいじゅつ》など文化全般《ぶんかぜんぱん》の中《なか》にとけ入り《い》、人類社会《じんるいしゃかい》の生活《せいかつ》が愛善化《あいぜんか》するとき、はじめて高度《こうど》の文化《ぶんか》、永遠《えいえん》の平和《へいわ》は打《う》ちたてられるのであります。

われらはここに人類愛善《じんるいあいぜん》の大義《たいぎ》を発揚《はつよう》し、万教同根《ばんきょうどうこん》の真理《しんり》にもとづき、ひろく相《あい》たずさえて万民和楽《ばんみんわらく》の地上天国《ちじょうてんごく》を実現《じつげん》しょうとするものであります。

昭和二十一年十二月八日　（『愛善苑』第九号　昭和二十二年一月一日）

三、愛善苑機関誌『愛善苑』創刊の辞

新《あたら》しき時代《じだい》の黎明《れいめい》は来《き》ました。新《あたら》しき天地《てんち》の春《はる》は訪《おとず》れんとしています。人々《ひとびと》は長夜《ちょうや》の悪《あく》夢《む》を払《はら》い汚《けが》れた因習《いんしゅう》の衣《ころも》を脱《ぬ》いで新生《しんせい》の第《だい》一歩《ぽ》を踏《ふ》み出《だ》そうとしています。過去《かこ》の誤《あやま》れる一切《いっさい》のものを清算《せいさん》して全《まった》く新《あら》たなる見方《みかた》、考《かんが》え方《かた》、人生《じんせい》に対《たい》する正《ただ》しき態度《たいど》をもつべき秋《とき》

となりました。

人間《にんげん》はこれまで自己《じこ》を基《もと》いとしてすべてのものを観《み》、また考《かんが》え、人生《じんせい》に対《たい》する態度《たいど》として来《き》たのであります。自己《じこ》の満足《まんぞく》を以《もっ》て幸福《こうふく》と見做《みな》し、物質的繁栄《ぶっしつてきはんえい》と外的成功《がいてきせいこう》を追求《ついきゅう》してそれらを人生唯一《じんせいゆいいつ》の目的《もくてき》として来《き》たのであります。しかし幸福《こうふく》という青《あお》い鳥《とり》はいつも人間《にんげん》の手《て》から逃《のが》れ去《さ》って行《ゆ》きました。その度毎《たびごと》に人間《にんげん》は悲《かな》しみ、呪《のろ》い、争《あらそ》い、失望《しつぼう》し時《とき》には自《じ》暴自棄《ぼうじき》にさえ陥《おちい》ったのであります。これは人間《にんげん》が人生《じんせい》に対《たい》して誤《あやま》った態度《たいど》を執《と》っていたからであります。

人類幾千年《じんるいいくせんねん》の歴史《れきし》は無数《むすう》の生《い》きた事実《じじつ》によって私《わたし》ども人間《にんげん》の真《しん》の平和《へいわ》と幸福《こうふく》が個人《こじん》の場《ば》合《あい》も、集団《しゅうだん》の場合《ばあい》も、また国家《こっか》に於《お》ける場合《ばあい》も、「愛《あい》」を基調《きちょう》としたものでなければならないことを教《おし》えています。しかもその愛《あい》たるや、一身一家一党或《いっしんいっかいっとうある》いは己《おの》が民族《みんぞく》をのみ愛《あい》して他《た》をかえりみぬ偏狭《へんきょう》な自己的愛《じこてきあい》ではなくして、我《われ》も人《ひと》も一切《いっさい》を愛《あい》する高《たか》き広《ひろ》き宗教的《しゅうきょうてき》愛即《あいすなわ》ち「愛善《あいぜん》」の精神《せいしん》から出発《しゅっぱつ》したものでなくてはなりません。

「愛善《あいぜん》」の精神《せいしん》は正《ただ》しき信仰《しんこう》の発露《はつろ》であります。これを太陽《たいよう》に譬《たと》えていえば、信《しん》は光《ひかり》であり、愛《あい》は熱《ねつ》であります。光《ひかり》のあるところに熱《ねつ》があり、熱《ねつ》のあるところには光《ひかり》があります。宗教《しゅうきょう》の真諦《しんたい》は畢竟愛《ひっきょうあい》と信《しん》とにあり、愛善精神《あいぜんせいしん》の徹底《てってい》は正《まさ》しく宗教《しゅうきょう》の力《ちから》に俟《ま》たねばなりません。

今《いま》や日本《にほん》は未曾有《みぞう》の大変革《だいへんかく》に際会《さいかい》し、旧《ふる》き封建主義的思想《ほうけんしゅぎてきしそう》と制度《せいど》は崩壊《ほうかい》して民主主義的《みんしゅしゅぎてき》思想《しそう》と制度《せいど》がこれに代《か》わろうとしています。しかし如何《いか》なる変革《へんかく》が行《おこな》われようとも、愛善《あいぜん》の精神《せいしん》を離《はな》れた冷《つめ》たい理論《りろん》や制度《せいど》の改廃《かいはい》のみであったならば、この革新《かくしん》の成就《じょうじゅ》した暁《あかつき》に人々《ひとびと》は又《また》しても失望《しつぼう》の淵《ふち》に陥《おちい》らねばなりません。平和《へいわ》な民主主義的新《みんしゅしゅぎてきあたら》しき道義《どうぎ》の国日本《くににほん》を建設《けんせつ》し、人種《じんしゅ》や国籍《こくせき》や宗教《しゅうきょう》の差別《さべつ》を超越《ちょうえつ》して、人類共存共栄《じんるいきょうぞんきょうえい》の永遠《えいえん》に平和《へいわ》と幸福《こうふく》に充《み》てる世界《せかい》を実現《じつげん》せしめる要訣《ようけつ》として我々《われわれ》は愛善精神《あいぜんせいしん》の徹底《てってい》を計《はか》らねばなりません。

以上《いじょう》の主旨《しゅし》に基《もと》いて茲《ここ》に『愛善苑《あいぜんえん》』を創刊《そうかん》することになりました。独善《どくぜん》と偏狭《へんきょう》を戒《いまし》め、互《たがい》に胸襟《きょうきん》を開《ひら》いて共《とも》に語《かた》り共《とも》に研鑽《けんさん》し、愛善世界《あいぜんせかい》の実現《じつげん》に邁進《まんしん》したいと思《おも》います。奮《ふる》って皆《みな》さんの御協力《ごきょうりょく》あらむことを切望《せつぼう》する次第《しだい》であります。

(『愛善苑』創刊号　昭和二十一年四月一日)

四、愛善の歌(『瑞月・宣伝歌』「六四　愛善の歌」)

天津御国《あまつみくに》にあるものは神《かみ》より出《い》でし愛《あい》の善《ぜん》
現実界《げんじつかい》にある愛《あい》は一切万事自然愛《いつさいばんじしぜんあい》
自己愛《じこあい》または世間愛《せけんあい》同《おな》じ愛《あい》とはいひながら
善悪正邪《ぜんあくせいじや》の区別《くべつ》あり絶対無限《ぜつたいむげん》の真愛《しんあい》は
宇宙万有一切《うちうばんゆういつさい》を創造《さうざう》したる主《す》の神《かみ》を
おきては外《ほか》に何《なに》もなしわが身《み》を愛《あい》しわが郷里《きやうり》
わが住《す》む国土《こくど》を愛《あい》するは皆《みな》それぞれの住民《ぢゆうみん》の

責任《せきにん》なれば自己愛《じこあい》も
神《かみ》より見《み》れば愛悪《あいあく》ぞ
愛《あい》とはいへど偏頗《へんぱ》あり
永遠無窮《えいゑんむきゆう》にへだてなし
総《すべ》ての障壁《しやうへき》とりのぞき
大御心《おほみこころ》に神《かみ》ならい
この地《ち》の上《うへ》に天国《てんごく》の
まことの愛善樹立《あいぜんじゆりつ》せむ
愛善主義《あいぜんしゆぎ》の吾《われ》らには
いざ起《た》て進《すす》め益良夫《ますらを》よ
全地《ぜんち》の上《うへ》にひるがえし
この地《ど》の上《うへ》に樹立《じゆりつ》せむ

咎《とが》むるわけにはゆかねども
現実界《げんじつかい》の一切《いつさい》は
天津御国《あまつみくに》の真愛《しんあい》は
われら愛善会員《あいぜんくわいゐん》は
世《よ》の大本《おほもと》の主《す》の神《かみ》の
愛悪世界《あいあくせかい》を改善《かいぜん》し
永遠無窮《えいゑんむきゆう》に滅《ほろ》びざる
あゝ惟神《かむながら》　惟神《かむながら》
天津御国《あまつみくに》の守《まも》りあり
人類愛善神旗《じんるいあいぜんしんき》をば
真善美愛《しんぜんびあい》の天国《てんごく》を
神《かみ》は吾《われ》らと共《とも》にあり

人《ひと》は神《かみ》の子《こ》神《かみ》の宮《みや》　神《かみ》に習《なら》ひてどこまでも
愛善主義《あいぜんしゅぎ》を拓《ひら》くべし　あゝ惟神《かむながら》 惟神《かむながら》
御霊幸《みたまさち》はひましませよ

五、みろく運動の出発

真渓涙骨《またにるいこつ》（中外日報社主）

（昭和二十一年四月一日『愛善苑』）

大本《おほもと》が長《なが》い間《あいだ》の黒圓々たる陰影《いんえい》が晴《は》れて、さしもに荒《あ》れすさびたる荊棘《いばら》の路《みち》も開《ひら》け、はればれしい日本晴《にほんば》れの大空《おおぞら》に再《ふた》び華々《はなばな》しく新時代《しんじだい》の脚光《きゃっこう》を浴《あ》び、名《な》も新《あたら》しく「愛善苑《あいぜんえん》」の旗幟《きし》の下《もと》に「みろく運動《うんどう》」の出発《しゅっぱつ》を見《み》んとするに至《いた》った。

大本《おほもと》といえば字《じ》の角《かく》の少《すく》ない大衆的《たいしゅうてき》で誰《だれ》にでも覚《おぼ》え易《やす》いしかも含蓄《がんちく》の深《ふか》い好《よ》い名《な》だが、再度《さいど》の無理解《むりかい》なる弾圧《だんあつ》のために一種《いっしゅ》の臭《くさ》みを感《かん》ぜしめるが、しかしその処《ところ》にこそ亦汲《またく》めど尽《つ》きせぬ魅力《みりょく》も潜《ひそ》んでいるのだ。

それの再出発《さいしゅっぱつ》ではなく寧《むし》ろ「新出発《しんしゅっぱつ》」の第《だい》一歩《ぽ》を観《み》んとするのは一に背骨《せぼね》に流《なが》るゝ時代《じだい》の推進力《すいしんりょく》だ、ここまでの苦難辛酸《くなんしんさん》は全《まった》くこの新誕生《しんたんじょう》への陣痛作用《じんつうさよう》であったのかも知《し》れない。

今《いま》や開放《かいほう》の春《はる》が来《き》た。陽光《ようこう》サンサンとして頭上《ずじょう》に輝《かがや》いている。古《ふる》い綿入《わたい》れの重着《かさねぎ》は全《まった》く無用《むよう》だ。在来《ざいらい》の功罪一切《こうざいいっさい》を忘《わす》れ恩怨《おんえん》（＝なさけとうらみ）の障壁《しょうへき》を破《やぶ》って一味平等《いちみびょうどう》の新天地《しんてんち》に自由快活《じゆうかいかつ》のスタートを切《き》るべきだ。四面悉《しめんことごと》く開放《かいほう》、眼中《がんちゅう》あえて怨親《おんしん》なし、寧《むし》ろ宗教宗団《しゅうきょうしゅうだん》宗派《しゅうは》などの忌《い》まわしい長壁《ちょうへき》を繞《めぐ》らした鉄門《てつもん》から抜《ぬ》け、ただ人間《にんげん》と人間《にんげん》とが美《うつく》しく愛善《あいぜん》の手《て》を握《にぎ》り合《あ》って堂々行進《どうどうこうしん》を奏《かな》でることだ。意気相投《いきあいとう》ずれば天下《てんか》と共《とも》に春風《はるかぜ》に語《かた》り、肝胆相照《かんたんあいて》らせば天下《てんか》と共《とも》に秋月《しゅうげつ》に坐《ざ》するのみ。そこには王仁三郎《おにさぶろう》と田吾作《たごさく》との間《あいだ》に何等上下《なんらじょうげ》の差別《さべつ》もなく、結髪《けっぱつ》と散髪《さんぱつ》と丸坊主《まるぼうず》との間《あいだ》に主客《しゅかく》の別《べつ》を劃《わ》かず、洋服《ようふく》モンペ半纏羽織袴《はんぺんはおりはかま》の外形《がいけい》に囚《とら》われる要《よう》なし。

来《く》るものは挙《こぞ》って来《こ》い、去《さ》りたいものは自由《じゆう》に去《さ》れ、今《いま》は煩《いま》わしき天恩郷《てんおんきょう》も月宮殿《げっきゅうでん》もない。あのダイナマイトの残香高《ざんこうたか》き巨石断岩《きょせきだんがん》も過《す》ぎし槿花《きんか》（＝ムクゲの花。栄華のはかないたとえ夢）の仇夢《あだむ》（＝はかない夢）として一筆抹殺《いっぴつまっさつ》し去《さ》ることだ。一切《いっさい》を拭《ぬぐ》え、一切《いっさい》を許《ゆる》せ、一切《いっさい》を忘《わす》れよ、そして純潔《じゅんけつ》なる人間愛《にんげんあい》の真骨頂《しんこっちょう》に直覚《ちょっかく》するのだ。自然《しぜん》は強《つよ》い、地球《ちきゅう》は広《ひろ》い、そして人間《にんげん》と人間《にんげん》は互《たがい》に相触《あいふ》れて魂《たましい》の声《こえ》を聴《き》き、生命合奏《いのちがっそう》の音楽《おんがく》に深呼吸《しんこきゅう》すべきだ。

名《な》を捨《す》てよ、殻《から》を破《やぶ》れよ。こだわりを脱《だつ》せよ、窓《まど》を開《あ》け、門扉《もんぴ》を撤《てつ》せよ、長壁《ちょうへき》を打《う》ちくだけ、そして飽《あ》くまで大胆《だいたん》に、高《たか》き信念《しんねん》と卑《いやし》き生活《せいかつ》に於《おい》て万人《まんにん》と共《とも》に活《い》ける社会《しゃかい》に踊《おど》り抜《ぬ》け我等《われら》は大《だい》なる趣味《しゅみ》を以《もっ》てその前進《ぜんしん》を視届《みとど》けんと欲《ほっ》す。

（創刊号）

六、愛善苑に題す　牧野虎次（同志社大学総長）（1871〜1964）

神風《かみかぜ》大に吹《ふ》き来《き》たりて妖雲《よううん》を吹《ふ》き払《はら》い、秋津島根《あきつしまね》の天《てん》はここに新《あら》たなる黎明《れいめい》（＝あけがた。物事の始まり）を仰《あお》がんとす。この黎明《れいめい》は東亜《とうあ》より明け初《はじ》めて、普《あまね》く四海《しかい》を照《て》らし、世界《せかい》の諸国《しょこく》、諸民族《しょみんぞく》に一視同仁《いっしどうじん》の化《か》を与《あた》うべきものなり。世界列国《せかいれっこく》悉《ことごと》く同《おな》じて、何人《なんびと》も異議《いぎ》を唱《とな》え得《え》ざるに於《お》いてこそ、始《はじ》めて万邦共栄《ばんぽうきょうえい》の具現《ぐげん》を期《き》すべく、我肇国《わがちょうこく》（＝国の開きはじめ）の大精神《だいせいしん》を発揚《はつよう》し得《う》るに非《ひ》ずや。

この時《とき》に際《さい》し出口《でぐち》氏及《およ》びその関係者《かんけいしゃ》は、十年間《ねんかん》の大試練《だいしれん》を卒《お》えて、青天白日《せいてんはくじつ》の下《もと》、新《あら》たに「愛善苑《あいぜんえん》」を組織《そしき》し、農業立国《のうぎょうりっこく》、利用厚生《りようこうせい》の大道《だいどう》を進《すす》み、年来《ねんらい》の主張《しゅちょう》たる「人類愛《じんるいあい》の完《かん》成《せい》」を期《き》せんとす。正《まさ》にこれ時《とき》を得《え》て、道《みち》を選《えら》びたるものと云《い》うべし。

愛《あい》こそ無敵《むてき》なれ、我等《われら》は今一切《いまいっさい》の武備《ぶび》を撤廃《てっぱい》し国民悉《こくみんことごと》く丸腰《まるごし》となりて無手《むて》で世界《せかい》の人々《ひとびと》と取組《とりく》み平和日本《へいわにほん》の第一線《だいせん》に立《た》たんとせる同志《どうし》の前途《ぜんと》に天《てん》の祝福豊《しゅくふくゆた》かならんことを祈《いの》る。

（創刊号）

七、愛善のつどい

西本願寺光照法主の来苑

天恩郷《てんおんきょう》（＝亀岡の大本本部）がどんどん新建設《しんけんせつ》され、整理《せいり》されて行《ゆ》くから、今《いま》のうちにあの破《は》壊《かい》の跡《あと》へ行《い》って日本《にほん》の宗教弾圧《しゅうきょうだんあつ》の一頁《ページ》を身読《しんどく》（＝教えを頭と身体でもって合わせて読みとく）せられては、という真渓涙骨氏《またにるいこつし》の勧《すす》めに随《したが》って西本願寺《にしほんがんじ》の大谷光照法主《おおたにこうしょうほっす》（1911〜2002）が六月《がつ》二十七日《にち》（昭和《しょうわ》二十一年《ねん》）中戸内室部長《ないしつぶちょう》を伴《ともな》って、真渓顧問《またにこもん》と一緒《いっしょ》に来苑《らいえん》せられた。同《おな》じく顧問《こもん》の牧野同志社総長《まきのどうししゃそうちょう》も一足先《ひとあしさき》に来《き》て一行《いっこう》を待《ま》ち受《う》け、出口先生《でぐちせんせい》（＝出口聖師）も「暑《あつ》い暑《あつ》い」と言《い》いつゝも今日《きょう》は珍《めずら》しく羽織《はおり》まで着込《きこ》んでこの珍客《ちんきゃく》を迎《むか》えられた。

一行《いっこう》は十一時過《じすぎ》ダットサンで中矢田農場《なかやだのうじょう》に来着《らいちゃく》、親鸞聖人《しんらんしょうにん》の血脈《けつみゃく》を継《つ》ぎ五百万門徒《ひゃくまんもんと》から生仏様《いきぼとけさま》と崇《あが》められている法主《ほっす》は、三十六歳《さい》の若《わか》さと堂々《どうどう》たる体格《たいかく》を無造作《むぞうさ》に紺鼠色《こんねずいろ》の背《せ》広《びろ》に包《つつ》み、今日《きょう》は輪袈裟《わげさ》も着《つ》けず数珠《じゅず》も持《も》たぬ、全《まった》く飾《かざ》り抜《ぬ》きの赤裸《あかはだか》の姿《すがた》でダットサンから降立《おりた》たれた。

奥《おく》の離《はな》れで、真渓顧問《またにこもん》の紹介《しょうかい》で、出口先生《でぐちせんせい》や伊佐男氏《いさおし》との間《あいだ》に簡単《かんたん》な初対面《しょたいめん》の挨拶《あいさつ》が交《まじ》わされると、忽《たちま》ち十年《ねん》の知己《ちき》の如《ごと》く、何《なん》とも和《なご》やかな空気《くうき》が一座《いちざ》を包《つつ》んだ。

「これが愛善苑《あいぜんえん》の客間《きゃくま》ですからねエ、随分立派《ずいぶんりっぱ》なものだ、それに時々蠅《ときどきはえ》が来《く》るし、畑《はたけ》の香《かおり》がするしアハハハ……」

と最年長者《さいねんちょうじゃ》七十八歳《さい》の真渓顧問《またにこもん》は子供《こども》のようになって先《ま》ず一流《いちりゅう》の茶目《ちゃめ》を飛《と》ばし始《はじ》める。

「農園《のうえん》には牛《うし》や馬《うま》が居《お》るので蠅《はえ》が多《おお》くて……」

と出口先生《でぐちせんせい》は本気《ほんき》で弁解《べんかい》しかけると、

「いやそれが良《よ》いので、今朝《けさ》、本願寺《ほんがんじ》で法主《ほっす》をお誘《さそ》いして待《ま》っている間《あいだ》にそこらを見《み》ると、一面《いちめん》にねぎや南瓜《かぼちゃ》が植《う》えてある。プンプンと香《かおり》がする。これあるかなと思《おも》いましたネ」

と「信農一如《いちにょ》」の礼讃《らいさん》。

出口先生手作《でぐちせんせいてづく》りの楽焼《らくやき》に見入《みい》る法主《ほっす》へ牧野顧問《まきのこもん》が、

「古希《こき》を越《こ》えた老人《ろうじん》の作《さく》とは思《おも》えぬなかなか若作《わかづく》りで……」

と、寂《さ》びとか渋《しぶ》みとかとはずっと違《ちが》った独特《どくとく》の天国調《てんごくちょう》に対《たい》して適宜《てきぎ》を加《くわ》える。一しきり楽焼《らくやき》の話《はなし》が続《つづ》いて、やがて澄子夫人《すみこふじん》や八重野夫人《やえのふじん》の心尽《こころづく》しの昼飯《ちゅうはん》が運《はこ》ばれる。出口先生《でぐちせんせい》は一度《ど》お部屋《へや》へ立《た》とうとしたが、真渓顧問《またにこもん》が、

「もっと居《お》って下《くだ》さい、頂《いただ》きながら聴《き》かして貰《もら》いますわ」

と遠慮《えんりょ》のない注文《ちゅうもん》に、また坐《すわ》り直《なお》される。

中戸部長《ぶちょう》が、

「蒙古《もうこ》へお越《こ》しになったのは何時頃《いつごろ》でしたか」

との話題《わだい》から今度《こんど》は入蒙《にゅうもう》の思《おも》い出《で》、

「一生《いっしょう》のうちで、あんな面白《おもしろ》いことはなかった……」

とまざまざ当時《とうじ》を思《おも》い浮《う》かべるように両眼《りょうがん》を輝《かがや》かして出口先生《でぐちせんせい》は入蒙《にゅうもう》の事情《じじょう》やパインタラの遭難《そうなん》の模様《もよう》などを面白《おもしろ》く話《はな》される。

道徳的《どうとくてき》にも政治的《せいじてき》にも又衛生的《またえいせいてき》にも将《まさ》に亡《ほろ》びんとしていた蒙古《もうこ》の民族《みんぞく》に、新《あたら》しい宗教《しゅうきょう》的息吹《てきいぶき》を吹込《ふきこ》むことによって一大愛善郷《いちだいあいぜんきょう》を造《つく》ろうと、日本《にほん》を脱出《だっしゅつ》して僅《わず》か四人《にん》の従者《じゅうしゃ》を連《つ》れて入蒙《にゅうもう》した往年《おうねん》の出口先生《でぐちせんせい》の奔放《ほんぽう》なる活躍振《かつやくぶ》りは、青年法主《せいねんほっす》の純《じゅん》なる脈管《みゃくかん》にどんなに響いたであろうか。

真渓顧問《またにこもん》は何思《なにおも》ったか独《ひと》り言《ごと》のように、

「何《なん》でもないように考《かんが》えるか知《し》らんが、これは画期的《かっきてき》の事《こと》ですね。確《たし》かに画期的《かっきてき》のことだ」

と繰返《くりかえ》しつぶやいている。

如何《いか》にも、見《み》ようによっては実《じつ》に画期的《かっきてき》の事《こと》である。本派本願寺派管長《ほんぱほんがんじはかんちょう》・西本願寺《にしほんがんじ》法《ほっ》主《す》伯爵大谷光照猊下《はくしゃくおおたにこうしょうげいか》（＝高僧の敬称）が、さしもに高《たか》い宗派《しゅうは》の障壁《しょうへき》（牆壁・墻壁）を飛越《とびこ》えて、こうして出口先生《でぐちせんせい》やキリスト教《きょう》の牧野先生達《まきのせんせいたち》と、親子《おやこ》のような親愛《しんあい》の雰囲気《ふんいき》の中《なか》で語《かた》り合《あ》うということは、これは一昔以前《ひとむかしいぜん》ならば到底想像《とうていそうぞう》も出来《でき》なかったことであり、時代《じだい》の変遷《へんせん》のためもあるが、今日《きょう》の法主《ほっす》の来苑《らいえん》は或意味《あるいみ》で出口先生《でぐちせんせい》の入蒙《にゅうもう》にも比《ひ》する程《ほど》の宗教界《しゅうきょうかい》の快挙《かいきょ》とも言《い》えよう。

「今後《こんご》は何ういう御方針《ごほうしん》で進《すす》まれますか」

法主《ほっす》の質問《しつもん》に対《たい》して（出口）伊佐男《いさお》氏《し》から一通《ひととお》り説明《せつめい》する。

「一切過去《いっさいかこ》に捉《とら》われずすべてを清算《せいさん》して新《あらた》に踏《ふ》み出《だ》そうとしています。私《わたし》の方《ほう》でかねて強調《きょうちょう》していることは「万教同根《ばんきょうどうこん》」ということです。すべての宗教《しゅうきょう》はその形式《けいしき》、その説《と》き方《かた》に多少異《たしょうこと》なるところがあっても、結局神《けっきょくかみ》の救《すく》いとしてその民族《みんぞく》、その所《ところ》、その時代《じだい》に応《おう》じて出現《しゅつげん》しているので、根本精神《こんぽんせいしん》に立《た》ち還《かえ》れば元《もと》は一つだ。そこに自覚《じかく》してお互《たが》いに大《おお》きな障壁《しょうへき》を取除《とりのぞ》き本来《ほんらい》の使命《しめい》に生《い》きなければならぬという主張《しゅちょう》を以前《いぜん》から持《も》って居《お》ったものですから、今度《こんど》は一宗一派《いっしゅういっぱ》の形《かたち》でなく、開放的《かいほうてき》に広々《ひろびろ》した「愛善《あいぜん》の苑《その》」をひらくという理想《りそう》を以《もっ》て進《すす》んで行《ゆ》こうというわけです。それで、どの宗教《しゅうきょう》でもよいから正《ただ》しい宗教的《しゅうきょうてき》信念情操《しんねんじょうそう》をもつべきことを強調《きょうちょう》し、一切墻《いっさいかき》を作《つく》らず一つの気持《きも》ちになって、その町《まち》、その村《むら》、その郷土《きょうど》を段々宗教的愛《だんだんしゅうきょうてきあい》に基《もと》いて立直《たちなお》して行《ゆ》きたいと、ねらいはそこなのです」

「なかなか面白《おもしろ》いですね」

と法主《ほっす》は肯かれる。

「だから「愛善苑《あいぜんえん》」としては神殿《しんでん》は一切造《いっさいつく》らぬことにして、礼拝《れいはい》の形式《けいしき》はその人々《ひとびと》の宗派《しゅうは》に応《おう》じてすればよい。ただ一つの気持《きも》ちになって愛善化《あいぜんか》しょうというのが願《ねが》いです」

中戸部長《ぶちょう》は、

「神殿《しんでん》……我々《われわれ》の方《ほう》ならば殿堂《でんどう》ですが……それがあるために困《こま》っているような状態《じょうたい》が時々《ときどき》あるのですが、そちらでは、将来《しょうらい》そういう行《い》き方《かた》ですか」

と、所謂伽藍《いわゆるがらん》と宗教《しゅうきょう》の問題《もんだい》について質問《しつもん》、伊佐男《いさお》氏《し》から、

「父《ちち》は、神殿《しんでん》は要《い》らぬ。魂《たましい》の中《なか》に神殿《しんでん》を作《つく》れ。そうして常《つね》に神《かみ》と共《とも》に生《い》き、神《かみ》と共《とも》に楽《たの》しみ、神《かみ》と共《とも》に働《はたら》けというのです。それでも何《なに》か礼拝《れいはい》の対象《たいしょう》が欲《ほ》しいならば、小山《こやま》でも作《つく》って、それでも拝《おが》んだらよいというので、綾部《あやべ》では山《やま》の上《うえ》に富士《ふじ》の形《かたち》の小山《こやま》を作《つく》って、拝《おが》みたい者《もの》はそれへ参《まい》れというわけです」

牧野総長《まきのそうちょう》は、キリスト教《きょう》の歴史《れきし》からこの問題《もんだい》を説明《せつめい》して、

「キリスト教《きょう》で、『新約全書《しんやくぜんしょ》』という名前《なまえ》の出《で》た出発点《しゅっぱつてん》は、予言者《よげんしゃ》エレミヤに対《たい》してお示《しめ》しがあった。「我新《われあたら》しき約束《やくそく》を汝《なんじ》に与《あた》う。この約束《やくそく》は石《いし》に書《か》くものでなく、我汝《われなんじ》の心《こころ》の内《うち》碑《ひ》に記《しる》す」……それは御承知《ごしょうち》のモーゼの十戒《じっかい》は石《いし》に書《か》いたのですが、新《あたら》しき約束《やくそく》を心《こころ》の碑《ひ》に記《しる》すということで、そこから「新約《しんやく》」という名《な》が出《で》、それに対《たい》して前《まえ》のを「旧約《きゅうやく》」ということになったのです」

大谷法主《おおたにほっす》は、

「今《いま》の「万教同根《ばんきょうどうこん》」という主張《しゅちょう》は我々《われわれ》の宗派《しゅうは》でも若《わか》い人《ひと》が論《ろん》ずるとそういう結論《けつろん》になる。そこで或《あ》る研究会《けんきゅうかい》があって私《わたし》も出《で》て居《お》りましたが、意見《いけん》が二つになって、大体徳川時代《だいたいとくがわじだい》の宗学《しゅうがく》によると、それはいかんと言《い》う。自分《じぶん》の信仰《しんこう》しているものは唯一《ゆいいつ》で、他《た》をゆるすということはあり得《え》ない。そういうものは信仰《しんこう》じゃないと言《い》う。今《いま》のところただプライベートの集《あつ》まりであって結論《けつろん》をつけたわけではありませんが……」

と信仰《しんこう》と思想《しそう》との微妙《びみょう》な矛盾《むじゅん》、一切肯定《いっさいこうてい》について話題《わだい》が投《な》げられ、それを中心《ちゅうしん》に真渓牧野《またにまきの》両顧問《りょうこもん》、伊佐男《いさお》氏《し》からそれぞれ含蓄深《がんちくぶか》い言葉《ことば》の花《はな》が咲《さ》き競《きそ》った。

一高時代《いっこうじだい》二年上級《ねんじょうきゅう》であった（出口《でぐち》）貞四郎氏《し》が生憎発熱《あいにくはつねつ》で臥床中《がしょうちゅう》であったが、同《おな》じ母校《ぼこう》のなつかしさに遂《つい》に熱《ねつ》をおしてこの席《せき》に現《あらわ》れ、両氏《りょうし》は暫《しば》し学生時代《がくせいじだい》に還《かえ》って楽《たの》しい昔語《むかしがた》りに耽《ふけ》った。

三時過《じす》ぎ一同《いちどう》トラックとダットサンに分乗《ぶんじょう》して天恩郷《てんおんきょう》に向《むか》い、出口先生《でぐちせんせい》や伊佐男《いさお》氏《し》の説明《せつめい》で月宮殿高天閣《げっきゅうでんこうてんかくとう》等の無残《むざん》な破壊《はかい》の跡《あと》をつぶさに観察《かんさつ》し、四時過《じす》ぎ辞去《じきょ》せられた。大阪朝日新聞《おおさかあさひしんぶん》は何処《どこ》から知《し》ったのか社員《しゃいん》三名《めい》で中矢田農場《なかやたのうじょう》に来《き》て面会《めんかい》を求《もと》め法主《ほっす》や出口先生《でぐちせんせい》からいろいろと話《はなし》を引出《ひきだ》し、各所《かくしょ》で写真《しゃしん》を撮《と》って居《お》ったが、翌朝《よくちょう》の同紙《どうし》には月宮殿跡《げっきゅうでんあと》でのスナップと共《とも》に「夢《ゆめ》の跡《あと》に宗教談議《しゅうきょうだんぎ》、光照法主《こうしょうほっす》と王仁三郎翁《おにさぶろうおう》」の見出《みだ》しの下《した》にトップ記事《きじ》として、この来苑《らいえん》の事《こと》が大《おお》きく報《ほう》ぜられていた。（一記者《いちきしゃ》）

（『愛善苑』第五号　昭和二十一年九月一日）

八、夢の跡に宗教談議

光照法主と王仁三郎翁　（『朝日新聞』昭和二十一年六月二十八日）

封建的《ほうけんてき》な既成宗団《きせいしゅうだん》の殻《から》を打破《だは》して西本願寺大谷光照法主《にしほんがんじおおたにこうしょうほっす》は、「愛善苑苑主《あいぜんえんえんしゅ》」としていま農耕《のうこう》に静《しず》かな余生《よせい》を楽《たの》しむ元大本教総統出口王仁三郎翁《もとおほもときょうそうとうでぐちおにさぶろうおう》を同苑顧問牧野同大総長《どうえんこもんまきのどうだいそうちょう》、真渓《またに》中外日報社主《ちゅうがいにっぽうしゃしゅ》とともに二十七日京都府南桑田郡亀岡町《にちきょうとふみなみくわたぐんかめおかちょう》の出口邸《でぐちてい》に訪《おとず》れ、宗教《しゅうきょう》のあり方《かた》につき忌憚《きたん》なき意見《いけん》を交換《こうかん》したのち、去《さ》る昭和《しょうわ》十年《ねん》の大本教事件《おほもときょうじけん》で木ッ端微塵《こっぱみじん》に打《う》ち砕《くだ》かれた同教本部《どうきょうほんぶ》のあった「天恩郷《てんおんきょう》」を同翁《どうおう》と伴《つ》れ立《た》って視察《しさつ》。大本教華《おほもときょうはな》やかなりしころの「月宮殿《げっきゅうでん》」や「高天閣《こうてんかく》」などの礎石《そせき》がごろごろ転《ころ》がるその跡《あと》を窺《うかが》い、首《くび》をちぎられた観《かん》音石像《のんせきぞう》の雨露《あめつゆ》にさらされた山稜《さんりょう》を巡視《じゅんし》したが、治安維持法《ちあんいじほう》と不敬罪《ふけいざい》にとわれて時《とき》の政府《せいふ》から宗教弾圧《しゅうきょうだんあつ》の槍玉《やりだま》にあがり、一網打尽《いちもうだじん》の検束《けんそく》に信仰《しんこう》の中心《ちゅうしん》である綾部町《あやべちょう》の「一望苑」三万坪《まんつぼ》、亀岡《かめおか》の「天恩郷《てんおんきょう》」二万《まん》五千坪《せんつぼ》を跡方《あとかた》もなく破壊《はかい》された王仁三郎翁《おにさぶろうおう》は、第《だい》二代教主《だいきょうしゅ》澄子夫人《すみこふじん》ら一族《いちぞく》六十余名《よめい》とともに囹圄《れいぎょ》（＝牢屋）の身《み》となり、独房《どくぼう》に六年《ねん》八ケ月《かげつ》の幽囚生活《ゆうしゅうせいかつ》を送《おく》り、大本教再建《おほもときょうさいけん》は不可能《ふかのう》と見《み》られたが、終戦直後《しゅうせんちょくご》の昨年《さくねん》九月大審院《がつだいしんいん》から無罪《むざい》の判決《はんけつ》を受《う》けてようやく青天白日《せいてんはくじつ》の身《み》となったのだ。

かつては二千《せん》の別院支部《べついんしぶ》などの細胞組織《さいぼうそしき》を世界《せかい》にめぐらし外人《がいじん》も加《くわ》わって、百万《ひゃくまん》を超《こ》える信者《しんじゃ》を擁《よう》し、世界改造《せかいかいぞう》の理想《りそう》を描《えが》いた同教《どうきょう》の再出発《さいしゅっぱつ》は宗教界《しゅうきょうかい》の注目《ちゅうもく》するところとなったが「仏教《ぶっきょう》は善《ぜん》を説《と》き、キリスト教《きょう》は愛《あい》を説《と》く、しかし神《かみ》も仏《ほとけ》も一つ、もとに還《かえ》ることぢゃ、人類愛善《じんるいあいぜん》こそは我々《われわれ》の理想《りそう》である」とさっぱり宗教運動《しゅうきょううんどう》から縁《えん》を切《き》り、去《さ》る二月《がつ》に「愛善苑《あいぜんえん》」をおこし、大乗的《だいじょうてき》な立場《たちば》に立《た》ってあらゆる宗教《しゅうきょう》を受入《うけい》れる農本主義社会厚生事業《のうほんしゅぎしゃかいこうせいじぎょう》を全国的《ぜんこくてき》に展開《てんかい》することになったのだ。

翁《おう》はまず政府《せいふ》の手《て》に取上《とりあ》げられた五万《まん》五千坪《せんつぼ》の私有地《しゆうち》から一万坪《まんつぼ》を二ケ年間無償《かねんかんむしょう》で亀岡《かめおか》、綾部町民《あやべちょうみん》に貸《か》し、自《みず》らも朝《あさ》な夕《ゆう》なに鋤《すき》をとって農耕《のうこう》にいそしんでいる。二十六日《にち》から宗制審議会《しゅうせいしんぎかい》を開《ひら》いて教団解放《きょうだんかいほう》の新《あたら》しき構想《こうそう》をねる光照法主《こうしょうほっす》と神殿宗教《しんでんしゅうきょう》の華《はな》やかな夢《ゆめ》をふりすてゝ生活《せいかつ》の中《なか》から生《うま》れる新《あたら》しき信仰《しんこう》に生《い》きる王仁三郎翁《おにさぶろうおう》はこもごも語《かた》った。

出口苑主談《でぐちえんしゅだん》「キリスト教《きょう》も仏教《ぶつきょう》も既成宗教《きせいしゅうきょう》は八百屋《やおや》であってはいかん。まず蔵《くら》にしまってある心《こころ》のがらくたを出《だ》して裸《はだか》になることじゃ。伽藍《がらん》はたにし（＝田螺）みたいなもので邪魔《じゃま》になるだけで、このまゝではこれまでの教団《きょうだん》は自然《しぜん》に亡《ほろ》びてしまうだろう。わしは宗《しゅう》教団体《きょうだんたい》を作《つく》ろうとは思《おも》わぬ。みんなが自分《じぶん》の好《す》きな信仰《しんこう》さえ持《も》てばよい。これまでのことはすっぽり水《みず》に流《なが》して裸《はだか》になった。わしはこれから土地《とち》を耕《たがや》して人類愛善《じんるいあいぜん》の道《みち》を行《ゆ》くのみだ」

光照法主談《こうしょうほっすだん》「伽藍《がらん》は伝道《でんどう》のために自然《しぜん》に出来《でき》たものだが、これが壁《かべ》になって宗団《しゅうだん》の自由《じゆう》な仕事《しごと》が阻害《そがい》されているとすれば改《あらた》めねばならぬが、教団《きょうだん》をなくする必要《ひつよう》はないと思《おも》う。またこのために仏門《ぶつもん》に入《はい》る道《みち》が狭《せま》いことは仏教《ぶっきょう》の欠点《けってん》ではあるが、伝道《でんどう》によってこの門《もん》は広《ひろ》げて行《ゆ》きたい。終戦後宗《しゅうせんごしゅう》教《きょう》は政府《せいふ》の弾圧《だんあつ》を免《まぬか》れて自由《じゆう》になったが、いまこそ我々《われわれ》は心《こころ》しなければならぬ時《とき》で、宗教《しゅうきょう》は弾圧《だんあつ》によって伸《の》びるものである。これからは政府《せいふ》の弾圧《だんあつ》はなくなるが、思想《しそう》の圧力《あつりょく》、すなわち唯物論《ゆいぶつろん》（＝精神の実在を否定し、ただ物質だけが真の存在だとして、物質本位として考えること）による弾圧《だんあつ》を覚悟《かくご》しなければならぬ。その刺戟《しげき》と戦《たたか》うことになって宗教《しゅうきょう》は徳川時代《とくがわじだい》の墜落《だらく》から救《すく》われることを信《しん》じている」

○天翔《あまかけ》り国翔《くにかけ》りつゝ吾魂《わがたま》は
　からの果《は》てまで往《ゆ》きかひてあり

○吾《われ》といふものを捨《す》つれば世《よ》の中《なか》は
　心安《こころやす》らけく暮《く》るゝものなり

○逆《そむ》きたる人《ひと》は数々《かずかず》ありながら
　吾《わ》れ一度《ひとたび》もさばきしことなし

（『伊都能売道歌』みいづ舎刊）

○故郷《ふるさと》に遺《のこ》せしはゝを思《おも》ふ間《ま》も
なく〳〵尽《つく》す神国《かみくに》のため

○こゝろのみ誠《まこと》のみちにかなふとも
おこなひせずば神《かみ》は守《まも》らじ

○恵良《えら》〳〵に笑《ゑら》ぎ賑《にぎ》はふかどぐちは
たからのふねの港《みなと》とぞなる

○足引《あしびき》のやまより高《たか》く八千尋《やちひろ》の
海《うみ》よりふかきかみの御恵《みめぐみ》

（『伊都能売道歌』みいづ舎刊）

第十一編　新憲法と人類愛善運動

一、新憲法と愛善運動『愛善苑』巻頭言

（一）、新憲法への自覚と責任

日本国立直《にほんこくたてなお》しの基調《きちょう》となる新憲法《しんけんぽう》は、十一月《がつ》三日《にち》（昭和《しょうわ》二十一年《ねん》）世界《せかい》の注視《ちゅうし》を浴《あ》びて発布《はっぷ》された。それは前文及《ぜんぶんおよ》び十一章《しょう》 百《ひゃく》三ケ条《かじょう》より成《な》り立《た》ち、そこに一貫《いっかん》して流《なが》れるものは平和《へいわ》への希求《ききゅう》である。もとより新憲法《しんけんぽう》の特徴《とくちょう》としては「主権在民《しゅけんざいみん》の確立《かくりつ》」、「神秘性《しんぴせい》を捨《す》てた天皇制《てんのうせい》」、「戦争《せんそう》の永久放棄《えいきゅうほうき》」等々《とうとう》、多《おほ》くのものを挙《あ》げ得《う》るが、その悉《ことごと》くはあくまでも平和《へいわ》な日本《にほん》を樹立《じゅりつ》しようとするものに外《ほか》ならない。日本民族《にほんみんぞく》が祖先《そせん》より受《う》けついで来《き》た真《まこと》の平和愛《へいわあい》の精神《せいしん》を、この憲法《けんぽう》ほど強《つよ》く、しかも具体的《ぐたいてき》に表明《ひょうめい》した条文《じょうぶん》は史上《しじょう》かって類例《るいれい》を見《み》ないことである。

今日《こんにち》世界《せかい》の趨勢《すうせい》を見《み》るに、物質文明《ぶっしつぶんめい》の進歩《しんぽ》は漸《ようや》く唯物主義《ゆいぶつしゅぎ》（＝物質中心主義）の範疇《はんちゅう》を脱《だつ》して、精神科学《せいしんかがく》の門扉《もんぴ》を打《う》ち開《ひら》かんとしている。そして高度《こうど》な文明《ぶんめい》を持《も》つ民族《みんぞく》は近代社会《きんだいしゃかい》に相応《ふさわ》

しい宗教心《しゅうきょうしん》の上《うえ》に立《た》って、思案《しあん》し、計画《けいかく》し、実践《じっせん》しつゝある。即《すなわ》ち人類《じんるい》の理性《りせい》は神《かみ》より与《あた》えられた本然《ほんぜん》に加《くわ》うるに科学《かがく》の智性《ちせい》により、遂《つい》に宇宙《うちゅう》の真理《しんり》を究明把握《きゅうめいはあく》し、新世界創造《しんせかいそうぞう》に偉大《いだい》な寄与《きよ》をもたらし始《はじ》めたのだ。かゝる世界《せかい》の進運《しんうん》と「新憲法《しんけんぽう》」とを思《おも》い合《あわ》せるとき、これは敗戦《はいせん》という偶然《ぐうぜん》の結果《けっか》ではなく必然《ひつぜん》な歴史《れきし》の流《なが》れ、世界《せかい》の動《うご》きに順応《じゅんおう》したものというべきだ。暗示的《あんじてき》に解《かい》すれば正《まさ》に「天《てん》の時到《ときいた》れり」である。

「新憲法《しんけんぽう》」の発布《はっぷ》はここに時宜《じぎ》を得《え》た、というばかりでなく、その意義《いぎ》は「世界《せかい》に遅《おく》れをとらざるもの」であり、「万世《ばんせい》に太平《たいへい》を開《ひら》く」ものである。けだし「新憲法《しんけんぽう》」は時流《じりゅう》（＝その時代の風潮、傾向）の尖端《せんたん》を往《ゆ》くもので、これを実践《じっせん》する国民《こくみん》は断《だん》じて世界《せかい》の最後尾《さいこうび》につく敗戦国民《はいせんこくみん》でもない筈《はず》だ。否《いな》、むしろ「精神的《せいしんてき》」に世界《せかい》に率先《そっせん》するもので吾人《ごじん》はその自覚《じかく》と責任《せきにん》を忘《わす》れてはならない。

(二)、新憲法と宗教家の役割

世界《せかい》を挙《あ》げての深刻《しんこく》な戦争《せんそう》への反省《はんせい》と科学文明《かがくぶんめい》の進歩《しんぽ》は、宗教《しゅうきょう》への理解《りかい》を深《ふか》め、「平《へい》和《わ》と宗教《しゅうきょう》」は全人類《ぜんじんるい》の脳裏《のうり》に強《つよ》く浮《う》かび上《あが》っているようだ。しかし、それは今日《こんにち》なお摸《も》索《さく》の時代《じだい》であって、それ故《ゆえ》に宗教家《しゅうきょうか》の使命《しめい》は日《ひ》と共《とも》に重大性《じゅうだいせい》を加《くわ》えている。このことは「新憲法《しんけんぽう》」に就《つ》いてもいい得《う》る。例《たと》えば憲法生《けんぽうう》みの親《おや》の苦闘《くとう》をつづけた金森徳次郎国務相《かなもりとくじろうこくむそう》は、第三章《だいしょう》を説明《せつめい》して、

「之《これ》は個人主義《こじんしゅぎ》の権利《けんり》を排除《はいじょ》して共同《きょうどう》の世界《せかい》に重点《じゅうてん》を置《お》いている。しかし共同世界《きょうどうせかい》は如《い》何《か》なる理念《りねん》によって統一《とういつ》して行《ゆ》くかということはこの憲法《けんぽう》は触《ふ》れていない。即《すなわ》ち将来《しょうらい》の国《こく》民及《みんおよ》び思想《しそう》の発展《はってん》の上《うえ》には触《ふ》れていないのであって、それらのことばは将来《しょうらい》の学問及《がくもんおよ》び思《し》想《そう》の発達《はったつ》の上《うえ》に残《のこ》して置《お》くという趣旨《しゅし》になっている」と述《の》べ、又前文中《またぜんぶんちゅう》に「日本国民《にほんこくみん》は恒久《こうきゅう》の平和《へいわ》を念願《ねんがん》し、人間相互《にんげんそうご》の関係《かんけい》を支配《しはい》する崇高《すうこう》な理想《りそう》を深《ふか》く自覚《じかく》するのであって、平和《へいわ》を愛《あい》する諸国民《しょこくみん》の公正《こうせい》と信義《しんぎ》に信頼《しんらい》して、われらは平和《へいわ》を維持《いじ》し専制《せんせい》と隷従《れいじゅう》、圧迫《あっぱく》と偏狭《へんきょう》を地上《ちじょう》から永遠《えいえん》に除去《じょきょ》しょうと努《つと》めている国際社会《こくさいしゃかい》に於《お》いて名誉《めいよ》ある地位《ちい》を占《し》めた

いと思《おも》う。われらは、全世界《ぜんせかい》の国民《こくみん》がひとしく恐怖《きょうふ》と欠乏《けつぼう》から免《のが》れ、平和《へいわ》のうちに生存《せいぞん》する権利《けんり》を有《ゆう》することを確認《かくにん》する」

とあるが、人間相互《にんげんそうご》の関係《かんけい》を支配《しはい》する崇高《すうこう》な理想《りそう》や全世界《ぜんせかい》の国民《こくみん》がひとしく恐怖《きょうふ》と欠乏《けつぼう》から免《のが》れることが宗教《しゅうきょう》を離《はな》れて得《え》られるかどうか、こゝに宗教《しゅうきょう》による安心立命《あんしんりつめい》の境地《きょうち》が具《ぐ》体的《たいてき》に人類《じんるい》の教《おしえ》となり、現実《げんじつ》の力《ちから》となって現《あら》われねばならぬことを示唆《しさ》している。

もし「新憲法《しんけんぽう》」にして宗教心《しゅうきょうしん》が裏付《うらづ》けられなかったならば形式《けいしき》に走《はし》り理念《りねん》に空転《くうてん》して、アメリカの新聞《しんぶん》が評《ひょう》したように空想化《くうそうか》の恐《おそ》れがある。「新憲法《しんけんぽう》」に魂《たましい》を吹《ふ》き込《こ》み所謂《いわゆる》「画《が》竜点睛《りょうてんせい》」（＝物事を完成させるための最後の仕上げ。全体を引き立たせる最も肝心なところ）をなすものは政治家《せいじか》でも司法官《しほうかん》でもなく実《じつ》に宗教家《しゅうきょうか》であることを認識《にんしき》すべきである。

(三)、戦争放棄の根本理念

第《だい》二章《しょう》は世界《せかい》に向《む》って敢然《かんぜん》（＝思いきって行動すること）「戦争放棄《せんそうほうき》」を宣言《せんげん》する重大《じゅうだい》な一ケ条《じょう》である。

これを敗戦《はいせん》によって武装《ぶそう》を解除《かいじょ》され、軍国日本《ぐんこくにっぽん》が再起《さいき》しないよう徹底的《てっていてき》に強《し》いられてやむを得《え》ないことと心《こころ》ひそかに解《かい》するものがあったならば、それは世界《せかい》をあざむき、しかも今《こん》後再《ごふたた》び戦争《せんそう》の悲哀《ひあい》をなめようとするものだ。平和《へいわ》な日本《にほん》を樹立《じゅりつ》するにはどうしても国民《こくみん》の一人一人《ひとりひとり》が真理《しんり》に目《め》ざめて、心《こころ》のドン底《ぞこ》から戦争《せんそう》を放棄《ほうき》するのでなくては相叶《あいかな》わぬことである。

この第《だい》九条《じょう》に就《つ》いて金森徳次郎国務相《かなもりとくじろうこくむそう》は、

「わが国《くに》は兵力《へいりょく》を持《も》たぬということから凡《あら》ゆる危機《きき》とあらゆる損害《そんがい》を覚悟《かくご》しなければならぬ。そんな覚悟《かくご》をして何《なに》に役立《やくだ》つかという疑《うたが》いを起《おこ》す気持《きも》ちもあろうが、かくの如《ごと》き疑《うたが》いこそは世界《せかい》をして災《わざわ》いの巷《ちまた》と化《か》し永久《えいきゅう》に戦争《せんそう》の絶《た》えることをなからしめるのであって、こゝに大乗的《だいじょうてき》な心《こころ》を奮《ふる》い起《おこ》して、よいと思《おも》う方向《ほうこう》に直《まっ》しぐらに猪突《ちょとつ》するという心《こころ》にこの憲法《けんぽう》の極《きわ》めて真剣《しんけん》な態度《たいど》がハッキリしていると思《おも》う。如何《いか》なる戦争《せんそう》も自衛戦争《じえいせんそう》の名《な》をもって行《おこな》うのが実情《じつじょう》であって、自衛戦争《じえいせんそう》を認《みと》めるということは一切《いっさい》の戦争《せんそう》を認《みと》めるということに帰着《きちゃく》するわけであって、真理《しんり》を追及《ついきゅう》する熱情《じょうねつ》を持《も》つものはそういうところに何《なん》らの未練《みれん》もなく、これを振《ふ》り捨《す》てゝ突進《とっしん》する、而《しか》して世界《せかい》がわれわれの後《あと》に追随《ついずい》して来《く》るようにさせるだけの心構《こころがま》えがなければならぬと思《おも》う」と述《の》べている。まことにわれわれの意《い》を尽《つく》した説明《せつめい》である。たゞしかし、戦争《せんそう》を放棄《ほうき》したという事《こと》は、今後《こんご》の日本《にほん》は「無抵抗主義《むていこうしゅぎ》」であって、国際紛争《こくさいふんそう》を生《しょう》じた場合《ばあい》には、安全保《あんぜんほ》障理事会《しょうりじかい》がその兵力《へいりょく》をもって防衛《ぼうえい》に当《あた》ってくれるのだと安易《あんい》に解《かい》する事《こと》の危険《きけん》さである。

この考《かんが》え方《かた》は結局《けつきょく》「人《ひと》の褌《ふんどし》で相撲《すもう》をとる」の類《たぐい》で戦争《せんそう》を自《みずか》らの手足《てあし》に訴《うった》えてはやらないが、他《ほか》の手段《しゅだん》では依然戦争《いぜんせんそう》するとの考《かんが》えで、これではやがて又可能《またかのう》なる対抗手段《たいこうしゅだん》を持《も》とうとする過渡的便法《かとてきべんぽう》に過《す》ぎないことになる。即《すなわ》ち「戦争放棄《せんそうほうき》」とは戦争《せんそう》の精神《せいしん》までも捨《す》て去《さ》るものでなくてはならぬ。そして闘争《とうそう》に非《あら》ず又敵《またてき》を生《う》まざるの理念《りねん》と、その手段《しゅだん》とが今《こん》後《ご》の人類社会《じんるいしゃかい》を根本的《こんぽんてき》に支配《しはい》するようにならねばならぬ。この理念《りねん》の源泉《げんせん》をなす真理《しんり》が「愛善《あいぜん》」である事《こと》は吾人《ごじん》の信《しん》じて疑《うたが》わざるものである。

(四)、民主政治と神愛

「新憲法《しんけんぽう》」のめざす眼目《がんもく》の一つは「民主政治《みんしゅせいじ》の徹底《てってい》」である。第三章《だいしょう》の「国民《こくみん》の権利《けんり》及《およ》び義務《ぎむ》」は民主政治《みんしゅせいじ》を建設《けんせつ》する根幹《こんかん》であって、このために天皇制《てんのうせい》が厳密《げんみつ》に批判《ひはん》され、「主権在民《しゅけんざいみん》」となったのである。然《しか》らばその民主政治《みんしゅせいじ》とは果《はた》して神《かみ》の御意思《ごいし》に添《そ》う方式《ほうしき》であるかどうか。

　われわれはこの問題《もんだい》のとらえ方《かた》として第《だい》十一条《じょう》の示《しめ》す「国民《こくみん》は、すべての基本的人権《きほんてきじんけん》の享有《きょうゆう》を妨《さまた》げられない。この憲法《けんぽう》が保障《ほしょう》する基本的人権《きほんてきじんけん》は、侵《おか》すことのできない永久《えいきゅう》の権利《けんり》として現在及《げんざいおよ》び将来《しょうらい》の国民《こくみん》に与《あた》えらる」を明確《めいかく》に認識《にんしき》することが必要《ひつよう》である。

　民主主義《みんしゅしゅぎ》の先進国《せんしんこく》であるアメリカの独立宣言《どくりつせんげん》は「人《ひと》は造物主《ぞうぶつしゅ》より或《あ》る譲《ゆず》るべからざる権利《けんり》を与《あた》えられた。生存《せいぞん》、自由《じゆう》および幸福《こうふく》の追求《ついきゅう》はこの権利《けんり》に属《ぞく》する」といい、またフランスの民選議会《みんせんぎかい》が発布《はっぷ》した宣言《せんげん》は「人《ひと》は出生《しゅっしょう》および生存《せいぞん》において自由《じゆう》、平等《びょうどう》の権利《けんり》を享有《きょうゆう》する」と述《の》べている。

これよりして民主政治《みんしゅせいじ》はアメリカの独立宣言《どくりつせんげん》が鮮明《せんめい》に表現《ひょうげん》しているように、造物主《ぞうぶつしゅ》より与《あた》えられた所謂人類《いわゆるじんるい》への神愛《しんあい》を現代社会《げんだいしゃかい》に於《おい》て自由《じゆう》に、平等《びょうどう》に享有《きょうゆう》せしめんとする方式《ほうしき》であることを知《し》る。「もし民主政治《みんしゅせいじ》の実施《じっし》に当《あた》ってこの基本的人権《きほんてきじんけん》がいさゝかと雖《いえど》も擁護《ようご》されなかったならば、民主政治《みんしゅせいじ》がなお未発達《みはったつ》であり、欠陥《けっかん》を有《ゆう》するものであって、この政治《せいじ》形態《けいたい》の改善《かいぜん》を要《よう》するのである」しかしながら政治《せいじ》の現段階《げんだんかい》に於《おい》てこの方式《ほうしき》が基本的人権《きほんてきじんけん》を擁護《ようご》せんとしても満《み》たされぬものあるは不可避《ふかひ》で、それを直《ただ》ちに「悪《あく》の仕組《しぐみ》」なりと断定《だんてい》、排撃《はいげき》する態度《たいど》は慎《つつし》まねばならぬ。同時《どうじ》に「民主政治《みんしゅせいじ》に愛善精神《あいぜんせいしん》が反映《はんえい》して神愛《しんあい》がより厚《あつ》く、より広《ひろ》く人類《じんるい》の生活《せいかつ》に浸透《しんとう》するように吾人《ごじん》の感化《かんか》を及《およ》ぼして行《ゆ》く事《こと》が大切《たいせつ》である」

○

次《つぎ》にこの章《しょう》の第《だい》二十条《じょう》は信教《しんきょう》の自由《じゆう》に就《つ》いて規定《きてい》している。これまでとても信教《しんきょう》は自《じ》由《ゆう》の建《た》て前《まえ》であったが、神社宗教《じんじゃしゅうきょう》にあっては政治上《せいじじょう》の権力《けんりょく》を行使《こうし》して特別《とくべつ》に擁護《ようご》される余《あま》り、国民《こくみん》にこれが信教《しんきょう》を強制《きょうせい》した結果《けっか》、信教《しんきょう》の自由《じゆう》は多分《たぶん》に歪《ゆが》められて来《き》た。これに対《たい》して「新憲法《しんけんぽう》」はいかなる宗教《しゅうきょう》団体《だんたい》も同一《どういつ》の線上《せんじょう》に於《お》いて偶《ぐう》しているので、宗教的活動《しゅうきょうてきかつどう》は刑法《けいほう》にふれざる限《かぎ》り自由《じゆう》であり、信教《しんきょう》もまた何《なん》らの制約《せいやく》なく、従《したが》って近《ちか》き将来《しょうらい》に健全《けんぜん》なる日本宗教《にほんしゅうきょう》の発達《はったつ》を見《み》る事《こと》であろう。

(五)、結語

以上《いじょう》に於《お》いて本論《ほんろん》は「新憲法《しんけんぽう》」にたいして吾人《ごじん》は如何《いか》に自覚《じかく》し、どう責任《せきにん》を感《かん》ずべきか、特《とく》に宗教家《しゅうきょうか》の果《はた》すべき役割《やくわり》、戦争放棄《せんそうほうき》と民主政治《みんしゅせいじ》の問題《もんだい》について触《ふ》れた。憲法条文《けんぽうじょうぶん》についていえば前文《ぜんぶん》と第《だい》二章《しょう》および第《だい》三章《しょう》の一部分《いちぶぶん》である。しかしこの部分《ぶぶん》は内的《ないてき》には「新《しん》憲法《けんぽう》」の精神《せいしん》を形成《けいせい》するものであり、外的《がいてき》には全文《ぜんぶん》の基幹《きかん》をなしているものである。この点《てん》が真《しん》に理解《りかい》されるならば日本憲法《にほんけんぽう》は容易《ようい》に実践《じっせん》に移《うつ》される筈《はず》である。

最後《さいご》に強調《きょうちょう》せねばならぬことは「新憲法《しんけんぽう》」は今日《こんにち》のところ文章《ぶんしょう》ができたというだけであって、そこには本来《ほんらい》さして意義《いぎ》はないのである。故《ゆえ》に「新憲法《しんけんぽう》」の如《ごと》き世界史《せかいし》を転換《てんかん》せしむるに足《た》る構想《こうそう》が――「語《ご》をかえれば愛善精神《あいぜんせいしん》を成文化《せいぶんか》したが如《ごと》き高遠《こうえん》な理想《りそう》を現実化《げんじつか》する憲法《けんぽう》を今後国民《こんごこくみん》が如何《いか》に完成《かんせい》して行《ゆ》くかということが緊要《きんよう》なのである」

そこに憲法《けんぽう》の精神《せいしん》を国民《こくみん》に正《ただ》しく理解《りかい》せしめる運動《うんどう》が当然起《とうぜんおこ》って来《こ》ねばならぬ。戦争《せんそう》より平和《へいわ》へ闘争《とうそう》より愛善《あいぜん》へと新憲法《しんけんぽう》の指向《しこう》しているものそのすべてがわが愛善運動《あいぜんうんどう》の中軸《ちゅうじく》をなしているを思《おも》うとき、われらの運動《うんどう》は当然新憲法《とうぜんしんけんぽう》の完成《かんせい》に向《むか》って、何人《なんびと》よりも熱心《ねっしん》に、しかも徹底《てってい》して行《おこな》われるべきで、愛善世界《あいぜんせかい》の第《だい》一歩《ぽ》は新憲法《しんけんぽう》の完成《かんせい》からというも断《だん》じて過《か》言《ごん》でないことを吾人《ごじん》は肝銘《かんめい》すべきである。（『愛善苑』第八号　昭和二十一年十二月一日）

二、新憲法と世界平和

憲法普及会京都支部長　牧野虎次

(一)、太平を開く道

万世《ばんせい》のために太平《たいへい》を開《ひら》くとは、一昨年《さくねん》八月《がつ》十五日《にち》の詔勅《しょうちょく》に拝《はい》する名句《めいく》である。

当日《とうじつ》を以《もっ》て画期的新時代《かっきてきしんじだい》は我日本国《わがにほんこく》に訪《おとず》れ来《き》ったのだ。過去《かこ》のことをかれこれ繰《く》り返《かえ》すまでもない。我等《われら》は今《いま》や後世子孫《こうせいしそん》のために、新《あら》たなる大道《だいどう》を拓《ひら》いて行《ゆ》くべきだ。これからこそ「国始《くにはじ》め」である。不肖《ふしょう》ながら、我等《われら》は中興《ちゅうこう》の祖《そ》といわんよりも、むしろ創業者《そうぎょうしゃ》である責任《せきにん》を負《お》い雄々《おお》しく立《た》ち上《あが》らねばならぬ。こゝに「新憲法実施《しんけんぽうじっし》」に際《さい》し、われらは気迫《きはく》に充《み》ちつゝ大《おお》いに肚《はら》をきめてかゝらねばならぬ。かってドイツのワイマル憲法《けんぽう》は理想的《りそうてき》と称《しょう》せられたが、ナチス党派《とうは》のために忽《たちま》ち破棄《はき》し去《さ》られたではないか。

法《ほう》は死文《しぶん》で、これを活《い》かすは人《ひと》に在《あ》り。我等《われら》は今《いま》や世界《せかい》に誇《ほこ》るべき立派《りっぱ》な「新憲法《しんけんぽう》」の実施《じっし》に当《あ》たり、永久《えいきゅう》に世界《せかい》に誇《ほこ》るべき絶対平和《ぜったいへいわ》の国民《こくみん》とならねばならぬのである。幸《さいわ》いにしてマッカーサー元帥《げんすい》をはじめ、連合軍当局者《れんごうぐんとうきょくしゃ》は理解《りかい》と厚意《こうい》とにみてる協賛《きょうさん》を与《あた》えられて今日《こんにち》に至《いた》った。我等《われら》はどこまでもこれに酬《むく》ゆるだけの覚悟《かくご》を忘《わす》れてはならぬのである。その酬《むく》ゆる道《みち》として考《かんが》えねばならぬことは何《なに》か。

（二）、人類愛の完成

終戦《しゅうせん》の宣言《せんげん》に続《つづ》き昨年《さくねん》一月元旦《がつがんたん》には、更《さら》に「人類愛善《じんるいあいぜん》の完成《かんせい》」を期《き》すべき詔勅《しょうちょく》を拝《はい》した。これこそ前項《ぜんこう》の問《と》いに対《たい》する我等《われら》の解答《かいとう》でなければならぬ。「人類愛善《じんるいあいぜん》」の主唱者《しゅしょうしゃ》たる我出口翁《わがでぐちおう》の感慨《かんがい》左《さ》こそと察《さつ》せらるゝではないか。人類愛善《じんるいあいぜん》の大本《おほもと》立《た》ってはじめて「軍備《ぐんび》撤廃《てっぱい》、戦争放棄《せんそうほうき》」の挙《きょ》に出《い》ずることが出来《でき》るのである。こは敗残者《はいざんしゃ》の号泣《ごうきゅう》まじり、所謂《いわゆる》曳《ひ》かれ者《もの》の小歌《こうた》たらしめてはならぬ世界平和《せかいへいわ》の大願《たいがん》にふさわしき「人類愛《じんるいあい》の完成《かんせい》は、人道博《じんどうはく》愛《あい》の信念確立《しんねんかくりつ》に伴《ともな》うべきである。絶対平和《ぜったいへいわ》の信念《しんねん》なくして、かりそめにも軍備撤廃《ぐんびてっぱい》、戦争《せんそう》放棄《ほうき》などゝ唱《とな》えられるべきでない」無手勝流《むてかつりゅう》（＝塚原卜伝「戦わず勝つ、これが無手勝流だ」）の憲法《けんぽう》は凶器《きょうき》を振《ふ》り廻《ま》わす以上《いじょう》に、大胆《だいたん》であり気迫《きはく》に充《み》たされた者《もの》に依《よ》りてこそ、はじめて具体化《ぐたいか》せらるゝではないか。多年人類愛善《たねんじんるいあいぜん》の理想《りそう》を掲《かか》げ、国際平和《こくさいへいわ》の念願《ねんがん》を唱《とな》え来《き》たる、我愛善苑《わがあいぜんえん》の同人《どうじん》諸君《しょくん》の抱負《ほうふ》を察《さつ》すると共《とも》に、その責務《せきむ》また多大《ただい》なりというべきでないか。

(三)、主権在民の意義

君主《くんしゅ》と民主《みんしゅ》との対立《たいりつ》は外国《がいこく》では常《つね》に血《ち》を以《もっ》て誌《しる》されたる記録《きろく》であった。

しかし我国《わがくに》では全然《ぜんぜん》その趣《おもむき》を異《こと》にしているのである。歴代《れきだい》の皇室《こうしつ》が国民《こくみん》に臨《のぞ》まれたる態《たい》度《ど》は京都《きょうと》の御所《ごしょ》を一見《いっけん》しても分明《ぶんめい》であろう。桓武天皇《かんむてんのう》が平安《へいあん》の都《みやこ》を創《はじ》められてより、約《やく》一千《せん》二百年《ひゃくねん》を経《へ》たる我皇居《わがこうきょ》には城壁《じょうへき》一つ築《きず》かれてはいない。この長《なが》い間皇居《あいだこうきょ》と民屋《みんおく》(＝民家)とは同《おな》じレベルに軒《のき》を並《なら》べて、呼《よ》べば答《こた》うる間《あいだ》に、何等《なんら》の隔《へだ》て、恨《うら》み、疑《うたが》い、憎《にく》みのあえてなかったことの活《い》ける証拠《しょうこ》でないか。外国《がいこく》では君主《くんしゅ》と民主《みんしゅ》とは対立的関係《たいりつてきかんけい》を意味《いみ》するが、我国《わがくに》では断《だん》じて然《しか》らず。両者併行《りょうしゃへいこう》して何等《なんら》の摩擦《まさつ》を見《み》なかったのである。

さればこそ「朕《ちん》は常《つね》に国民《こくみん》の内《うち》にあり」と仰《おお》せられ親《した》しい平等観《びょうどうかん》を御示《おしめ》しなされて誰《だれ》も怪《あや》しまない。天皇《てんのう》は国民《こくみん》の一人《ひとり》として、主権在民《しゅけんざいみん》の内《うち》に含《ふく》まれてあることは疑《うたが》うべくもない。

我等《われら》はどこまでも人間《にんげん》としての天皇陛下《てんのうへいか》を国民敬慕《こくみんけいぼ》の目標《もくひょう》として崇《あが》め奉《まつ》るべきである。

中間《ちゅうかん》に介在《かいざい》せる官僚《かんりょう》や軍閥《ぐんばつ》が除《のぞ》き去《さ》られてこそ、はじめて両者《りょうしゃ》の親《した》しみが弥《い》や増《ま》すのではないか。

(四)、理想的平和

外《そと》に向《むか》って軍備撤廃《ぐんびてっぱい》と戦争放棄《せんそうほうき》を宣言《せんげん》せる以上《いじょう》、我等《われら》はこの豊葦原《とよあしはら》の瑞穂国《みづほのくに》を絶対平和《ぜったいへいわ》の理想郷《りそうきょう》として守《まも》り立《た》てゝ行《ゆ》かねばならぬ。永久《えいきゅう》に争《あらそ》いなき平和郷《へいわきょう》として守《まも》り立《た》てゝ行《ゆ》くためには、先《ま》ず国内《こくない》を老幼男女《ろうようなんにょ》の誰《だ》れにも、住《す》み良《よ》き環境《かんきょう》たらしめねばならぬ。住《す》み良《よ》き環境《かんきょう》たらしめるためには、自由《じゆう》と平和《へいわ》とが第《だい》一要件《ようけん》である。これ「新憲法《しんけんぽう》」が男女同権《だんじょどうけん》を強調《きょうちょう》し、児童《じどう》の酷使《こくし》を禁止《きんし》したゆえんに外《ほか》ならぬ。

(五)、男女同権

男女同権《だんじょどうけん》といゝ児童《じどう》の酷使《こくし》を禁《きん》ずるというは、法律的用語《ほうりつてきようご》に外《ほか》ならぬが、その精神的意《せいしんてきい》義《ぎ》は女性尊重《じょせいそんちょう》と児童愛護《じどうあいご》である。女性尊重《じょせいそんちょう》と児童愛護《じどうあいご》とは、表裏並行《ひょうりへいこう》するものであって、決《けっ》して別々《べつべつ》のものではない。女性《じょせい》を尊重《そんちょう》してこそ児童《じどう》の真《しん》の保護《ほご》は行《ゆ》き届《とど》くのである。

しかしてその途《と》は一夫一婦制《いっぷいっぷせい》、即《すなわ》ち家庭《かてい》の神聖《しんせい》を保全《ほぜん》する外《ほか》はないのだ。いかに男女同権《だんじょどうけん》や民主主義《みんしゅしゅぎ》を唱《とな》えたところで、この根本義《こんぽんぎ》が確立《かくりつ》せねば、到底絶対平和《とうていぜったいへいわ》の理想郷《りそうきょう》が現出《げんしゅつ》するはずはない。なぜならば平和《へいわ》な家庭《かてい》はさながら地上《ちじょう》の天国《てんごく》であるが乱脈《らんみゃく》な家庭《かてい》は地獄《じごく》の縮図《しゅくず》そのものに外《ほか》ならぬからだ。

(六)、人倫の大本

社会学《しゃかいがく》からでも一夫一婦《いっぷいっぷ》の制度《せいど》は人倫不磨《じんりんふま》（＝人と人との秩序関係。人として守るべき道がすりへってなくならないこと）の根本義《こんぽんぎ》であるが、これに宗教的意義《しゅうきょうてきいぎ》を与《あた》えたものは、キリストの聖言《せいげん》の外《ほか》にはない。「最始《さいしょ》に神《かみ》は人《ひと》を男女《だんじょ》に作《つく》れり、この故《ゆえ》に人《ひと》は父母《ふぼ》を離《はな》れて男女一体《だんじょいったい》となる。既《すで》に一体《いったい》なり、神《かみ》の合《あわ》せ給《たも》うもの、人《ひと》これを離《はな》すべからず」とはキリストの厳示《げんし》せられたるところ、何人《なんびと》もこれを動《うご》かすことが出来《でき》ないところに、尊《とうと》い神聖観《しんせいかん》が存《そん》するのである。一夫一婦《いっぷいっぷ》の制度《せいど》が確《かく》立《りつ》するから家庭《かてい》の基礎《きそ》も立《た》つのだ。だから児童《じどう》の愛護《あいご》も出来《でき》るのだ。不良青少年《ふりょうせいしょうねん》を未発《みはつ》に防《ふせ》ぎ、犯罪者《はんざいしゃ》を予防《よぼう》する最《もっと》も恒久《こうきゅう》にして有効《ゆうこう》なる途《みち》は、家庭教育《かていきょういく》の感化《かんか》を行届《ゆきとど》かすより他《ほか》にはないのである。家庭《かてい》さえ清《きよ》く睦《むつ》まじければ子供《こども》の不良化《ふりょうか》を未然《みぜん》に防《ふせ》ぐことが出来《でき》る。ただに子供《こども》のみならず、大人《おとな》にしても多《おお》くは家庭《かてい》の不良化《ふりょうか》より、遂《つい》には取《と》り返《かえ》しのつかぬ邪道《じゃどう》に転落《てんらく》するのである。

(七)、国家鎮護の霊場

桓武天皇《かんむてんのう》が平安《へいあん》の都《みやこ》を奠《さだ》められた時《とき》に、鬼門除《きもんよ》けのため比叡山《ひえいざん》に延暦寺《えんりゃくじ》を建立《こんりゅう》せしめられ、僧最澄《そうさいちょう》を開基《かいき》に招《しょう》せしめられたことは、世人周知《せじんしゅうち》の通《とお》りだ。その最澄《さいちょう》が臨終《りんじゅう》の際《さい》に遺《のこ》した遺言《ゆいごん》に「児童《じどう》に粗言《そげん》（＝粗末なことば。無礼なことば）せずまた笞鞭《ちべん》（＝むちのこと）を加《くわ》える勿《なか》れ」とあるは流石《さすが》にと敬服《けいふく》せざるを得《え》ぬ。彼《かれ》が国家鎮護《こっかちんご》の霊場《れいじょう》を守《まも》りたる所以《ゆえん》は、実《じつ》にこの児童《じどう》愛護《あいご》の用意《ようい》に存《そん》したのでないか。彼《かれ》は逝《ゆ》きてし後《のち》、伝教大師《でんぎょうだいし》と追諡《ついし》（＝死後におくり名を追贈する）せられたる所以《ゆえん》も亦《また》こゝに存《そん》するというべきであろう。児童愛護《じどうあいご》ありてこそ、その国《くに》その家《いえ》の前途《ぜんと》に光明《こうみょう》を見《み》るべけれ。彼《かれ》は決《けっ》して祭典儀式《さいてんぎしき》や加持祈祷《かじきとう》にのみ没頭《ぼっとう》せる所謂沙門亜流《いわゆるしゃもんありゅう》に非《あ》ることを察《さっ》すべし。いやしくも国肇《くにはじ》めの偉業《いぎょう》に参加《さんか》するだけの責任者《せきにんしゃ》たるもの、こゝに三思《さんし》（＝三度考えること。深く思案すること）すべきでないか。

平安《へいあん》の都《みやこ》の国是《こくぜ》（＝国家としての方針）はここより出発《しゅっぱつ》した。同《おな》じ都《みやこ》を中心《ちゅうしん》とした文化的平和日本《ぶんかてきへいわにほん》の創立《そうりつ》に従事《じゅうじ》する我等《われら》の反省《はんせい》も亦《また》ここに存《そん》するのである。

(八)、神智霊覚の泉

曾《かつ》て敗戦焦土《はいせんしょうど》の中《なか》に立《た》って泌々《しみじみ》と感《かん》じたことは「ものみなは失《う》せなば失《う》せよやまと人《ひと》失《う》せぬ霊《みたま》はわがうちにあり」との腰折《こしお》れであった。我等《われら》の有《も》てるものは恐《おそ》らく皆失《みなうしな》ったり滅《ほろ》びたりするのが惜《お》しくて何時《いつ》までも貯《たくわ》え込《こ》んでおけば、朽《くち》るか腐《くさ》るかの外《ほか》はなかろう。

そんなものは焼《や》けても壊《こわ》れても別《べつ》に惜《お》しむには足《た》らぬのである。ただ我等《われら》のたよるべきものは我《わ》が内《うち》に秘《ひ》められたる生命力《せいめいりょく》である。内《うち》より湧《わ》き出《い》ずる生命力《せいめいりょく》こそ、真《しん》に我《わが》ものというべけれ生《い》きる力《ちから》を有《も》てる自分《じぶん》は、遂《つい》に最後《さいご》の勝利《しょうり》を期《き》して疑《うたが》わない。天《てん》に神《かみ》あり、我《われ》に心《こころ》あり。天下到《てんかいた》るところは我《わが》ホームである。我《われ》は天父《てんぷ》を信《しん》ずると共《とも》に同胞《どうほう》をも信《しん》ずるのである。丸腰《まるごし》となり無手《むて》で取組《とりく》む我日本人《わがにほんじん》は、「連合国家《れんごうこっか》」の諸同志《しょどうし》を信奉《しんぽう》し、正義《せいぎ》と人道《じんどう》とが遂《つい》には世界《せかい》を理想郷《りそうきょう》たらしめる事《こと》を確信《かくしん》するの外《ほか》はない。

（筆者は愛善苑顧問前同志社大学総長）（『愛善苑』第一三号　昭和二十二年五月十五日）

三、愛善運動の指標　委員長・出口伊佐男

(一)、愛善苑の主旨

「愛善苑《あいぜんえん》」の主旨《しゅし》は創立《そうりつ》の際《さい》の「設立主意書《せつりつしゅいしょ》」に掲《かか》げたところであるがこのたびこれを

更《さら》に分《わ》かり易《やす》く「愛善苑主意書《あいぜんえんしゅいしょ》」として発表《はっぴょう》することゝした。即《すなわ》ち「人類《じんるい》は今《いま》や新《あたら》しい天地《てんち》を迎《むか》えようとしています。科学《かがく》の進歩《しんぽ》は物質文明《ぶっしつぶんめい》のいちじるしい発達《はったつ》をもたらしたが、また戦争《せんそう》の災《わざわ》いを愈々大《いよいよだい》ならしめ、人心《じんしん》をしてますます不安《ふあん》ならしめました。こゝに人類《じんるい》は深《ふか》く反省《はんせい》するとともにその本性《ほんしょう》に目《め》ざめ、世界恒久平和《せかいこうきゅうへいわ》の実現《じつげん》に向《むか》って進《すす》みはじめました」

この第《だい》一部《ぶ》では世界《せかい》の大《おお》きな動《うご》きが述《の》べられている。これは世界《せかい》の動《うご》きであると共《とも》に日《に》本国民《ほんこくみん》の進《すす》もうとする大《おお》きな方向《ほうこう》でもある。国民《こくみん》が正《ただ》しい人間性《にんげんせい》に目《め》ざめ世界恒久平和《せかいこうきゅうへいわ》の実現《じつげん》に向《むか》って力強《ちからづよ》く歩《あゆ》み始《はじ》めようとしていることは、さきに公布《こうふ》された「新憲法《しんけんぽう》」が明《あき》らかにこれを示《しめ》している。

「そもそも宇宙《うちゅう》の本源《ほんげん》は神《かみ》であります。神《かみ》の愛《あい》は万有《ばんゆう》にあまねく一切《いっさい》を生《い》かし育《そだ》てゝいます。人類《じんるい》はひとしく神《かみ》の子《こ》であり四海《しかい》は同胞《どうほう》であります。この本義《ほんぎ》に立《た》ちかえり、あらゆるへだてを超《こ》えて神《かみ》の心《こころ》を心《こころ》とする愛善《あいぜん》の世界《せかい》を実現《じつげん》することは、万人霊性《ばんにんれいせい》のおのずからなる願《ねが》いであり人類最高《じんるいさいこう》の理想《りそう》であります」

第二節《だいにせつ》においては愛善《あいぜん》の大精神《だいせいしん》が述《の》べられている、即《すなわ》ち愛善《あいぜん》とは神《かみ》のへのだてなき無限《むげん》の愛《あい》をいうのであってこの神《かみ》の心《こころ》を心《こころ》として、一切《いっさい》を愛《あい》し一切《いっさい》を生《い》かすことが愛善《あいぜん》の精神《せいしん》であり、愛善《あいぜん》の心《こころ》は人類《じんるい》の霊性《れいせい》として如何《いか》なる人《ひと》もその魂《たましい》の中《なか》にもっているのである。

「この霊性《れいせい》をひらき人類《じんるい》をその本然《ほんぜん》にみちびき、永遠《えいえん》の生命《いのち》を与《あた》えるものは真《しん》の宗教《しゅうきょう》であります。宗教《しゅうきょう》が新《あたら》しい文化《ぶんか》の根源《こんげん》となり、政治《せいじ》、経済《けいざい》、教育《きょういく》、芸術《げいじゅつ》など文化全般《ぶんかぜんぱん》の中《なか》にとけ入《い》り、人類社会《じんるいしゃかい》の生活《せいかつ》が愛善化《あいぜんか》するとき、はじめて高度《こうど》の文化《ぶんか》、永遠《えいえん》の平和《へいわ》は打《う》ちたてられるのであります」

第三節《だいせつ》は真《しん》の宗教《しゅうきょう》とは如何《いか》なるものなるかを述《の》べ、宗教《しゅうきょう》がすべての文化《ぶんか》の根源《こんげん》となり人類社会《じんるいしゃかい》が愛善化《あいぜんか》されねば永遠《えいえん》の平和《へいわ》は得《え》られないと云《い》う「愛善運動《あいぜんうんどう》」の意義《いぎ》を示《しめ》しているものである。

「われらはこゝに「人類愛善《じんるいあいぜん》」の大義《たいぎ》を発揚《はつよう》し「万教同根《ばんきょうどうこん》」の真理《しんり》にもとずきひろく相《あい》

たずさえて万民和楽《ばんみんわらく》の地上天国《ちじょうてんごく》を実現《じつげん》しようとするものであります」

これは結《むす》びの言葉《ことば》、でこゝに「万教同根《ばんきょうどうこん》」の真理《しんり》にもとずきひろく相《あい》たずさえて、とは各宗教《かくしゅうきょう》との提携協力《ていけいきょうりょく》は申《もう》すまでもなくその他《た》の文化団体《ぶんかだんたい》をはじめ各民族《かくみんぞく》とも手《て》をたずさえてという広《ひろ》い意味《いみ》を含《ふく》んでいる。そして万民和楽《ばんみんわらく》の地上天国即《ちじょうてんごくすなわ》ち愛善《あいぜん》の世界《せかい》を実現《じつげん》しようとするのが「愛善苑《あいぜんえん》の目的《もくてき》」であり「大本願《だいほんがん》」であることを示《しめ》したのである。

(二)、信仰の確立

要《よう》するに「愛善苑《あいぜんえん》」の主張《しゅちょう》は、すべてのものことごとく神《かみ》の心《こころ》に立《た》ち帰《かえ》れ、神《かみ》の心《こころ》は愛《あい》善《ぜん》である。愛善《あいぜん》を離《はな》れて真《しん》の平和《へいわ》も福祉《ふくし》も得《え》られない、というにある。

愛善《あいぜん》の心《こころ》は神《かみ》を信《しん》じ祈《いの》るまことの信仰《しんこう》によっておのずから顕《あら》われ出《い》ずるものである。故《ゆえ》に「愛善運動《あいぜんうんどう》」には正《ただ》しき信仰《しんこう》の確立《かくりつ》が根本《こんぽん》となる。そして「愛善苑《あいぜんえん》」における信仰《しんこう》は宇《う》宙《ちゅう》の本源《ほんげん》たる絶対《ぜったい》の神《かみ》に対《たい》する帰依信奉《きえしんぽう》である、天之御中主大神《あめのみなかぬしのおほかみ》というも、ゴッドというも、或《あるい》は天主《てんしゅ》、天帝《てんてい》、仏典《ぶってん》にいう阿弥陀如来《あみだにょらい》も帰《き》するところは絶対《ぜったい》の神《かみ》をさして申《もう》しているものであると信《しん》ずる。「愛善苑《あいぜんえん》」に於《おい》てはこれを「大天主太神《もとつみおやすめおほかみ》」、又《また》は「おうもとすめおうみかみ」（＝現在の「愛善苑」では「神素盞嗚大神」と奉称する）と申上《もうしあ》げているのである。

日本《にほん》では神《かみ》という言葉《ことば》を意味《いみ》ひろく用《もち》いているが、神《かみ》は絶対《ぜったい》の独一真神《どくいつしんしん》であって神道《しんどう》にいう八百万《やほよろず》の神《かみ》は天使《てんし》、天人《てんにん》、仏《ほとけ》、菩薩等《ぼさつなど》に相当《そうとう》するものである。神《かみ》に対《たい》する観念《かんねん》はこれを明《あき》らかにしておかねばならない。

(三)、「三大学則」と「教旨」

神《かみ》とは如何《いか》なるものかをさとるにつき「愛善苑《あいぜんえん》」には三つの学則《がくそく》がある。
○天地《てんち》の真象《しんしょう》を観察《かんさつ》して真神《しんしん》の体《たい》を思考《しこう》すべし
○万有《ばんゆう》の運化《うんか》の毫差《ごうさ》なきを視《み》て真神《しんしん》の力《ちから》を思考《しこう》すべし
○活物《かつぶつ》の心性《しんしょう》を覚悟《かくご》して真神《しんしん》の霊魂《れいこん》を思考《しこう》すべし

これを「三大学則《だいがくそく》」と称《しょう》している。私《わたし》どもが静《しず》かに天地《てんち》万有《ばんゆう》を観察《かんさつ》しその運化《うんか》の妙《たえ》と活《い》き生《い》けるもの丶心《こころ》、性能《せいのう》など深《ふか》く観《み》きわめるとき、そこには神《かみ》が厳《げん》として実在《じつざい》せらる丶ことをさとることが出来《でき》る。即《すなわ》ち天地《てんち》は生《い》きたる経典《きょうてん》であって、そのま丶不変不易《ふへんふえき》の真理《しんり》が示《しめ》されている。

更《さら》に神《かみ》と人《ひと》については

○神《かみ》は万物普遍《ばんぶつふへん》の霊《れい》にして人《ひと》は天地経綸《てんちけいりん》の主体《しゅたい》なり
神人合一《しんじんごういつ》して茲《ここ》に無限《むげん》の権力《けんりょく》を発揮《はっき》す。

これを「愛善苑《あいぜんえん》」の「教旨《きょうし》」としている。「愛善苑《あいぜんえん》」の信仰《しんこう》、「愛善苑《あいぜんえん》」の教義《きょうぎ》、教理《きょうり》ともいうべきものはこの「三大学則《だいがくそく》」と「教旨《きょうし》」から出《で》ている。

(四)、万教同根

いずれの宗教《しゅうきょう》もその教義《きょうぎ》或《ある》いは形式等《けいしきとう》に於《お》いて多少相違《たしょうそうい》しているが如《ごと》く見《み》えても帰《き》す

る処《ところ》、真髄《しんずい》は一つである。即《すなわ》ち宗教《しゅうきょう》は悉《ことごと》く「真理《しんり》と愛《あい》」とに根《ね》ざし人類《じんるい》をして本然《ほんぜん》の心《こころ》、本然《ほんぜん》の姿《すがた》に立《た》ち返《かえ》らしめ、その天分《てんぶん》を永遠《えいえん》に発揮《はっき》せしめようとするものである。そして其《そ》の説《と》くところは畢竟愛善《ひっきょうあいぜん》のほかない、その故《ゆえ》には同根《どうこん》であると信《しん》じているものである。

こゝにすべての宗教《しゅうきょう》が帰一《きいつ》し信奉《しんぽう》すべき普遍共通《ふへんきょうつう》の真理《しんり》がある。それを明《あき》らかにし各《かく》宗教相携《しゅうきょうあいたずさ》え本来《ほんらい》の使命《しめい》に生《い》きねばならぬ。

宗教《しゅうきょう》が霊《れい》に捉《とら》われて現実《げんじつ》を無視《むし》し人類社会《じんるいしゃかい》の生活《せいかつ》から離《はな》れてしまうことも、また現実《げんじつ》的利益《てきりやく》いわゆるおかげ信心《しんしん》にのみ走《はし》ることも共《とも》に正《ただ》しい在《あ》り方《かた》とはいえない、宗教《しゅうきょう》は人《じん》類《るい》の魂《たましい》をみちびき生《い》かすと共《とも》に政治《せいじ》、経済《けいざい》、教育《きょういく》、芸術《げいじゅつ》など文化全般《ぶんかぜんぱん》の中《なか》にとけ入《い》り人《じん》類社会《るいしゃかい》の生活《せいかつ》をしてそのまゝ宗教《しゅうきょう》の境地《きょうち》にまで至《いた》らしめねばならぬものと思《おも》う。

従《したが》って宗教《しゅうきょう》を否定《ひてい》する科学《かがく》も未《いま》だ真《しん》の境地《きょうち》に達《たっ》せざるものであって、宗教《しゅうきょう》と科学《かがく》は霊《れい》と体《たい》との関係《かんけい》の如《ごと》く共《とも》に調和《ちょうわ》し融合《ゆうごう》すべきもの、茲《ここ》に於《お》いて精神文明《せいしんぶんめい》と物質文明《ぶっしつぶんめい》の調和《ちょうわ》融合《ゆうごう》した高度文化《こうどぶんか》が打建《うちた》て得《え》られるものであると考《かんが》える。これが「愛善苑《あいぜんえん》」の「新《あたら》しき時《じ》代《だい》における宗教《しゅうきょう》」としての理想《りそう》である。

(五)、われらの宗教

われらの宗教《しゅうきょう》には真剣《しんけん》な祈《いの》りがなければならぬ。その祈《いの》りは利己的祈《りこてきいの》りでなく神《かみ》の愛《あい》善《ぜん》の心《こころ》を心《こころ》とし愛善《あいぜん》の世界《せかい》を実現《じつげん》しょうとする祈《いの》りである。神《かみ》は霊《れい》であるから神《かみ》を迎《むか》え神《かみ》を祭《まつ》る神殿《しんでん》は我《われ》らのたましいの中《なか》にあらねばならないが、その神《かみ》と共《とも》にある心《こころ》のなかを深《ふか》めて行《ゆ》くためには、「霊体一致《れいたいいっち》の真理《しんり》」によって形《かたち》の上《うえ》に於《お》いても神《かみ》を祭《まつ》り、神《かみ》を礼拝《れいはい》することが信仰《しんこう》の向上《こうじょう》のために肝要《かんよう》である。

会員個々《かいいんここ》の礼拝《れいはい》の形式《けいしき》は各人随意《かくじんずいい》であるが、本部《ほんぶ》に於《お》いてはかって苑主《えんしゅ》のみちびかれたところに従《したが》い「大天主太神《もとつみおやすめおほかみ》」または「オウモトスメオウミカミ」としてごく簡素化《かんそか》された形式《けいしき》で神《かみ》を祭《まつ》り礼拝《れいはい》することにしている。

又一面我《またいちめんわれ》らの宗教《しゅうきょう》は生産的《せいさんてき》でなければならぬ。「生成化育《せいせいかいく》は神《かみ》の大道《だいどう》」であると共《とも》に我《われ》らの生きる道《みち》である。生産《せいさん》をさまたげ衰《おとろ》えしめるような宗教《しゅうきょう》は真《しん》の宗教《しゅうきょう》ではない、信仰《しんこう》がそのまゝ生産《せいさん》を盛《さか》んならしめ民生《みんせい》をますます厚《あつ》くするものでなければならない。農工《のうこう》商何れ《しょういず》の道《みち》にあっても愛善《あいぜん》の誠《まこと》を以《もっ》て精進《しょうじん》し勤労《きんろう》を楽《たの》しみ勤労《きんろう》を励《はげ》む宗教《しゅうきょう》、これがわれらの宗教《しゅうきょう》である。

更《さら》にわれらの宗教《しゅうきょう》は明《あか》るい楽《たの》しい宗教《しゅうきょう》であらねばならぬ。真《しん》の楽《たの》しみはわが仕事《しごと》に魂《たましい》を打込《うちこ》んで精進《しょうじん》するところにあると共《とも》に、又宗教《またしゅうきょう》に根《ね》ざした芸術芸能《げいじゅつげいのう》の道《みち》に親《した》しんでこの面《めん》からも人生《じんせい》を明《あか》るく楽《たの》しくしたいのである。これを要《よう》するに我《われ》らの宗教《しゅうきょう》は神《かみ》と共《とも》に生《い》き神《かみ》と共《とも》に働《はたら》き神《かみ》と共《とも》に楽《たの》しむことを生命《いのち》としている、これが「愛善苑《あいぜんえん》」の信仰《しんこう》である。

(六)、大本と愛善苑との関係

茲《ここ》に「大本《おほもと》」と「愛善苑《あいぜんえん》」との関係《かんけい》につき一言述《ひとことの》べておきたい。「愛善苑《あいぜんえん》」の説《と》くところおよびその理想《りそう》とするところは悉《ことごと》くかつて「大本《おほもと》」において主張《しゅちょう》したものに外《ほか》ならぬ。故《ゆえ》にその根本精神《こんぽんせいしん》は一つであり異《こと》なるものではない。然《しか》るに何故《なにゆえ》に「愛善苑《あいぜんえん》」として発足《はっそく》したかそれには理由《りゆう》がある。「大本《おほもと》」が彼《か》の昭和十年事件《しょうわねんじけん》によって完全《かんぜん》にからを打破《うちやぶ》られたことは深《ふか》き神《かみ》の御心《みこころ》、神《かみ》の摂理《せつり》と考《かんが》えざるを得《え》ない。従《したが》って旧態《きゅうたい》さながらの「大本《おほもと》」として再出発《さいしゅっぱつ》することに至《いた》っては十年間《ねんかん》の大《おお》きな試練苦難《しれんくなん》を無意義《むいぎ》にしてしまうことゝなるのである。

即《すなわ》ち棄《す》つべきは棄《す》て改《あらた》めるべきは改《あらた》めて大本《おほもと》の根本精神《こんぽんせいしん》に立《た》ち帰《かえ》り、すべてを一新《いっしん》して出発《しゅっぱつ》するのでなくてはならぬ。こゝにおいて苑主《えんしゅ》は「愛善苑《あいぜんえん》として新発足《しんはっそく》すべし」と我々《われわれ》の進《すす》むべき道《みち》を明《あき》らかに示《しめ》されたのである。

「愛善《あいぜん》」とは「至仁至愛《しじんしあい》の意《い》」であり「みろく」ということである。つまり「愛善苑《あいぜんえん》」とは「みろくの世《よ》」のことである。故《ゆえ》に我《われ》らの進《すす》むべき道《みち》は神《かみ》の理想《りそう》たる「みろくの世《よ》」すなわち「愛善世界《あいぜんせかい》の実現《じつげん》」以外《いがい》にはない。「すでに大本《おほもと》としては自《みずか》らの立替《たてかえ》は終《おわ》り、今《こん》後《ご》の使命《しめい》は立直《たてなお》し、すなわち建設以外《けんせついがい》にない」、この意味《いみ》において「愛善苑《あいぜんえん》」は大革新《だいかくしん》された「大本《おほもと》」でありそれが更《さら》に純化《じゅんか》され一大躍進《いちだいやくしん》して生《うま》れたものであると考《かんが》える。こゝに「愛善苑《あいぜんえん》として新発足《しんはっそく》した意義《いぎ》がある」のである。

(七)、今後の運動に

今後《こんご》の運動《うんどう》を展開《てんかい》するには先《ま》ず会員《かいいん》が「愛善苑《あいぜんえん》」の「主旨《しゅし》」を深《ふか》く理解《りかい》し信仰《しんこう》の向上《こうじょう》に努《つと》めることが肝要《かんよう》である。

信仰《しんこう》の向上《こうじょう》の栞《しおり》として近《ちか》く『愛善《あいぜん》の道《みち》』と題《だい》する苑主《えんしゅ》の愛善歌集《あいぜんかしゅう》を単行本《たんこうぼん》として発刊《はっかん》するが、これは「愛善苑《あいぜんえん》」の教典《きょうてん》とも称《しょう》すべきもので、常《つね》に座右《ざう》において朝夕読誦《あさゆうどくしょう》し「愛《あい》善《ぜん》の道《みち》」に徹《てっ》して頂《いただ》きたい。なお雑誌《ざっし》『愛善苑《あいぜんえん》』、『愛善時報《あいぜんじほう》』などによっても「愛善苑《あいぜんえん》」の精神《せいしん》をよく体得《たいとく》され、同時《どうじ》にこれが普及《ふきゅう》に力《ちから》をいれて頂《いただ》きたいと思《おも》う次第《しだい》である。

また十二月《がつ》十日《か》より亀岡《かめおか》において開《ひら》かれた常設講座《じょうせつこうざ》をも十分御活用願《じゅうぶんごかつようねが》いたい。さらに会則《かいそく》の改正《かいせい》、事務規定《じむきてい》の制定《せいてい》により地方《ちほう》の組織《そしき》を早急《そうきゅう》に確立《かくりつ》し、同時《どうじ》に自《みずか》らの生活《せいかつ》をも鍛《きた》え直《なお》し愛善《あいぜん》の世界《せかい》を家庭《かてい》に、郷土《きょうど》に及《およ》ぼしひろく一般社会《いっぱんしゃかい》の愛善化《あいぜんか》へ邁進《まんしん》されんことを希《き》望《ぼう》する。

先頃京都《さきごろきょうと》に開《ひら》かれた「国際宗教懇談会《こくさいしゅうきょうこんだんかい》」は各方面《かくほうめん》より重要視《じゅうようし》されこのたびこれを組織《そしき》化《か》し継続《けいぞく》する事《こと》となった。思《おも》うに将来《しょうらい》の宗教《しゅうきょう》は国際性《こくさいせい》をもって国際的《こくさいてき》に発展《はってん》し得《え》らるゝものでなければならぬ。「愛善苑《あいぜんえん》」の運動《うんどう》は単《たん》に国内《こくない》に止《とど》まらず宗教《しゅうきょう》と相《あい》たずさえてやがて国際的《こくさいてき》に活動《かつどう》すべくその準備《じゅんび》を進《すす》めつゝあるのであって、その用意《ようい》として「愛善苑《あいぜんえん》」は国際補助語《こくさいほじょご》エスペラントを採用《さいよう》している。綾部《あやべ》においては「何鹿宗教連合会《いかるがしゅうきょうれんごうかい》」、亀岡《かめおか》においては「南桑宗教連盟《なんそうしゅうきょうれんめい》」がつくられ過般《かはん》その結成式《けっせいしき》が挙《あ》げられた。「愛善苑《あいぜんえん》」は両連《りょうれん》盟《めい》に参加協力《さんかきょうりょく》している。各地《かくち》においてもこの機運《きうん》は盛《さか》んになるであろうと思《おも》われるので各位《かくい》も本部《ほんぶ》にならって各宗教《かくしゅうきょう》との提携《ていけい》に協力《きょうりょく》して頂《いただ》きたい。

(八)、結語

今《いま》や時代《じだい》は新《あたら》しい生《い》きた宗教《しゅうきょう》を求《もと》めている。真《しん》の平和《へいわ》は宗教《しゅうきょう》に基《もとず》かずしては得《え》られない。アメリカではすでに「世界《せかい》は一つ」の平和運動《へいわうんどう》が起《おこ》されている。「世界《せかい》の平和《へいわ》は日本《にほん》から」これが戦争《せんそう》を永久《えいきゅう》に放棄《ほうき》した日本国民《にほんこくみん》の平和《へいわ》に対《たい》する情熱《じょうねつ》であり理想《りそう》である。「愛《あい》善苑《ぜんえん》」はこの信仰《しんこう》と情熱《じょうねつ》をもって「愛善運動《あいぜんうんどう》」を展開《てんかい》するものである。

(『愛善苑』第九号　昭和二十二年一月一日)

四、信仰の確立と愛善運動

=祖霊社復活祭における挨拶=

出口伊佐男

「愛善苑《あいぜんえん》」はあくまでも殻《から》を破《やぶ》った新《あたら》しい宗教《しゅうきょう》として生《い》きて行《ゆ》く、愛善《あいぜん》の世界実現《せかいじつげん》以外《いがい》にはない。それには過去《かこ》の宗教《しゅうきょう》のもつ欠陥《けっかん》を深《ふか》く反省《はんせい》し愛善《あいぜん》に徹《てっ》した信仰《しんこう》の人達《ひとたち》によって運動《うんどう》が進《すす》められてゆかねばならぬ。特《とく》に過去《かこ》の信仰《しんこう》の内《うち》から深《ふか》く相戒《あいいまし》めて行《ゆ》かねばならぬことは、只予言《ただよげん》にのみ信仰《しんこう》の中心《ちゅうしん》をおき、予言《よげん》に興味《きょうみ》を持《も》ついわゆる「予言信仰《よげんしんこう》」の根本的覚醒《こんぽんてきかくせい》である。連合軍《れんごうぐん》の対宗教方針《たいしゅうきょうほうしん》である信教《しんきょう》の自由《じゆう》も人心《じんしん》を惑《まど》わすようなことは深《ふか》く戒《いまし》めている。

本来《ほんらい》「愛善苑《あいぜんえん》」の信仰《しんこう》には予言《よげん》はない。「神《かみ》の御警告《ごけいこく》」はあるが予言《よげん》のための預言《よげん》はない。即《すなわ》ち一日《にち》も早《はや》く神《かみ》にめざめよ、神《かみ》にめざめることにより大難《だいなん》は小難《しょうなん》にまぬがれ得《え》られるということは、かって開祖《かいそ》のお示《しめ》しになったところである。

我々《われわれ》の「愛善苑運動《あいぜんえんうんどう》」は世《よ》の中《なか》を「愛善化《あいぜんか》」することにより、「御警告《ごけいこく》」されたようなことがないように努《つと》める運動《うんどう》である。然《しか》るに「御警告《ごけいこく》」を単《たん》なる予言《よげん》と受取《うけと》り、その予言《よげん》の実現《じつげん》を手《て》をこまねいて待《ま》っているというような者《もの》、あるいはそういうところに興味《きょうみ》を感《かん》じるというような信仰《しんこう》、それらは「愛善苑《あいぜんえん》」にはあり得《う》べからざる信仰《しんこう》であって、もし一《いち》部《ぶ》においてもかゝるものがあるとするならば、これを早々《そうそう》に捨《す》てなければならぬ。苑主《えんしゅ》の

お歌《うた》に

○予言《よげん》のみ好《す》きな信者《しんじゃ》はともすれば　妖言過言《えうげんくわげん》に脱線《だっせん》するなり

と戒《いまし》められている。

「愛善苑《あいぜんえん》」は世《よ》の中《なか》を「愛善苑化《あいぜんえんか》」するため「立直《たてなお》しの運動《うんどう》」をなすべきである。これを目指《めざ》して、たゞ何《なに》か将来《しょうらい》の出来事《できごと》を待《ま》つという信仰《しんこう》、これは「愛善苑《あいぜんえん》」の信仰《しんこう》ではない。

○わざわいを指折《ゆびを》りかぞえ松虫《まつむし》の　冬《ふゆ》の霜《しも》さきあわれなるかも

天災地変《てんさいちへん》を指折《ゆびお》りかぞえて待《ま》っている虫《むし》は、やがて冬《ふゆ》の霜《しも》にあえば誠《まこと》に哀《あわ》れむべき存在《そんざい》となる。このような時節待《じせつま》ち信仰《しんこう》も徹底的《てっていてき》にあらためられねばならぬ。立替《たてか》えは何《なん》と云《い》っても「我々《われわれ》の魂《たましい》の立替《たてか》えが根本《こんぽん》である」ことは、これまでにしばしば戒《いまし》められていることろである。

○立《た》てかえを世人《よびと》のことゝなおもいそ　立《た》てかえするは己《おの》が魂《みたま》ぞ

愛善運動《あいぜんうんどう》としては既《すで》に立替《たてか》えは終《おわ》りたゞ立直《たてなお》しあるばかりだ。過去《かこ》の我々《われわれ》の信仰《しんこう》を深《ふか》く省《かえり》みて本当《ほんとう》に愛善《あいぜん》に徹《てっ》した生活《せいかつ》であったか、まず自己《じこ》の信仰《しんこう》を立替《たてか》え、真《しん》の「愛善苑《あいぜんえん》」の精神《せいしん》に徹《てっ》しておるかどうか、今《いま》一度反省《どはんせい》を要《よう》する。

○手《て》も足《あし》もうごかさずしてみろくの世《よ》　早《はや》来《こ》よかしといのる曲神《まがかみ》

「みろくの世《よ》」とは世《よ》の中《なか》が愛善《あいぜん》の苑《その》になることである。「みろくの世《よ》」実現《じつげん》のためになすべきをなさずして、只《ただ》いたずらに待《ま》っていても「みろくの世《よ》」は訪《おとず》れない。私《わたし》どもの魂《たましい》の立直《たてなお》しが出来《でき》愛善《あいぜん》の信仰《しんこう》に徹《てっ》すれば、その時《とき》私達《わたしたち》は「みろくの世《よ》」に住《じゅう》しているのである。

○のびちゞみ心《こころ》の船《ふね》のまゝぞかし　神《かみ》のしぐみは人《ひと》にありせば

「愛善苑教旨《あいぜんえんきょうし》」にもある通《とお》り、「神《かみ》は万物普遍《ばんぶつふへん》の霊《れい》にして人《ひと》は天地経綸《てんちけいりん》の主体《しゅたい》なり」この天地経綸《てんちけいりん》ということは人《ひと》を通《つう》じてなされるのである愛善《あいぜん》の心《こころ》にめざめ、真《しん》の信仰《しんこう》に徹《てっ》した人々《ひとびと》に神《かみ》の神格《しんかく》はみたされ力《ちから》が与《あた》えられる。これによって神《かみ》の経綸《けいりん》はぐんぐん展開《てんかい》してゆくのである。

ただ予言的《よげんてき》な信仰《しんこう》、立替《たてかえ》というような事《こと》ばかりを考《かんが》えておる信仰《しんこう》、あるいはなすべきをなさないで手《て》をこまねいている時節《じせつ》まちの信仰《しんこう》、特《とく》に我々《われわれ》が心《こころ》がけねばならぬことは霊《れい》のみにとらわれて現実社会《げんじつしゃかい》を無視《むし》している神憑《かむがか》り的信仰《てきしんこう》、これらはことごとく「愛善苑《あいぜんえん》」にあり得《う》べからざる信仰《しんこう》である。これが立替《たてかえ》されなくなってしまわねば本当《ほんとう》の立直《たてなお》し運動《うんどう》は出来《でき》ない。

「愛善苑《あいぜんえん》」の正《ただ》しき信仰《しんこう》については『愛善苑《あいぜんえん》』誌上《しじょう》その他機会《たきかい》あるごとにこれを示《しめ》されているが、「愛善苑《あいぜんえん》」の教典《きょうてん》として苑主《えんしゅ》のこれまでに詠《よ》まれた歌《うた》の中《なか》より五百首《ひゃくしゅ》ばかり選《えら》び『愛善《あいぜん》の道《みち》』として出版《しゅっぱん》されることになった。どうか朝《あさ》に夕《ゆう》に拝誦《はいしょう》して信仰《しんこう》を確立《かくりつ》し、「愛善《あいぜん》の運動《うんどう》」を実践的《じっせんてき》に押《お》し進《すす》めて頂《いただ》きたい。

皆様《みなさま》のご活躍《かつやく》により段々会員《だんだんかいいん》も増加《ぞうか》しているが、大《おお》きな神業《しんぎょう》の上《うえ》から見《み》ると、いまだほんの基礎《きそ》が出来《でき》たといっていゝほどである。

○

会員《かいいん》の増加《ぞうか》については一層皆様方《いっそうみなさまがた》の努力《どりょく》をお願《ねが》いしたい。会員《かいいん》が一人《ひとり》でも増《ふ》えることはそれだけ愛善《あいぜん》の世界《せかい》が広《ひろ》く打立《うちた》てられることになる。亀岡《かめおか》において開《ひら》いている常設講座《じょうせつこうざ》の受講者《じゅこうしゃ》はその後次第《ごしだい》に増加《ぞうか》し、一月以来《がついらい》の受講者《じゅこうしゃ》は千三百名《せんびゃくめい》を数《かぞ》えている。この講座《こうざ》は新《あたら》しい会員《かいいん》の方《かた》に必要《ひつよう》であるばかりでなく以前《いぜん》から信仰《しんこう》に入《はい》っておる人達《ひとたち》にとっても信《しん》仰《こう》を新《あら》たに確立《かくりつ》する意味《いみ》においてきわめて必要《ひつよう》であると思《おも》う。現在府県《げんざいふけん》における連絡事務《れんらくじむ》所《しょ》は二十六、会合所《かいごうしょ》は二百《ひゃく》一箇所出来《かしょでき》たが全国《ぜんこく》いずれの町《まち》にも村《むら》にも会合所《かいごうしょ》が設置《せっち》されるにいたるまでに運動《うんどう》が進展《しんてん》されるよう、皆様方《みなさまがた》の積極的《せっきょくてき》な活躍《かつやく》をお願《ねが》い致《いた》したい。ついては今後《こんご》の活動《かつどう》は老《お》いも若《わか》きも立《た》たねばならぬのであるが特《とく》に青年《せいねん》の方々《かたがた》の御活動《ごかつどう》を望《のぞ》む。これは連絡事務所会合所《れんらくじむしょかいごうしょ》の方々《かたがた》に特《とく》に青年男女《せいねんだんじょ》の方達《かたたち》が第《だい》一線《せん》に立《た》つようご指導《しどう》をお願《ねが》いしたい。

昨夜《さくや》は今後《こんご》の青年運動《せいねんうんどう》につき、いろいろ有志《ゆうし》の方々《かたがた》にご協力《きょうりょく》をいたゞいたその報告《ほうこく》を承《うけたまわ》り大変建設的《たいへんけんせつてき》ないゝ雰囲気《ふんいき》のもとに御相談《ごそうだん》が進《すす》んだようである。私達《わたしたち》は青年《せいねん》の活動《かつどう》を急《いそ》いでおる。本部《ほんぶ》としては青年運動《せいねんうんどう》をできるだけ急速《きゅうそく》に展開《てんかい》してゆく方針《ほうしん》である。

○

このたび「新憲法《しんけんぽう》」が五月三日《がつかきじつ》を期し実施《じっし》されることゝなっておる。これはどうしても宗教的《しゅうきょうてき》な信念《しんねん》と熱情《じょうねつ》がなくては空文《くうぶん》に化《か》してしまう。特《とく》に「戦争放棄《せんそうほうき》」というような点《てん》については、宗教《しゅうきょう》の裏付《うらづ》けなくしては決《けっ》してこの精神《せいしん》を貫徹《かんてつ》することは出来《でき》ない。「愛善《あいぜん》運動《うんどう》」の立場《たちば》から云《い》うと「新憲法《しんけんぽう》」の宣言《せんげん》している「戦争放棄《せんそうほうき》」は全《まった》く「愛善苑《あいぜんえん》」の精神《せいしん》がそのまゝ「新憲法《しんけんぽう》」に盛《も》られたと思《おも》うほどである。これについてはよくその精神《せいしん》を研《けん》究《きゅう》し、平和《へいわ》の精神《せいしん》が国民《こくみん》に貫徹《かんてつ》するよう会員《かいいん》は一段《いちだん》の努力《どりょく》をしなければならぬ。今後《こんご》いろいろな事態《じたい》に直面《ちょくめん》することがあろうとも「愛善苑《あいぜんえん》」は、絶対《ぜったい》に「平和運動《へいわうんどう》の線《せん》よりそれてはならない。我々《われわれ》はどこまでも平和《へいわ》の道《みち》を前進《ぜんしん》するものである」、合《あ》わせて現在日本《げんざいにほん》の危《き》機《き》とされている「食糧不足《しょくりょうぶそく》」に対《たい》しても強力《きょうりょく》な増産運動《ぞうさんうんどう》を展開《てんかい》することによって国民《こくみん》が自主的《じしゅてき》に立直《たてなお》るよう会員挙《かいいんあ》げて努力《どりょく》しなければならぬと思《おも》う。

最後《さいご》に苑主《えんしゅ》の御容態《ごようたい》はこの数日間非常《すうじつかんひじょう》に快方《かいほう》に向《む》かわれ血色《けっしょく》も平素《へいそ》となんらお変《かわ》りなく、御全快《ごぜんかい》の日《ひ》も近《ちか》きにあるように思《おも》う。どうか会員各位《かいいんかくい》におかれても御安心下《ごあんしんくだ》さい。（速記）

（『愛善苑』第一二号　昭和二十二年五月一日）

五、国際宗教懇談会
宗教の価値を再確認

「日本《にほん》は、徹底的《てっていてき》な敗戦《はいせん》により東洋哲学《とうようてつがく》に言《い》う「無《む》」の絶対的立場《ぜったいてきたちば》に立戻《たちもど》り、新《しん》に全人類《ぜんじんるい》の幸福《こうふく》に貢献《こうけん》すべき宗教的文化国家《しゅうきょうてきぶんかこっか》として再生《さいせい》しなければならぬことになった。この高邁《こうまい》（＝けだかく、すぐれていること）な世界観《せかいかん》の確立《かくりつ》なくしては、政治《せいじ》も経済《けいざい》も科学《かがく》も芸術《げいじゅつ》もその正《ただ》しき進展《しんてん》を見《み》ることは不可能《ふかのう》である。この時《とき》に当《あた》り内外《ないがい》の宗教家《しゅうきょうか》が一堂《いちどう》に相会《あいかい》し正義《せいぎ》に立脚《りっきゃく》せる平和《へいわ》と真理《しんり》に基《もと》づく人類文化《じんるいぶんか》の発展《はってん》に関《かん》して懇談《こんだん》し、且《か》つその実現《じつげん》の方策《ほうさく》を考究《こうきゅう》することは極《きわ》めて有意義《ゆういぎ》な試《こころ》みと信《しん》ずる。……云々《うんぬん》」

これが主宰者《しゅさいしゃ》たる国際問題綜合研究所《こくさいもんだいそうごうけんきゅうしょ》から各出席者《かくしゅっせきしゃ》へ出《だ》された案内状《あんないじょう》の大要《たいよう》であり、即《すなわ》ちこの「国際宗教懇談会《こくさいしゅうきょうこんだんかい》」開催《かいさい》の「主旨《しゅし》」である。

時《とき》は十月《がつ》十二日《にち》、会場《かいじょう》は京都西本願寺内《きょうとにしほんがんじない》「鴻之間《こうのま》」、太閤秀吉《たいこうひでよし》の桃山聚楽第《ももやまじゅらくだい》の大広間《おおひろま》を移《うつ》したもので、中央《ちゅうおう》にぐるりと長方形《ちょうほうけい》に卓《つくえ》と椅子《いす》を置《お》き並《なら》べ、その外側《そとがわ》に来賓席傍聴席《らいひんせきぼうちょうせき》、記者席等設備万端《きしゃせきとうせつびばんたん》行《ゆ》き届《とど》いて豪華《ごうか》此《こ》の上《うえ》ない会場《かいじょう》である。

出席者《しゅっせきしゃ》は神仏基《しんぶつキ》等《とう》の各教代表者《かくきょうだいひょうしゃ》を始《はじ》め宗教学者《しゅうきょうがくしゃ》、それに外国側宗教家《がいこくがわしゅうきょうか》を加《くわ》えて四十余名《よめい》、その氏名《しめい》は順不同《じゅんふどう》で次《つぎ》の通《とお》り

【日本側】真宗東本願寺参務《しんしゅうひがしほんがんじさんむ》・末廣愛邦、西本願寺門主《にしほんがんじもんしゅ》・大谷光照、同執行長《どうしっこうちょう》・藤音得忍、同執行《どうしっこう》・田丸道忍、同執行《どうしっこう》・土岐慶静、同《どう》・小林只乗、浄土宗知恩院《じょうどしゅうちおんいん》・大河内貫静、真言宗醍醐派管長《しんごんしゅうだいごはかんちょう》・岡田戒玉、日蓮宗要法寺貫主《にちれんしゅうようほうじかんす》・足立日城、天台宗延暦寺《てんだいしゅうえんりゃくじ》座主《ざす》・渋谷慈鎧、臨済宗相国寺執事長《りんざいしゅうそうこくじしつじちょう》・緒方宗博、日本基督教団京都教区長《にほんキリストきょうだんきょうときょうくちょう》・安川

忠吉、同京都教会牧師《どうきょうときょうかいぼくし》・吉田隆吉、天主公教会京都教区長《てんしゅこうきょうかいきょうときょうくちょう》・古屋義之、聖公会《せいこうかい》・佐々木不二郎、天理教布教部長《てんりきょうふきょうぶちょう》・岩田長三郎、金光教官長大務者《こんこうきょうかんちょうだいむしゃ》・金光鑑太郎、黒《くろ》住教教務部長《ずみきょうきょうむぶちょう》・福島元助、八坂神社宮司《やさかじんじゃぐうじ》・高原美忠、豊国神社宮司《とよくにじんじゃぐうじ》・吉田貞治、琴《こと》平宮宮司《ひらぐうぐうじ》・久世章業、白峯宮宮司《しらみねぐうぐうじ》・石井鹿之助、愛善苑委員長《あいぜんえんいいんちょう》・出口伊佐男《でぐちいさお》、世界《せかい》神智教会《しんちきょうかい》・三浦闞造、世界紅卍字会日本総会《せかいこうまんじかいにほんそうかい》・土屋彌廣、平和之園々主・古屋登世、宗教学者文学博士《しゅうきょうがくしゃぶんがくはかせ》・久松真一、同《どう》・西谷啓治、同志社大学教授《どうししゃだいがくきょうじゅ》・有賀鉄太郎、同《どう》・松村克己、龍谷大学学長《りゅうこくだいがくがくちょう》・森川智徳、大谷大学学監《おおたにだいがくがっかん》・鈴木弘、同《どう》・三浦一郎

【外国側《がいこくがわ》】世界神智学会・米国・バンデングリフト、同・スモック、キリスト教・米国・ゴーハム、同・ボーベンカーク、同・ドイツ・ヘンニヒ、カトリックイタリア・パガニニ

【欠席《けっせき》】同志社総長・牧野虎次、一燈園・西田天香、生長の家・谷口雅春等が差支えありて欠席。

（一）、五つの課題と各派の叫び

十時開会《じかいかい》、主催者側《しゅさいしゃがわ》を代表《だいひょう》し、且《か》つ司会者《しかいしゃ》として荘野忠徳《そうのただのり》氏開会《しかいかい》の辞《じ》を述《の》べ、敬虔《けいけん》なる宗教心《しゅうきょうしん》に徹《てつ》した時、初《はじ》めてすべての民族《みんぞく》は一つの宇宙生命《うちゅうせいめい》からめばえた同胞《どうほう》であることの自覚《じかく》に達《たつ》し、こゝに愛《あい》と誠《まこと》の楽園《らくえん》が築《きず》かれるものであると、宗教《しゅうきょう》の本質的《ほんしつてき》使命《しめい》と価値《かち》を強調《きょうちょう》し、それを藤澤親雄《ふじさわちかお》氏《し》が流暢《りゅうちょう》な英語《えいご》で翻訳《ほんやく》する。

藤澤氏《ふじさわし》は研究所《けんきゅうしょ》の所長《しょちょう》、かつてはゼネバの国際連盟事務局《こくさいれんめいじむきょく》にあって活躍《かつやく》した人《ひと》で、古《ふる》いエスペランチストとして、また英独仏露《えいどくぶつろ》等《など》各国語《かっこくご》を自由《じゆう》にする語学《ごがく》の達人《たつじん》として知《し》られて居《お》り、加《くわ》えるに宗教《しゅうきょう》や思想問題《しそうもんだい》についての深《ふか》い造詣《ぞうけい》を持《も》たれていることに於《お》いてこの国際懇談会《こくさいこんだんかい》の斡旋者《あっせんしゃ》として又《また》この日《ひ》の通訳者《つうやくしゃ》として他《ほか》に得難《えがた》い適任者《てきにんしゃ》であり、以下《いか》各出席者《かくしゅっせきしゃ》の発言《はつげん》は同氏《どうし》によって通訳《つうやく》せられたが、その鮮《あざ》やか翻訳《ほんやく》には内外人《ないがいじん》共《とも》に驚嘆《きょうたん》し、且《か》つ大《おお》きな安心感《あんしんかん》が与《あた》えられたことである。

来賓側《らいひんがわ》を代表《だいひょう》して、この懇談会《こんだんかい》を後援《こうえん》した終戦連絡京都事務局々長《しゅうせんれんらくきょうとじむきょくきょくちょう》・吉岡《よしおか》範武氏《し》祝辞《しゅくじ》を述《の》べ、続《つづ》いて着席順《ちゃくせきじゅん》に、各教代表《かくきょうだいひょう》から約《やく》十分前後《ぷんぜんご》の発言《はつげん》があった。

因《ちな》みに発言《はつげん》の内容《ないよう》については予《あらかじ》め主宰者側《しゅさいしゃがわ》から、次《つぎ》の五項目《こうもく》の話題《わだい》が提示《ていじ》せられていた。

一、日本復興《にほんふっこう》に対《たい》する宗教家《しゅうきょうか》の責任《せきにん》

二、東洋《とうよう》に於《お》ける宗教家《しゅうきょうか》の協力《きょうりょく》と提携《ていけい》

三、世界平和《せかいへいわ》と人類文化《じんるいぶんか》に対《たい》する宗教《しゅうきょう》の寄与《きよ》

四、前各項実現《ぜんかくこうじつげん》の具体的方策《ぐたいてきほうさく》に就《つ》いて

五、その他宗教《たしゅうきょう》に対《たい》する一般問題《いっぱんもんだい》

この話題《わだい》に対《たい》して忠実《ちゅうじつ》に各項目毎《かくこうもくごと》に意見《いけん》を述《の》べた人《ひと》は比較的少数《ひかくてきしょうすう》で、多《おお》くは全項目《ぜんこうもく》に対《たい》して総括的《そうかつてき》に所感《しょかん》を述《の》べていた。従《したが》って抽象的《ちゅうしょうてき》な意見《いけん》が多《おお》かった。これは一面《いちめん》、「話題《わだい》」が非常《ひじょう》に大《おお》きかったゝめに止《や》む得《え》ないことでもあろう。

西本願寺藤音執行長《にしほんがんじふじおとしっこうちょう》「国民《こくみん》が真《しん》に精神的《せいしんてき》の立直《たちなお》りをすることが日本《にほん》の復興《ふっこう》を期《き》する所《ゆ》

以《えん》であり、現在宗教《げんざいしゅうきょう》が渇望《かつぼう》されているが、在来日本《ざいらいにほん》は宗教軽視《しゅうきょうけいし》する風《ふう》があって、国政《こくせい》の運用《うんよう》も全然宗教《ぜんぜんしゅうきょう》と隔離《かくり》して居《お》った。我々《われわれ》は国内国外《こくないこくがい》あらゆる宗教《しゅうきょう》を通《つう》じて互《たが》いに深《ふか》く提携《ていけい》し社会《しゃかい》の進運《しんうん》に貢献《こうけん》せねばならなぬ」

森川龍大学長《もりかわりゅうだいがくちょう》「我々宗教家《われわれしゅうきょうか》は戦争《せんそう》を食止《くいと》めることの出来《でき》なかったことを大《おお》いに懺悔《ざんげ》せねばならぬ。日本《にほん》の復興《ふっこう》について宗教人《しゅうきょうじん》は直接《ちょくせつ》に産業経済《さんぎょうけいざい》に寄与《きよ》することは出来《でき》ぬが、宗教《しゅうきょう》の趣旨《しゅし》を天下《てんか》に行《おこな》うことによって間接的《かんせつてき》にして大切《たいせつ》なことは精神界《せいしんかい》の立直《たてなお》しに寄与《きよ》することである。いずれの宗教《しゅうきょう》も世界《せかい》の平和《へいわ》、人類《じんるい》の幸福《こうふく》に貢献《こうけん》すべきであるとの趣旨《しゅし》を持《も》たぬものはないのであるから、その趣旨《しゅし》を以《もっ》て差詰《さしづ》め日本《にほん》の復興《ふっこう》に参与《さんよ》せねばならぬが、東洋《とうよう》の宗教《しゅうきょう》と提携《ていけい》の問題《もんだい》にしても、各宗教《かくしゅうきょう》の理想《りそう》とする天地《てんち》を開拓《かいたく》するために宗《しゅう》教本来《きょうほんらい》の精神《せいしん》に従《したが》って東洋諸国《とうようしょこく》、続《つづ》いて世界各国《せかいかっこく》の宗教家《しゅうきょうか》と提携《ていけい》して進《すす》みたい」

渋谷延暦寺座主《しぶやえんりゃくじざす》「宗教家自体《しゅうきょうかじたい》の使命感《しめいかん》と信仰《しんこう》の昂揚《こうよう》を力説《りきせつ》」、**足立要法寺貫主《あだちようぼうじかんしゅ》**「欧米《おうべい》宗教事情《しゅうきょうじじょう》の一大研究所《いちだいけんきゅうしょ》の設置《せっち》を提唱《ていしょう》」、**岩田天理教布教部長《いわたてんりきょうふきょうぶちょう》**「国民総懺悔《こくみんそうざんげ》の先頭《せんとう》を切《き》れと叫《さ》けばれる」、**金光管長代務者**《こんこうかんちょうだいむしゃ》「宗教家《しゅうきょうか》の反省《はんせい》と内分充実《ないぶんじゅうじつ》を説《と》く」、苑主《えんしゅ》出口《でぐち》尋仁《じんじん》（＝出口聖師の道院名）先生《せんせい》の代理《だいり》として**土屋化同氏**が「世界《せかい》の惨禍《さんか》は道《みち》を修《おさ》める者《もの》の救世《きゅうせい》の誠《まこと》が足《た》りぬためであることの道院《どういん》の壇訓《だんくん》（＝神示を扶乱（ふうち）によって占うこと）を引《ひ》き、更《さら》に紅卍字会《こうまんじかい》の内修外慈の精神《せいしん》を紹介《しょうかい》する」、**愛善苑出口委員長**《あいぜんえんでぐちいいんちょう》「後述《こうじゅつ》の如《ごと》く発言《はつげん》」、**古屋神父**《ふるやしんぷ》「絶対者《ぜったいしゃ》なる神《かみ》の観念《かんねん》を国民《こくみん》に与《あた》えること、そのために宗教家《しゅうきょうか》は神《かみ》の御旨《ぎょし》を実行《じっこう》する愛《あい》の人《ひと》とならねばならぬ」、**ルーテル教会**《きょうかい》**のヘシニヒ氏**《し》「千載一遇《せんざいいちぐう》のこの宗教時代《しゅうきょうじだい》にそれぞれの道《みち》に従《したが》って積極的《せっきょくてき》な宣布活動《せんぷかつどう》を起《おこ》さねば神《かみ》への罪悪《ざいあく》であると舌端鋭《ぜったんするど》く話《はな》される」、**古屋女史**《ふるやじょし》「霊感《れいかん》に乏《とぼ》しい現代宗教《げんだいしゅうきょう》の欠陥《けっかん》を衝《つ》かれる」、**カトリックのパカニニ氏**《し》「今生《いまうま》れんとする新社会《しんしゃかい》に霊《れい》を入《い》れることが宗教家《しゅうきょうか》の共同責任《きょうどうせきにん》だと断《だん》じ」、**宗教学者松村氏**《しゅうきょうがくしゃまつむらし》「各自《かくじ》の持《も》つ信仰《しんこう》を生活《せいかつ》をかけて証《あか》し伝《つた》えよ、世界《せかい》の罪《つみ》と悪《あく》に対《たい》する新《あたら》しい戦《たたか》いに挺身《ていしん》せよと促《うなが》される」

（休憩《きゅうけい》、午後《ごご》2時再開《じさいかい》）

劈頭西本願寺門主挨拶《へきとうにしほんがんじもんしゅあいさつ》「本懇談会《ほんこんだんかい》の意義《いぎ》を称《とな》え、この現実《げんじつ》を救《すく》う者《もの》は宗教《しゅうきょう》の外《ほか》にない。

自分《じぶん》もその責任《せきにん》の一端《いったん》をにない大《おお》いに努力《どりょく》したいと誓《ちか》われる」

ボーベンカーク氏《し》「戦争《せんそう》の原因《げんいん》について各宗各派《かくしゅうかくは》が集《あつ》まっての権威《けんい》ある研究《けんきゅう》が行《おこな》われねばならぬ。アメリカのキリスト教連盟《きょうれんめい》は世界平和《せかいへいわ》を研究《けんきゅう》のため既《すで》に数回《すうかい》の大会《たいかい》を開《ひら》いたが、昨年《さくねん》サンフランシスコ連盟会議《れんめいかいぎ》のあった時《とき》、政府《せいふ》は連盟代表者《れんめいだいひょうしゃ》を顧問《こもん》として招《まね》いた。今後世界《こんごせかい》の各宗教《かくしゅうきょう》が一《ひと》つの連盟《れんめい》を作《つく》ってこういう問題《もんだい》を研究《けんきゅう》すべきである」、**ゴーハム夫《ふ》人《じん》**「世界平和《せかいへいわ》のため寛容《かんよう》の精神《せいしん》を普及《ふきゅう》したい」、**吉田牧師《よしだぼくし》**「指導者《しどうしゃ》への指導《しどう》、宗教家《しゅうきょうか》の同《どう》志的結合社会経済機構《してきけつごうしゃかいけいざいきこう》の宗教化《しゅうきょうか》を強調《きょうちょう》」**安田牧師《やすだぼくし》**「社会事業《しゃかいじぎょう》も必要《ひつよう》ながら、宗教本来《しゅうきょうほんらい》の真理《しんり》を徹底《てってい》せしめ、神様《かみさま》をおそれ畏《かしこ》む国民《こくみん》にせねばならぬ」、**世界神智学会三浦氏《せかいしんちがっかいみうらし》**「世《せ》界宗教者《かいしゅうきょうしゃ》の中《なか》から天才《てんさい》が現《あらわ》れて世界《せかい》が真《しん》に欲求《よっきゅう》する新教典《しんきょうてん》を作《つく》って欲《ほ》しい」

西谷博士《にしたにはかせ》「現在《げんざい》の宗教家《しゅうきょうか》は、救《すく》われ過《す》ぎている。救《すく》いを得《え》られずに苦《くる》しんでいる一般《いっぱん》人《じん》に救《すく》いの手《て》を伸《の》ばす努力《どりょく》が必要《ひつよう》である。宗教学者《しゅうきょうがくしゃ》も聖典《せいてん》の注釈《ちゅうしゃく》などよりも、抑々神《よくよくかみ》は坐《いま》すか、仏《ほとけ》とは何《なに》かというような根本問題《こんぽんもんだい》から出発《しゅっぱつ》すべきだ。将来《しょうらい》の世界秩序《せかいちつじょ》についても宗教《しゅうきょう》の立場《たちば》から新《あたら》しい指導原理《しどうげんり》を出《だ》すことが現代宗教家《げんだいしゅうきょうか》に負《お》わされた課題《かだい》である」**緒方相国寺執事長**《おがたしょうこくじしつじちょう》・自《みずか》らの英語《えいご》で「互《たが》いに知《し》ることが平和《へいわ》の基礎《きそ》であるからと仏教美術《ぶっきょうびじゅつ》の欧米巡回展覧会《おうべいじゅんかいてんらんかい》、京都各寺院《きょうとかくじいん》の巡回展覧会《じゅんかいてんらんかい》を提案《ていあん》」、**有賀同大教授**《ありがどうだいきょうじゅ》「各宗教間《かくしゅうきょうかん》に闘争《とうそう》が起《お》こるのは真理《しんり》によって立《た》たぬからだ。互《たが》いに尊敬《そんけい》と理解《りかい》の精神《せいしん》に根《ね》ざしてこそ各教《かくきょう》はそれぞれに栄《さか》え、且《か》つ真《しん》のデモクラシーを招来《しょうらい》し得《え》ると断《だん》じる」、**知恩院大河内氏**《ちおんいんおおこうちし》「共同《きょうどう》の宗教運動展開《しゅうきょううんどうてんかい》のため参謀本部的一大機関《さんぼうほんぶてきいちだいきかん》の設置《せっち》を提唱《ていしょう》される」、**岡田醍醐派管長**《おかだだいごはかんちょう》「教役者自身金剛不壊《きょうやくしゃじしんこんごうふえ》の信念《しんねん》を立直《たてなお》せと絶叫《ぜっきょう》」、**久世琴平宮々司**《くぜことひらぐうぐうじ》「万教同根《ばんきょうどうこん》の真理《しんり》に眼《ね》ざし、精神《せいしん》、経済《けいざい》、科学《かがく》の三方面《ほうめん》からする救済運動《きゅうさいうんどう》とその具体的計画《ぐたいてきけいかく》を発表《はっぴょう》される」、**石井白峯宮々司**《いしいしらみねぐうぐうじ》「宗教家《しゅうきょうか》の懺悔《ざんげ》と教祖《きょうそ》、祖師《そし》への立還《たちかえ》りを促《うなが》す」、**吉田豊国神社宮司**《よしだとよくにじんじゃぐうじ》「すなおにしておおらかな祖先《そせん》の心《こころ》を心《こころ》として、和楽《わらく》の宗教《しゅうきょう》たる神社《じんじゃ》の本質《ほんしつ》を発揮《はっき》したい。特《とく》に京都《きょうと》の地《ち》に相応《ふさわ》しい宗教博物館《しゅうきょうはくぶつかん》は、宗教図書館《しゅうきょうとしょかん》、よろず宗教相談所等《しゅうきょうそうだんしょとう》の設立《せつりつ》を提案《ていあん》」、**高原八坂神社宮司**《たかはらやさかじんじゃぐうじ》「祓《はら》いの精神《せいしん》を説《と》かれる」、**東本願寺末廣参務**《ひがしほんがんじすえひろさんむ》「宗教平和連盟《しゅうきょうへいわれんめい》を提唱《ていしょう》。且《か》つ既成教団《きせいきょうだん》の徹底的脱皮《てっていてきだっぴ》を強調《きょうちょう》」、鈴木龍大学監《すずきりゅうだいがくかん》「東洋《とうよう》の持《も》つ絶対的《ぜったいてき》「無《む》」の世界観《せかいかん》が、今後西欧《こんごせいおう》の「有《ゆう》」の積極面《せっきょくめん》と如何《いか》に接触《せっしょく》して行《ゆ》くかの問題《もんだい》について深《ふか》い示唆《しさ》を投《な》げかける」

これで全部《ぜんぶ》の発言《はつげん》を終了《しゅうりょう》。「飛雲閣《ひうんかく》」でお茶接待《ちゃせったい》を受《う》けてから一同《いちどう》、岡崎《おかざき》の「つる屋《や》」に移《うつ》り、晩餐《ばんさん》を共《とも》にしつゝここで文字通《もじどお》りの国際懇談会《こくさいこんだんかい》が行《おこな》われた。

この会合《かいごう》をこのまま散会《さんかい》したのでは余《あま》りに勿体《もったい》ない、何《なん》らかの形《かたち》で継続《けいぞく》して、折角数々《せっかくかずかず》の貴重《きちょう》な提案《ていあん》や意見《いけん》を実現《じつげん》するようにしたいという声《こえ》が出席者《しゅっせきしゃ》の誰彼《だれかれ》からも出《い》で、結局《けっきょく》そのための委員《いいん》の使命《しめい》を出口愛善苑委員長《でぐちあいぜんえんいいんちょう》が依頼《いらい》され、同氏《どうし》は、末廣《すえひろ》、藤音《ふじおと》、大河内《おおこうち》、緒方《おがた》、古屋《ふるや》（義之）、吉田《よしだ》（隆吉）、吉田《よしだ》（貞治）、藤沢《ふじさわ》、荘野《そうの》の九氏《し》を推薦《すいせん》、それに出口伊佐男《でぐちいさお》氏《し》も推《お》されここに十人《にん》の委員《いいん》が決定《けってい》、今後《こんご》の斡旋《あっせん》、計画等《けいかくなど》を託《たく》されることになった。

(二)、日本宗教前進の方向　懇談者に於ける発言内容

委員長　出口伊佐男

一、日本復興に対する宗教家の責任

(一)宗教家自身《しゅうきょうかじしん》の厳粛《げんしゅく》なる反省《はんせい》と自覚《じかく》を根本要件《こんぽんようけん》とす。日本《にほん》の宗教家《しゅうきょうか》は自《みずか》らの無自《むじ》覚《かく》と怠慢並《たいまんなら》びに宗団《しゅうだん》の「封建主義《ほうけんしゅぎ》」によりまた極端《きょくたん》な「国家主義《こっかしゅぎ》」に禍《わざわい》されて宗《しゅう》教本来《きょうほんらい》の面目《めんもく》を失《うしな》った。この点《てん》に就《つ》いて厳粛《げんしゅく》な反省《はんせい》をし、かつ人類平等愛《じんるいびょうどうあい》の上《うえ》に立《た》って宗教《しゅうきょう》の真使命《しんしめい》を遂行《すいこう》する自覚《じかく》と決意《けつい》をもって新発足《しんはっそく》すべきである。

(二)「万教同根《ばんきょうどうこん》」の大義《たいぎ》に徹《てっ》し各宗互《かくしゅうたが》いに、協力提携《きょうりょくていけい》すること。真理《しんり》は一つである。何《いず》れの宗教《しゅうきょう》も真理《しんり》と愛《あい》に根《ね》ざし、時代《じだい》と民族《みんぞく》に応《おう》じ発生発展《はっせいはってん》して来《き》たもので、形《けい》式《しき》こそ異《こと》なれ「万教《ばんきょう》は同根《どうこん》」であること信《しん》ずる。この際宗教本来《さいしゅうきょうほんらい》の共同目的《きょうどうもくてき》である地上天国《ちじょうてんごく》の実現《じつげん》に向《むか》って、互《たが》いに協力提携《きょうりょくていけい》することが肝要《かんよう》である。

（三）宗教《しゅうきょう》と生活《せいかつ》の一体化《いったいか》を図《はか》ること。宗教《しゅうきょう》が現実生活《げんじつせいかつ》と遊離《ゆうり》していた点《てん》に過去《かこ》の重《じゅう》大《だい》な欠陥《けっかん》がある。宜《よろ》しく個人生活《こじんせいかつ》をはじめとし政治《せいじ》、経済《けいざい》、教育《きょういく》、芸術《げいじゅつ》など文化全《ぶんかぜん》般《ぱん》に亙《わた》る社会生活《しゃかいせいかつ》の上《うえ》に宗教《しゅうきょう》を浸透《しんとう》せしめ、宗教《しゅうきょう》と生活《せいかつ》の一体化《いったいか》を図《はか》らねばならぬ。

二、東洋に於ける宗教家の協力と提携

日本宗教《にほんしゅうきょう》の過去清算《かこせいさん》と新発足《しんはっそく》について、先《ま》ず中外《ちゅうがい》に宣言《せんげん》を発《はっ》し、その後《ご》に於《お》いてこの項目《こうもく》採《と》り上《あ》げるべきである。日本《にほん》の宗教《しゅうきょう》は従来軍国主義的桎梏《じゅうらいぐんこくしゅぎてきしっこく》（＝足かせと手かせ。また、手足にかせをはめること。厳しく自由を束縛するもの）の下《もと》に置《お》かれ、その本来《ほんらい》の使命《しめい》を発揮《はっき》し得《え》なかった遺憾《いかん》な立場《たちば》を明《あき》らかにし、而《しか》して後《のち》日本宗教家《にほんしゅうきょうか》の本来《ほんらい》の使命《しめい》に生《い》きようとする今日《こんにち》の切実《せつじつ》な念願《ねんがん》を表明《ひょうめい》し、改《あらた》めて東洋宗教家《とうようしゅうきょうか》の協力提携《きょうりょくていけい》を提案《ていあん》すべきである。

三、世界平和と人類文化に対する宗教の寄与

（一）世界各宗教《せかいかくしゅうきょう》の大同団結《だいどうだんけつ》により国際間《こくさいかん》の障壁《しょうへき》を撤廃《てっぱい》し、世界一家《せかいいっか》の理想実現《りそうじつげん》を図《はか》ること。

（二）宗教家《しゅうきょうか》と科学者《かがくしゃ》との協力提携《きょうりょくていけい》による高度文化《こうどぶんか》の建設《けんせつ》。

四、前各項実現の具体的方策に就いて

（一）前各項実践《ぜんかくこうじっせん》を目的《もくてき》とする日本宗教連合《にほんしゅうきょうれんごう》の機関《きかん》を設置《せっち》すること。

（二）東洋宗教連合《とうようしゅうきょうれんごう》の機関《きかん》を設置《せっち》すること。

（三）世界宗教連合《せかいしゅうきょうれんごう》の機関《きかん》を設置《せっち》すること。

（四）各宗教団体《かくしゅうきょうだんたい》は国際補助語《こくさいほじょご》として「エスペラント」を採用《さいよう》すること。

五、その他宗教に対する一般問題

（一）「新憲法《しんけんぽう》の戦争放棄《せんそうほうき》」ならびに「信教自由《しんきょうじゆう》」に関《かん》する「主旨《しゅし》」を国民《こくみん》に徹底《てってい》せしむるため各宗教団体《かくしゅうきょうだんたい》は最善《さいぜん》を尽《つく》すべきこと。

（二）宗教本来《しゅうきょうほんらい》の普遍性《ふへんせい》に基《もと》づき海外布教《かいがいふきょう》の自由《じゆう》を確立《かくりつ》すること。

（三）宗教団体《しゅうきょうだんたい》の海外文通並《かいがいぶんつうなら》びにその用語《ようご》として「エスペラント」の使用《しよう》を認《みと》めらるゝよう努《つと》むること。

（『愛善苑』第八号　昭和二十一年十二月一日　伊藤栄蔵記）

六、史上まれに視る盛観
日本宗教平和会議終る　劈頭《へきとう》ざんげ文朗読

五月三日《がつか》（昭和二十二年《しょうわねん》）より実施《じっし》された「戦争放棄《せんそうほうき》」の「平和憲法《へいわけんぽう》」を真《しん》に意義《いぎ》あらしむべく、昨年来計画《さくねんらいけいかく》されていた「全日本宗教平和会議《ぜんにほんしゅうきょうへいわかいぎ》」は五月五日《がつか》、六日《か》の両日《りょうじつ》にわたって全国宗教家代表約八百名《ぜんこくしゅうきょうかだいひょうやくひゃくめい》が集《あつ》まり東京築地本願寺《とうきょうつきじほんがんじ》において開催《かいさい》された。

平和祈念黙祷《へいわきねんもくとう》の後《のち》、総会《そうかい》の劈頭《へきとう》に平和《へいわ》を使命《しめい》とする宗教家《しゅうきょうか》が戦争《せんそう》を防止《ぼうし》し得《え》なかった怠慢《たいまん》と罪《つみ》を全人類《ぜんじんるい》に謝《しゃ》しザンゲの表明《ひょうめい》を行《おこな》うと共《とも》に、世界平和《せかいへいわ》の積極的意欲《せっきょくてきいよく》を宣言《せんげん》し、また国際連合《こくさいれんごう》、ローマ法王庁《ほうおうちょう》および外国宗教団体《がいこくしゅうきょうだんたい》に対《たい》するメッセージを送《おく》った。

◇当日《とうじつ》は吉田首相《よしだしゅしょう》、高橋文相《たかはしぶんしょう》も列席《れっせき》して「戦争放棄《せんそうほうき》」を想定《そうてい》した「新憲法《しんけんぽう》」が施行《しこう》された今日《こんにち》、宗教《しゅうきょう》によりこれが裏《うら》づけが行《おこな》われねばならず、切《せつ》に宗教家《しゅうきょうか》の努力《どりょく》を切望《せつぼう》してやまぬ旨《むね》を述《の》べられる。

さらに連合軍総司令部《れんごうぐんそうしれいぶ》宗教部長《しゅうきょうぶちょう》バーンズ博士《はかせ》は「日本宗教《にほんしゅうきょう》の特色《とくしょく》は寛容《かんよう》にあると考《かんが》えるが、戦争《せんそう》というが如《ごと》き反宗教的《はんしゅうきょうてき》なことに対《たい》しては寛容《かんよう》であってはならぬ」と挨拶《あいさつ》を行《い》ったことは注目《ちゅうもく》される。

会議《かいぎ》は五日午前総会《ごぜんそうかい》の後《のち》、午後《ごご》より各部会《かくぶかい》に分《わか》れて各議案《かくぎあん》の審理《しんり》に入《はい》り、こえて翌《よく》六日《か》午後《ごご》一時《じ》各部会《かくぶかい》の議事《ぎじ》を終了《しゅうりょう》した。協議員《きょうぎいん》は再《ふたた》び総会《そうかい》を開《ひら》き先《ま》ず各部会長《かくぶかいちょう》より議事報告《ぎじほうこく》があり、宗教的平和《しゅうきょうてきへいわ》の意欲溢《いよくあふ》れる沢山《たくさん》の議案《ぎあん》を審了決議《しんりょうけつぎ》し、姉崎博士《あねざきはかせ》より閉会《へいかい》の辞《じ》あって意義《いぎ》ある全日本宗教平和会議《ぜんにほんしゅうきょうへいわかいぎ》は終了《しゅうりょう》した。なお五月上旬《がつじょうじゅん》より札幌《さっぽろ》、仙台《せんだい》、京都《きょうと》、名古屋《なごや》、金沢《かなざわ》、岡山《おかやま》、高松《たかまつ》、福岡《ふくおか》の各地《かくち》において地区別《ちくべつ》の宗教平和会議《しゅうきょうへいわかいぎ》が開催《かいさい》される予《よ》定《てい》である。

（『愛善苑』第一四号　昭和二十二年六月一日）

（付録）奉天に於ける世界紅卍字会の恩愛

横尾尚子

一朝《いっちょう》にして恐怖混乱《きょうふこんらん》の坩堝《かんか》と化《か》した暗黒《あんこく》の瀋陽《しんよう》（旧奉天《きゅうほうてん》）で、丸《まる》一年間《ねんかん》の生活《せいかつ》は良《よ》いにつけ悪《わる》いにつけ永劫《えいごう》に忘《わす》れられない様々《さまざま》な体験《たいけん》をなめさせられました。生々《なまなま》しい記憶《きおく》の中《なか》から次《つぎ》に綴《つづ》る「紅卍字会《こうまんじかい》」を中心《ちゅうしん》とした動《うご》きは「敗戦《はいせん》」という冷酷《れいこく》な現実《げんじつ》の中《なか》にあった私《わたし》の、最《もっと》も生《い》きがいのある歓喜《かんき》にみち溢《あふ》れた生活《せいかつ》をさせていただいた感激《かんげき》を、ひたすら神様《かみさま》にお礼申《れいもう》し上《あ》げたことでした。――その一端《いったん》を拙《つたな》い筆《ふで》でご報告申《ほうこくもう》し上《あ》げます。

〇

奉天《ほうてん》（以下《いか》瀋陽）には従来《じゅうらい》、に西島宣道、横尾謙仁、青井宣珠、横尾化煌等《ら》の熱心《ねっしん》なる会員《かいいん》が神様《かみさま》に結《むす》ばれて絶《た》えず「老祖神《ろうそしん》」（＝紅卍字会の主神。）の御前《おんまえ》に敬虔《けいけん》な祈《いの》りと感謝《かんしゃ》の誠《まこと》を捧《ささ》げ黙々《もくもく》と求道《ぐどう》の研鑽《けんさん》に精進《しょうじん》していた。敗戦《はいせん》に伴《ともな》う幾千幾万《いくせんいくまん》の日系難民《にっけいなんみん》に対《たい》し「紅卍字会《こうまんじかい》」から図《はか》らずも温《あたた》かい救《すく》いの手《て》を差《さ》し伸《の》べてくれたのであった。

昨年《さくねん》十月《がつ》（昭和《しょうわ》二十年《ねん》）、居留民会《きょりゅうみんかい》より平和来対策意見《へいわらいたいさくいけん》の要求《ようきゅう》があった時《とき》、父《ちち》は民会《みんかい》の後援会委員太田《こうえんかいいいんおおた》外世先生《せんせい》におめにかかり、「紅卍字会《こうまんじかい》」を紹介《しょうかい》し緊密《きんみつ》な連絡《れんらく》を採《と》りはじめた。当時瀋陽《とうじしんよう》にはハルピン新京及《しんきょうおよ》びその周辺《しゅうへん》から締《し》め出《だ》しを喰《く》った北満《ほくまん》の難民《なんみん》二十万《まん》を算《さん》し、終戦前《しゅうせんまえ》よりの在住者《ざいじゅうしゃ》二十万近《まんちか》くを抱《かか》えこれらの越冬準備《えっとうじゅんび》だけでも容易《ようい》なことではなかった上《うえ》に衣食住《いしょくじゅう》はおろか一日《にち》の生活《せいかつ》さえ何等保障出来《なんらほしょうでき》ない有様《ありさま》で全《まった》く生《い》きる望《のぞ》みもなく、毎日百名近《まいにちひゃくめいちか》い死亡者《しぼうしゃ》が続出《ぞくしゅつ》するのをどうすることも出来《でき》なかった。

十月《がつ》二十日《か》、謙仁、宣珠の両名《りょうめい》は危険《きけん》を冒《おか》して城内《じょうない》の「道院《どういん》」を終戦後初《しゅうせんごはじ》めて訪《おとず》れた。時期《じき》は既《すで》に熟《じゅく》していたのであろう先方《せんぽう》は待機《たいき》の姿勢《しせい》でいてくれたらしく、こちらの懇請《こんせい》を全面的《ぜんめんてき》に受入《うけい》れてくれ、話《はなし》はトントン拍子《びょうし》に進《すす》んだ。先《ま》ず救済方法《きゅうさいほうほう》として差当《さしあた》り現金《げんきん》二百万円《ひゃくまんえん》と高粱《コーリャン》五百《ひゃく》トンが会員《かいいん》の斡旋努力《あっせんどりょく》の結果《けっか》、難民《なんみん》の手《て》に渡《わた》った。然《しか》もこれ等《ら》の現金《げんきん》、食糧《しょくりょう》が共産軍《きょうさんぐん》の手《て》によって提供《ていきょう》せられたのは実《じつ》に注目《ちゅうもく》すべきことと思《おも》われる。

その後民会後援会委員室《ごみんかいこうえんかいいいんしつ》を紅卍字会連絡室《こうまんじかいれんらくしつ》となし、会長始《かいちょうはじ》め幹部《かんぶ》の方々《かたがた》が絶《た》えず歩《ほ》を運《はこ》んでくれたことに、日本人側《にほんじんがわ》は非常《ひじょう》に感激《かんげき》した。わけても主席候会長《しゅせきこうかいちょう》、陳会長《ちんかいちょう》のお二人《ふたり》は実《じつ》に熱心《ねっしん》に協力《きょうりょく》して下《くだ》さった。コーリャンの炊《た》き方《かた》や竈《かまど》の築《きず》き方《かた》にいたるまで、細《こま》かい心遣《こころづか》いとゆきとどいた指導《しどう》ぶりには関係者一同《かんけいしゃいちどう》は心《こころ》から泣《な》かされた。

その頃《ころ》より日《ひ》をおって難民《なんみん》やその孤児《こじ》たちが増加《ぞうか》する一方《いっぽう》であったので、孤児《こじ》たち二百名《ひゃくめい》を男女共《だんじょとも》十八歳《さい》になるまで養《やしな》ってやろう、そしてその間《あいだ》に男《おとこ》には手《て》に職《しょく》を、女《おんな》には良縁《りょうえん》を得《え》させてやろうと言《い》う有難《ありがた》い申出《もうしで》があったが、都合《つごう》で中国道徳会《ちゅうごくどうとくかい》の「同善堂《どうぜんどう》」と「一燈圓《いっとうえん》」に預《あず》けることになった。しかし斯《か》かる絶大《ぜつだい》な厚意《こうい》と民族《みんぞく》を超《こ》えた人類愛《じんるいあい》の温《おん》情《じょう》に対《たい》しては全《まった》く心《こころ》を打《う》たれた。今更《いまさら》ながら「老祖神」の御摂理《おんせつり》に心《こころ》から拝跪感佩《はいきかんぱい》のまことを捧《ささ》げたことであった。

日本人難民救済《にほんじんなんみんきゅうさい》について最初《さいしょ》の「壇訓《だんくん》」には「難民《なんみん》に国境《こっきょう》なし、汝等全力《なんじらぜんりょく》を尽《つく》して救《きゅう》済《さい》に当《あた》れ」と言う御神示《ごしんじ》であった。

その頃中国人間《ころちゅうごくじんかん》で日本人《にほんじん》と接触《せっしょく》したり交渉《こうしょう》を持《も》ったりすることを奸漢視《かんかんし》するような傾《けい》向《こう》が見《み》えた。心《こころ》ある人々《ひとびと》でさえ一寸敬遠気味《すんけいえんぎみ》になったことは無理《むり》ないことであった。「老祖神」は再《ふたた》び紅卍字会員《こうまんじかいいん》に対《たい》し「難民救済効挙《なんみんきゅうさいこうあが》らず、命《いのち》さえあれば財宝《ざいほう》は自《みずか》ら出来《でき》るものである。総《すべ》てを投《な》げ捨《す》てて慈善《じぜん》を為《な》せ」と言《い》う意味《いみ》の御警告《ごけいこく》を発《はっ》せられたのである。アヽ何《なん》と言《い》う有難《ありがた》いことであろう。このことあって以来《いらい》、慈愛《じあい》の手《て》は更《さら》に大《おお》きく広《ひろ》く差《さ》し伸《の》べられ、酷寒《こっかん》のコンクリート上《うえ》にゴロ寝《ね》していた難民《なんみん》に寝具《しんぐ》が調達《ちょうたつ》せられ、栄養不良《えいようふりょう》に陥《おちい》りつつある人々《ひとびと》に白菜《はくさい》その他《た》の莫大《ばくだい》なる野菜《やさい》が提供《ていきょう》されたのである。

斯《か》くして不自由《ふじゆう》、不充分《ふじゅうぶん》ながら「死《し》の越冬《えっとう》」から辛《から》くもまぬがれ救《すく》われたのである。けれどここに誠《まこと》に悲《かな》しむべき一つの傾向《けいこう》を私達《わたしたち》は難民《なんみん》の人々《ひとびと》から発見《はっけん》せざるを得《え》なくなった——というのは、温《あたた》かい慈愛《じあい》のこもれるこれ等《ら》の物質《ぶっしつ》はすべて無償配給《むしょうはいきゅう》を受《う》けていたのであるが、その為《ため》に難民達《なんみんたち》は何時《いつ》とはなしに、漫然徒食《まんぜんとしょく》に甘《あま》んずる弊《へい》に堕《おち》し勤労《きんろう》を極度《きょくど》に嫌《きら》うようになった。これでは敗戦《はいせん》の民《たみ》が更《さら》に人間《にんげん》としても余《あま》りに惨《みじ》めであり悲惨《ひさん》である。

いよいよ破滅《はめつ》だと情《なさけ》なくさえ感《かん》じるのであった。それ故打開《ゆえだかい》の途《みち》として中国人《ちゅうごくじん》の家庭《かてい》に雑役《ざつえき》や女中《じょちゅう》として働《はたら》けるように民会《みんかい》の中《なか》に職業紹介所《しょくぎょうしょうかいじょ》を設《もう》けて、消極的救済《しょうきょくてききゅうさい》から積極的救済《せっきょくてききゅうさい》に乗出《のりだ》して行《い》った。中《なか》には与《あた》える物《もの》も与《あた》えず酷使《こくし》したりする家庭《かてい》もあったが、我々《われわれ》は信仰《しんこう》で結《むす》ばれた「紅卍字会《こうまんじかい》」の人々《ひとびと》には、無条件《むじょうけん》で求人《きゅうじん》に応《おう》じることが出来《でき》た。また会員《かいいん》を通《つう》じて女中《じょちゅう》を申込《もうしこ》む中国人《ちゅうごくじん》は何《いず》れも正《ただ》しい善良《ぜんりょう》な人々《ひとびと》であった。信《しん》じ合《あ》える間柄《あいだがら》というものが民族《みんぞく》の如何《いかん》を問《と》わず、環境《かんきょう》の如何《いかん》を問《と》わず如何《いか》に真実《しんじつ》そのものであるかということを、この時《とき》ほどシミジミ痛感《つうかん》させられたことはない。

然《しか》るに難民《なんみん》の中《なか》には、無智《むち》と怠惰《たいだ》と狡猾《こうかつ》が折角《せっかく》の美《うつく》しい世界《せかい》をぶちこわし、踏《ふ》みにじってしまう人々《ひとびと》が少《すく》なくなかったことは何《なん》と言《い》っても悲《かな》しい事実《じじつ》であった。「紅卍字会《こうまんじかい》」の人々《ひとびと》がこれをすら大《おお》きな眼《め》で、大《おお》きな心《こころ》で受《う》け流《なが》していてくれるのを見《み》た時《とき》、敗残《はいざん》の悲哀《ひあい》をしみじみ五体《ごたい》に味《あじ》わい、密《ひそ》かに泣《な》いたことであった。

○

一方父《いっぽうちち》は日本人間《にほんじんかん》の、主《しゅ》として智識層《ちしきそう》に「紅卍字会《こうまんじかい》」の存在《そんざい》、その意義《いぎ》、特《とく》に「万教同根《ばんきょうどうこん》の本義《ほんぎ》」に立脚《りっきゃく》している点《てん》や、日本《にほん》の在《あ》り方等《かたとう》を説《と》いて道院《どういん》の霊気《れいき》に触《ふ》れさせるよう「壇訓《だんくん》の日《ひ》」には、よく皆《みな》さんを道院《どういん》におつれした。大本《おほもと》と道院《どういん》、愛善会《あいぜんかい》と紅卍字会《こうまんじかい》との関係《かんけい》を始《はじ》めて知《し》らされた人々《ひとびと》は「今度帰国《こんどきこく》したら必《かなら》ず亀岡《かめおか》に行《ゆ》きます」と口《くち》をそろえて言《い》ってくれた。

○

露天採掘《ろてんさいくつ》と炭質《たんしつ》の優秀《ゆうしゅう》さで有名《ゆうめい》な炭都撫順《たんとぶじゅん》はやはり治安《ちあん》の悪化《あっか》が激烈《げきれつ》であった。撫順《ぶじゅん》を中心《ちゅうしん》とする「紅卍字会《こうまんじかい》」の日本人《にほんじん》への救済《きゅうさい》の手《て》は実《じつ》によく行届《ゆきとど》き、これもまた関係者一《かんけいいち》同《どう》の感激《かんげき》の的《まと》となった。これについて、会員《かいいん》でない一人《ひとり》の邦人篤志家《ほうじんとくしか》の活動《かつどう》と、それに全面的《ぜんめんてき》な協力《きょうりょく》を惜《お》しまなかった同会《どうかい》の態度等《たいどとう》につき、美《うつく》しい数々《かずかず》の物語《ものがたり》があるが、この消息《しょうそく》はまた他日《たじつ》に譲《ゆず》らせて頂《いただ》きたい。

さて、この頃《ころ》になって在瀋陽《ざいしんよう》の日本側各宗教団体《にほんがわかくしゅうきょうだんたい》も紅卍字会《こうまんじかい》を認識《にんしき》したいと言《い》う機運《きうん》になり、四月末《がつまつ》、神道《しんどう》十三派《ぱ》悉《ことごと》く道院《どういん》に帰一《きいつ》したいとまで申《もう》し出《で》る者《もの》も現《あら》われた。たまたま父《ちち》は病床《びょうしょう》に伏《ふく》す身《み》となり折角《せっかく》のこの機運《きうん》を促進実現《そくしんじつげん》するに到《いた》らなかったのは甚《はなは》だ残念《ざんねん》であった。

それに三月《がつ》の中旬《ちゅうじゅん》「金光教会《こんこうきょうかい》」の建物《たてもの》を「紅卍字会《こうまんじかい》」が接収《せっしゅう》して、日本人《にほんじん》の修養《しゅうよう》道場《どうじょう》を開設《かいせつ》することになり、私《わたし》の家《いえ》の『霊界物語《れいかいものがたり》』全巻《ぜんかん》をはじめ数多《かずおお》い神書《しんしょ》をすべて活用《かつよう》してもらうべく種々計画《しゅじゅけいかく》したがこれも時期到《じきいた》らず四月《がつ》に入《はい》りズート寝込《ねこ》んだ父《ちち》に再起《さいき》の機会《きかい》は遂《つい》に恵《めぐ》まれなかった。しかし父《ちち》と共《とも》に働《はたら》いて下《くだ》さった多《おお》くの方々《かたがた》は父亡《ちちな》き後《あと》、父《ちち》の遺志《いし》を継《つ》いで特《とく》に精神的《せいしんてき》な面《めん》では、大《おお》いに働《はたら》いて下《くだ》さった。他日《たじつ》この方々《かたがた》は相次《あいつ》いで亀岡《かめおか》を訪《おとず》れることと思《おも》っている。

父《ちち》は未《いま》だ壮年《そうねん》であった。頑健《がんけん》そのものの父《ちち》が僅《わず》か二ケ月《げつ》のいたづきで余《あま》りにも呆気《あっけ》なく帰幽《きゆう》した。死《し》の直前《ちょくぜん》しきりに霊界《れいかい》の仕事《しごと》が忙《いそが》しいと言《い》っていた。自分《じぶん》の死《し》を感《かん》じつつ飽《あ》くまでその使命観《しめいかん》に無限《むげん》のよろこびと満足《まんぞく》の面持《おももち》で静《しず》かに死《し》んでいった父《ちち》を、父《ちち》らしい最後《さいご》だったとむしろ父《ちち》の為《ため》に祝福《しゅくふく》したくらいだった。なお父《ちち》は我々《われわれ》が満州《まんしゅう》から引揚《ひきあ》げなくとも近《ちか》い中《うち》に必《かなら》ず出口先生《でぐちせんせい》が中国《ちゅうごく》にお見《み》えになることを固《かた》く信《しん》じていた。その時《とき》の用意《ようい》にと食器《しょっき》やお履物《はきもの》など整《ととの》えて、無心《むしん》によろこんでいた姿《すがた》がまざまざと思《おも》い出《だ》されます。

私《わたし》にも何年《なんねん》も前《まえ》から「その時《とき》にはお前《まえ》が通訳《つうやく》をするのだ、華語《かご》の勉強《べんきょう》をすることが神様《かみさま》の御用《ごよう》なのだ」と言《い》っていた。私《わたし》もそんなつもりで微力《びりょく》をつづけていたが端《はし》なくも終戦後《しゅうせんご》、他《ほか》の方面《ほうめん》で華語《かご》が多少《たしょう》ともお役《やく》に立《た》ち、父《ちち》もさぞ満足《まんぞく》していてくれることと密《ひそ》かに信《しん》じている。今年《ことし》二月《がつ》、大本事件《おほもとじけん》の解決《かいけつ》を知《し》った時《とき》の父《ちち》の喜《よろこ》び方《かた》は、表《あらわ》すに言葉《ことば》を知《し》らない。この意味《いみ》で大本人《おほもとじん》としての父《ちち》の生涯《しょうがい》は全《まった》く幸《しあわ》せそのものであったと思《おも》う。

○

こんなわけで敗戦《はいせん》から驚天動地《きょうてんどうち》の打撃《だげき》は、生涯忘《しょうがいわす》れられないのは勿論私一人《もちろんわたしひとり》ではないが、わけてもこれに伴《ともな》いはからずも神様《かみさま》の御摂理《おんせつり》によって「世界紅卍字会《せかいこうまんじかい》」の人々《ひとびと》と、その動《うご》きを通《つう》じて冒頭申《ぼうとうもう》した通《とお》り「信《しん》」の世界《せかい》に心《こころ》からなる感激《かんげき》と生《い》きがいを感得《かんとく》させて戴《いただ》いて祖国《そこく》へ引揚《ひきあ》げて来《き》た私《わたし》は、何物《なにもの》にも代《か》え難《がた》い、不滅《ふめつ》のお土産《みやげ》だと思《おも》っておる次第《しだい》です。

(『愛善苑』第七号　昭和二十一年十一月一日)

愛善の道（三）

一、天地《てんち》の真象《しんしょう》を観察《かんさつ》して真神《しんしん》の体《たい》を思考《しこう》すべし。
二、万有《ばんゆう》の運化《うんか》の毫差《ごうさ》無《な》きを視《み》て真神《しんしん》の力《ちから》を思考《しこう》すべし。
三、活物《かつぶつ》の心性《しんしょう》を覚悟《かくご》して真神《しんしん》の霊魂《れいこん》を思考《しこう》すべし。
◎神《かみ》は万物普遍《ばんぶつふへん》の霊《れい》にして人《ひと》は天地経綸《てんちけいりん》の主体《しゅたい》なり。霊体一致《れいたいいっち》して玆《ここ》に無限《むげん》の力徳《りきとく》を発揮《はっき》す。
一、宇宙《うちゅう》の本源《ほんげん》は活動力《かつどうりょく》にして即《すなわ》ち神《かみ》なり。
二、万物《ばんぶつ》は活動力《かつどうりょく》の発現《はつげん》にして神《かみ》の断片《だんぺん》なり。
三、人《ひと》は活動力《かつどうりょく》の主体《しゅたい》、天地経綸《てんちけいりん》の司宰者《しさいしゃ》なり。活動力《かつどうりょく》は広大無辺《こうだいむへん》にして宗教《しゅうきょう》、政治《せいじ》、経済《けいざい》、哲学《てつがく》、倫理《りんり》、教育《きょういく》、芸術《げいじゅつ》、科学等《かがくとう》の源泉《げんせん》なり。

（『愛善苑』第三号　昭和二十一年七月一日）

あとがき

昭和10（1935）年12月8日、「皇道大本」は当局から日本宗教史上まれなる大弾圧を受け、綾部亀岡の両本部、地方の本苑・分苑・支部など悉くを破壊され、出口王仁三郎聖師他国賊の汚名を着せられる。それより6年8ケ月（2435日）の長い未決の生活を牢獄で過ごされた昭和17（1942）年8月7日、ここ亀岡市中矢田町岸ノ上の自宅に帰られる。その時「わしが出て来たから日本は敗けじゃ」と言われた通り、ガダルカナルの開戦から小磯（小磯国昭内閣）伝いに日本軍は敗戦への一途をたどり、昭和20（1945）年8月15日の敗戦を迎える。同年9月8日には裁判長・長沼義雄により治安維持法違反、不敬その他、何れも棄却無罪との判決が言い渡される。（＝事件による教団の損害額は当時の国家予算に影響する高額という。当時の大本弁護団は、後に東京裁判日本側代表弁護士・清瀬一郎他15名。土地は返還されるが、賠償金は国民の税金から支払われるものでこれを辞退）

○

本書の『月照山』の歌集（177頁参照）にさりげなく詠まれた歌は、世の中が新時代に大きく変わることを「神示」されたもので、政治も経済も宗教も旧道、旧習慣の社会から脱却することを示唆される。つまり現・幽・神の三千世界全体の立替から立直しに変わることを大きく意味する。

横尾尚子さんの記事に「父の死の直前、しきりに霊界の仕事が忙しいと言っていた」との証言があるが、この現界は霊界の移写で、霊界が現界、現界が霊界であるという聖言通り、戦後の大混乱期と同様に、霊魂が肉体を離れ混乱する霊界の状態を見聞されたのではないかと推察されます。（13頁）

霊界も現界も時代が変わり、それでいて古い教えや旧習にいつまでも固執すると、世を乱す基となります。人間は宗教により一度しみ込んだ想念や思想、これを払拭することはなかなか容易ではなく宗教の役目は大切です。この地球は、私達に神から与えられた一霊四魂を愛善の心に磨き上げ地上天国を建てる大切な修行の場所、それ故人間の生命ほど大切なものはありません。

第２次弾圧事件より10年後の昭和20年12月8日、綾部では簡単な「事件解決奉告祭」が行われ、全国から万感の思いを込めた１５００人の信者が駆け付けたと記録にあります。

この解決奉告祭の挨拶で出口伊佐男氏は代表して、「愛善苑」の設立を宣言され翌年に新発足します。

吉岡発言（１８０頁）では「綾部の本部をはじめ全国四千にのぼった教会を全部叩き壊されてしまった。しかし信徒は教義を信じ続けて来たので、すでに大本教（皇道大本）は再建せずして再建されている。ただこれまでのような大きな教会はどこにもたてない考えだ。……」との発言には大きな意味があります。

〇

明治25（１８９２）年に出発した皇道大本は、同32（１８９９）年末に出口聖師が綾部で合流してより、大発展を続け第１次、第２次大本弾圧が起る。その間には綾部亀岡両聖地の建設から全国へと宣伝が開始され、世界に向って奇想天外、波乱万丈救世の足跡を記録する。

その中から「新生・愛善苑」に至る活動の一部をたどると大正５（１９１６）年の兵庫県

高砂沖の神島開き、奈良県竜門岳の竜門開きの神業から人材が続々と綾部に集まり大正6年には機関誌『神霊界』（大正6年1月〜10年6月。八幡書店刊）を発行し、『大本神諭』の「立替立直し」及び「いろは歌」による「神示」、「アメリカとの大戦に突入し、最後にロシアが出て来て戦争は終る」という「予言」が宣伝されます。また、大正9（1920）年8月には当時『大阪朝日新聞』（200万部発行）、『大阪毎日新聞』と肩を並べる『大正日々新聞』を買収。同10（1921）年2月には第1次事件（不敬罪及び新聞紙法違反）が勃発し綾部の神殿、出口なおの奥城《おくつき》等の破壊が行われる。

この破壊の音を聞きながら『霊界物語』（全81巻83冊）の口述を開始し、その傍で密かに乗馬の稽古から大陸渡航の準備をなし、大正13（1924）年2月13日責付出獄の身でありながら蒙古へと出発する。

○

この蒙古渡航の起因は、大正12（1923）年8月に起きた関東大震災の救済に中国の新宗教「道院」の慈善事業部「世界紅万字会」（紅卍字会。会員300万）の中華総代表侯延《こうえん》爽《そう》一行が「神示」により来航、「東京震災救護局」を訪問し多大の銀及び米穀を寄付される。

当時の日本は日清、日露戦争に勝利しただけに、敗戦国中国から救援に来たというので驚きと共に日本側に警戒心が強くあったようです。しかし、その帰国の途中綾部の出口聖師に面会したのが、「支那道院」との提携のきっかけとなります。

出口聖師は、日本建国の精神（＝欠史八代と言われる第九代・開化天皇までの天皇の神政）は征伐にあらず、侵略にあらず、善言美詞の言霊をもって万国の民を神の大道に言向和すこと、すべて世界の人類を治めるのには武力や智力では到底駄目である。結局は精神的結合の要素であるすべての旧慣に囚われない新宗教の力に依る外はない。

入蒙の第一の目的は、「東亜の経綸」、東アジヤの動乱を未然に防ぎ、万民を救済し道義的に統一、王国を建設して世界平和を開くことにある。（後日満州王国溥儀《ふぎ》の擁立を提起するも、日本陸軍はこれを傀儡《かいらい》（＝あやつり人形。人の手先になってその意のままに動く者）とする）日支（日中）両国は地理上の上からも、国防上、商工業上からも密接不離の関係がある。そして特殊の地位があり、共存共栄の運命に惟神的に置かれている。それで両国は心の底より真の親善的交情を保有し、けっして疎隔すべきではない。

しかし全支的に排日運動が惹起し、両国間の離反と不親善には意志の疎隔がある。「5月9日を国辱記念日」と称えて国民の休日がある。この復仇の想念は悲しむべきことで、また学生団体は全国で排日宣伝の急先鋒となって活動している。若者に一旦深く植え付けられた信念と悪感情は、容易に除去されるものではなく将来に一大禍根を構成するおそれがある。

そのためには誠心誠意両国の親善を深め精神的表示をもって感動を与え、感情を融和し、良好な結果に努めなくてはならない。要するに共通の大理想を樹てその実現に努めるより外に道はない。支那には過去王陽明（=明時代の儒学者、思想家、高級官僚、武将の実践家）、老子、孔子、孟子の偉大な思想家を出した国民である。（『皇道大本の信仰』参照）

○

もう一つは日本の人口増加による食糧問題で、耕地は工場建設に使われ減少してゆくばかり。一朝事ある時、海外からの供給を断たれた場合、日本は滅びるより外はない。

また蒙古の住民は衛生思想に乏しく、胃腸病、眼病、梅毒の悪疾に悩んでおり、これを救うにはまず精神的にラマ教を救う必要がある。ラマ教は習慣として長男が家を継ぎ以下弟はラマ僧になり不生産的なものになっている。僧侶は堕落し、経も読めず何もしないで遊んでいる。そういう宗教を信じておれば、一身一家は衰え、国は滅びるより外はない。（『愛善の世界へ』参照。）

○

支那（中国）では馬賊の頭目・蘆占魁《ろせんかい》（97頁）との提携から蒙古を経て、中東のエルサレム（147頁）を目指すが途中パインタラで遭難に遭い日本に送還され、大阪拘置所（7月25日）に98日間留置される。11月1日保釈出所すると「物語をしっかり腹におさめて、真の教のタネになってもらいたい。教の真実が説かれぬうちに大本を去った人（＝当時の幹部。物語第13巻「信天翁（あほうどり）」(三)参照）は気の毒であるが、これも因縁である」と、そして「愛善活動」を一段と活発化させ、「道院・世界紅万字会」と格別な関係を築き、各宗教宗派の障壁撤廃と門戸開放を唱導し「宗教連合」の挙を起すことになる。

○

大正14（1925）年5月には北京の「悟善社」（＝前陸軍大臣・江朝宗を社長とする）、儒教、道教、回々教、仏教、ラマ教、キリスト教などの宗教団体と提携し、北京で「世界宗教連合会」の発会式を挙げ、宗教界に大センセーションを起こす。そして本部を北京に、東洋本部を京都府亀岡天恩郷に置くことになる。更に日本では神戸において活動する宗教団体、寺社、中華系団体などを中心に「万教信教愛善会」を立上げ親睦をはかられる。

○

同年6月には皇道大本の外郭団体「人類愛善会」を創立し、宗教ばかりでなく、人種その他あらゆる障壁を超越して人類愛善の大義に目覚め、永遠に幸福と歓喜にみてる光明世界を実現するため、最善の努力を尽くすことを「主旨」とする。

そして対外的宣教に『人類愛善新聞』（＝大正14年10月1日～昭和11年2月3日まで発行。現在タブロイド版で不二出版より刊）を発行し、初版一万部から始まり部数を伸ばし、昭和9年3月には目標の百万部を達成する。

また国際共通語エスペラントを採用し、自ら『エス和作歌事典』を著作し国際的宣教の活発化を図り、白露系団（ロシヤ）、全露新神霊教会（ロシヤ）、白色旗団（ドイツ）、白色連盟（ブルガリヤ）、在理会（満州）、在家裡（満州）、イスラムのババイ教（111頁）、朝鮮の普天教等と次々に提携、昭和10年にはアフリカを含め世界五大洲にそれも現地人による支部が54ケ所あったと記録される。

○

昭和6（1931）年には満州事変が勃発し、世界は大きく動きはじめるが「人類愛善会」は「万教同根」を徹底し満蒙の救援には一切の武器を持たず、暴力を用いず「人道支援」に徹して活動を展開してゆく。

先の横尾尚子さんの記事には敗戦により大陸では数十万の難民となった日本人が「道院・紅卍字会」の愛善活動により酷寒の越冬から保護され帰国出来たことが述べられている。国境を越え、人種を越えた人々の精神的強い結びつきが如何に大切であるか、現代の私達に大切なものを提供してくれます。

皇道大本では「昭和青年会」、「昭和坤生会」、そして昭和9年7月22日には、政界・財界・右翼が集まり「昭和神聖会」を結成し東京九段会館で発会式を挙行する。運動は益々活発化し非常時日本、防空・防空壕の実践等を訴え、飛行場建設誓願が3ケ所から愛善会に来ていたという。（＝昭和6・7年の出口聖師について『出口王仁三郎　歴史に隠された躍動の更生の時代』、『出口王仁三郎　聖なる英雄のドキュメント』みいづ舎刊を参照下さい　）

○

昭和21（1946）年に新発足の「愛善苑」は、出口聖師を「苑主」と仰ぎ、出口伊佐男氏はじめ10年の弾圧に耐え抜いた不屈の人々が結集する。そして真渓涙骨、牧野虎次、大谷光照各氏が、まったく隠しごとのない「苑主」に面会され、破壊された観音様や神苑を視察されてより、鋭い宗教的感覚により宗教の在るべき姿を確信されたと拝察されます。それ以来「愛善苑」は、「人類愛善運動」「みろく運動」「友愛運動」の柱となって、万教同根思想、戦争放棄、無抵抗主義の活動は燎原の火の如く全国から世界に広がることになる。

同年10月12日には「国際宗教懇談会」が京都の「西本願寺」で開催され、宗教家は反省し脱皮し共通の使命にむかって相提携協力すること。すべての文化と人類生活に対し宗教はその根底をなすもので各宗教はそれぞれ「新発足」に向うこと、等が確認されている。

「日本国憲法」が昭和21年11月3日に発布され、22年5月3日に施行される。前文と11章

103条の本文からなり主権在民、平和主義、基本的人権を基調とする。日本国の象徴（人間）としての天皇の地位、戦力の不保持、自由平等を旨とするなどが明示されている。この「新憲法」、戦争放棄の平和憲法を真に意義あらしむべく22年5月5・6日、「全日本宗教平和会議」が「東京築地本願寺」で代表者800名が参集して開催される。平和を使命とする宗教家が戦争防止をし得なかったことを人類に謝し、ザンゲの表明を行うなど「愛善運動」は猛烈な勢いで拡大してゆきます。

また同志社大学総長・牧野虎次氏は「我等は今や後世子孫のために、大道を拓いて行くべきだ、これこそ国始めである。我等は中興の祖といわんよりも、むしろ創業者たる責任を負い雄々しく立ち上らねばならぬ」（268頁）と力強く訴え、憲法の「画竜点睛《がりょうてんせい》」の大眼目はまさに人類愛善、世界同胞、みろく、友愛の寛容と忍耐の「無抵抗主義」（59～93頁）にあります。他国を武力により併合・侵略・攻撃する国は二流国にして、本当の文化国家ではありません。

○

同年5月20日から4日間愛善苑本部（於・亀岡）主催の農事講習会が開かれ各県から代表3名づつ、１２０名が参加される。出口聖師はかつて「天産自給」を唱え水稲三度作、籾だね交換会（＝北と南の早稲（わせ）・晩稲（おくて）の種を交換し二毛作・三毛作を工夫する）、稲の品評会、陸稲《りくとう》増収栽培法の普及など、食糧問題について世人の関心の薄い頃から「苑主」自ら牛を飼い、鋤鍬《すきくわ》をとって、宗教と厚生、特に農業と教は切り離せぬもとして実践唱導されていたことから、戦後第一回目の講習会は感心が高く盛会を博する。特に地力をつけた安心安全食制の改革を第一義とする日本初の「出口王仁三郎提唱の酵素農法」は、ここ中矢田から最先端の農法として全国に広まることとなる。

日本の立直しで大切なことは、農村が確固たる精神的経済的技術的そして文化的に高い水準に達してはじめて基礎が定まる。

また当時は農業生産、鉱工業生産の復興は日本の至上命題であると同時に、これに従事する適任者を得ること、そして万人を強制ではなく、それぞれの個性の天分を自由に伸張させる指導と共に、個性を完成し労働に励む精神の構築により、日本は創造的発展へとつながってゆくことになる。また昭和22年には農地法が施行され、大・中農の畑を国が買い上げ小農に払い下げている。

○

出口聖師の晩年は、身体の動く限り、手足の動く限り、農業に親しまれ、また執筆、「耀《よう》碗《わん》」の作陶には全身全霊生命の限りを打込まれる。

この京都西本願寺での「国際宗教懇談会」開催の報告を病床で受けられ、大変喜ばれ頷かれていたという。

大日本帝国激動の時代に生きた出口聖師は常に宇宙の外に身をおいて現界・幽界・神界を救う救世の活動に、心身のすべてを使い切って、昭和23年1月19日78歳（数）の齢を静かに閉じられます。

更生主神・神素盞鳴大神が弥勒の世を地上に建設する経綸の書『霊界物語』を現し、「これがあれば、みろくの世を建設することが出来る」と言われる通り、究極の「無抵抗主義」

「愛善」の教を根気よく説き諭される。国と国、民族と民族、人種と人種、言語と言語等による不信感の障壁を打ち破り、人間として愛善の政治、愛善の経済、愛善の宗教、愛善の教育、愛善の科学それぞれが統一され愛善の心に信頼し合うみろくの世界を建設する。そのためには宗教の壁をまず低くし融和し、たしかな信仰心により全世界の軍備の撤廃を図ること。宗教は万教同根であり、互に教を擦り合わせてみると、沢山の共通点を見つけることが出来ます。

「万教同根」というタイトルは神・儒・仏・耶の諸教同根（１２７頁）の意味であってその根が同じ、いわゆる時処位《じしょい》により無限絶対無始無終慈悲慈愛（１０１頁参照）の独一真神（＝阿弥陀・大日・薬師・観音・地蔵……）の命により各宗教は出現しているという意味で、主神に万教は帰一する。

この不思議な宇宙も地球も億兆の単元（霊素・体素）から出来ており、単元は全体のため主神により統一されている生命体です。そしてこの根源神は霊・力・体の「三大学則」と「教旨」（２８０・３１９頁）によって悟ることができます。

日本では、八百万沢山の神を祀るがその中には動物霊もある。特に官国弊社の祭神がキリスト教のように主神ではなく昔の英雄で死神死仏ばかりであると指摘されます。

「人は祖に基づき、祖は神に基づく」私達の大先祖は小さな集団で生活していた。その集団が大きくなり、エデンの園を求めて分離移動を繰返し、いつの間にか世界は親兄弟姉妹親戚が判らなくなり、生存競争から戦いをする様に堕落して、ついに巨大な原水爆やミサイルを造るに至った。世界は同胞、貴賤に区別なく人間は神から生まれた神の子、神の宮です。

素盞嗚尊は、神典にある大海原を知しめす、つまりこの地球を統治し、世界を平和に導かれる神という意味で本書は『素盞嗚尊の平和思想』と題して出版しました。

平成29年3月22日　みいづ舎　山口勝人

一天四海悉皆帰本教

関連略史

和暦	西暦	月・日	事項
昭和20	一九四五	8・6	広島原爆投下。
		8・9	長崎原爆投下。
		8・15	ポツダム宣言受託、第2次世界大戦終了。
		12	GHQ　農地法改革指令
昭和21	一九四六	4・16	中国からの引揚第1船舞鶴入港。
		11・3	日本国憲法公布。
			敗戦により海外から軍人、軍属、一般人およそ650万人帰国、たちまち食糧難となる。
昭和22	一九四七	5・3	日本国憲法施行。
		3・	農地の収用開始。◇トルーマン・ドクトリン、マーシャルプラン発表。

昭和23	一九四八	8・	「世界連邦運動」第1回世界大会スイスのモントルーで開催。
			GHQ 経済安定9原則を発表。
昭和24	一九四九		GHQ 1ドル360円の為替レート設定。
		11・	湯川秀樹、ノーベル物理学賞受賞。物理学者として「世界連邦運動」、「愛善運動」を推進する。
昭和25	一九五〇	6・25	朝鮮戦争勃発。日本戦争に参加せず。
		8・	警察予備隊設置。
		9・8	吉田首相サンフランシスコ講和条約、日米安全保障条約調印。
		10・14	綾部市「世界連邦政府」実現のため「世界連邦都市宣言」決議第1号。
昭和26	一九五一	3・31	亀岡市「世界連邦都市宣言」決議第2号。
			朝鮮特需により日本復興の起爆となる。
昭和29	一九五四	・	防衛庁自衛隊発足。
			米国マーシャル諸島で「水爆ブラボー」核実験。広島原爆の

			1000倍の破壊力。第5福竜丸ビキニ環礁で被爆。全国のマグロ船1000隻近く被爆マグロを獲る。（『核の難民』NHK出版）
昭和30	一九五五	～翌年	神武景気。
		8・	第1回原水爆禁止世界大会広島で開催。
		12・	原子力基本法公布。
昭和31	一九五六	1・	原子力委員会発足。
		12・18	日本「国際連合」80ケ国目に加盟。
昭和35	一九六〇	・	池田内閣の所得倍増政策。
昭和36	一九六一	10・30	旧ソ連北極に近いノヴァゼムリャ島で人類史上最大最強の水爆「ツァーリ・ボンバ」実験。広島の原爆の3300倍の威力。
昭和40	一九六五	11・～	イザナギ景気（57ケ月）。
昭和47	一九七二	・	田中内閣列島改造政策。

出口王仁三郎　素盞嗚尊の平和思想

発　行　平成29（2017）年4月 7日　第1版
　　　　令和 7（2025）年1月22日　第2版

著　者　**出口王仁三郎**

編　集　山口勝人

発　行　みいづ舎
〒621-0855 京都府亀岡市中矢田町岸の上27-6
TEL 0771(21)2271　FAX 0771(21)2272
http://www.miidusha.jp/

ISBN978-4-908065-09-5 C0014

筆のしづく　２２００円
瑞能神歌《みづのしんか》と黄泉比良坂《よもつひらさか》　２２００円
霊界の真相　１９８０円
神と宇宙の真相　１９８０円
素盞鳴尊《すさのおのみこと》と朝鮮半島　２２００円
愛善主義と平和　２２００円
素盞鳴尊の平和思想　２２００円
善言美詞《ぜんげんびし》　祝詞解説《のりとかいせつ》　１５４０円
大本神諭《おほもとしんゆ》と天理教神諭《てんりきょうしんゆ》　１７６０円
皇道大本の信仰　１１００円
聖なる英雄のドキュメント　２２００円

歴史に隠された躍動の更生時代　２４２０円
出口王仁三郎の世界宗教統一　２４２０円
皇道大本とスサノオ経綸　２２００円
出口王仁三郎の古事記《こじき》 言霊解《ことたまかい》　１９８０円
天祥地瑞 全9巻（73〜81巻）　２７７２０円
伊都能売《いづのめ》　道歌《どうか》　２２００円
弥勒下生《みろくげしょう》　出口王仁三郎　１９８０円
素盞鳴尊《すさのおのみこと》と近江《おうみ》の神々　２２００円
神示《しんじ》の宇宙　１９８０円
龍宮《りゅうぐう》 物語《ものがたり》　１９８０円
出口王仁三郎の霊界問答　１８７０円